Autobiografia de Annie Besant

Sincerely
Annie Besant

Autobiografia de Annie Besant

Tradução de
J. Gervásio de Figueiredo
&
Fernanda Duayer Picardi

Editora Teosófica
Brasília - DF

The Theosophical Publishing House
Edição em inglês: 1974
Adyar, Chennai (Madras), 600 020, Índia

Sig Sul Qd. 06 Lt. 1.235
70.610-460 – Brasília-DF – Brasil
Tel.: (61) 3322-7843
E-mail: editorateosofica@editorateosofica.com.br
Site: www.editorateosofica.com.br

B554 Besant, Annie

Autobiografia de Annie Besant/ Annie Besant; tradução de J. Gervásio de Figueiredo e Fernanda Duayer Picardi – Brasília: Editora Teosófica, 2018.
324 p.

Título original: An Autobiography

ISBN 978-85-7922-124-8

1. Autobiografia. I. Figueiredo, J. Gervásio de. II. Picardi, Fernanda Duayer. III. Título.

CDD 923.6

(Mayara Cristovão da Silva / CRB 2812 / Brasília, DF, Brasil)

Revisoras: Maria Coeli Perdigão Baptista Coelho
Zeneida Cereja da Silva
Diagramação: Reginaldo Mesquita - Fone (61) 3341-3272
Capa: Ana Cichelero
Impressão: Grafika Papel e Cores fone (61) 3344-3101
E-mail: comercial@papelecores.com.br

Sumário

Prefácio da editora

O velho adágio popular: "Deus escreve certo por linhas tortas" encontra sua perfeita aplicação na vida de Annie Besant.

De fato, materialista por princípio, essa renomada escritora, desde a sua juventude, encontrou sérios obstáculos, opostos pelo frio e inflexível ambiente inglês que, não obstante a sua conduta irrepreensível, aureolada pela luz da caridade em benefício dos que sofriam atrozmente nas baixas camadas sociais, não tolerava o seu ateísmo, publicamente confessado e, diga-se de passagem, heroicamente defendido.

> *E havia fortes razões para essa atitude, pois, segundo explica claramente nesta biografia, não foi o desejo de licença moral o que lhe deu o impulso que, finalmente, a lançou no ateísmo; foi o sentimento da justiça ultrajada, do direito insultado.*
>
> *O seu problema, na tormenta da dúvida, era: "Existindo um Deus bom, como pôde criar a humanidade, sabendo previamente que a maioria dos seres humanos sofreria para sempre as torturas do inferno? Existindo um Deus equitativo, como podia permitir a eternidade do pecado, de sorte que o mal fosse tão permanente como o bem e Satã reinasse no inferno tanto tempo como o Cristo no céu?"*

Atormentada por esses e outros problemas cruéis, buscou solução em várias obras de crentes e nada encontrou. Porém, houve alguém que lhe escreveu bondosamente: "Considero que o pecado é um fator absolutamente necessário para que o homem atinja a perfeição. Foi previsto e permitido como meio de chegar a um fim, como uma educação..."

> *E, ao lado do Sr. Charles Bradlaugh, que tanto lutou e sofreu, Annie Besant, socialista, materialista e ateia, fulminava os seus adversários com argumentos irretorquíveis, ora esgrimindo a sua pena de jornalista brilhante e honesta, ora pronunciando famosas conferências em defesa dos princípios e dos oprimidos, algumas das quais terminavam em tumulto.*
>
> *Da sua vida agitada e trabalhosa, narra a autora episódios emocionantes, que aumentam a nossa admiração por esse grande espírito, que não sabemos quando mais brilhou: se na luta ao lado dos materialistas, em benefício do povo sofredor e oprimido; se ao lado dos espiritualistas, quando, após o providencial encontro com a imortal Helena Petrovna Blavatsky, iluminou-se-lhe o espírito, para trabalhar num outro setor, com mais ampla ciência.*

A sua vida foi um exemplo de perseverança, sinceridade, honestidade, combatida pelas mais cruéis adversidades que, longe de trazer-lhe o desânimo, acrisolaram seu espírito, preparando-o para a grande missão que mais tarde havia de cumprir no seio da Sociedade Teosófica.

Nada mais queremos acrescentar a este prefácio, para não furtarmos ao leitor o sabor da narrativa feita pela insigne escritora, e desejamos que sua vida pregressa, sempre orientada em prol da fraternidade humana, sirva de exemplo e de estímulo aos nossos estimados leitores.

Prefácio da terceira edição em inglês

Dezenove anos transcorreram desde que ingressei na Sociedade Teosófica, como se registra no final deste livro. Por ela, durante este período tenho sido conferencista e escritora; tenho viajado por todo o mundo para servi-la; tenho visitado a maior parte dos países europeus, e em todos eles tenho fundado seções da Sociedade. França, Bélgica, Holanda, Alemanha, Hungria, Itália, Dinamarca, Suécia, Noruega têm ouvido gratamente a mensagem da Teosofia, e nas suas principais cidades se agrupam atualmente membros da Sociedade Teosófica. A Inglaterra e a Escócia tiveram, naturalmente, a melhor parte neste labor de propaganda na Europa, e contemplo a profunda mudança que sofreu o pensamento inglês ao apartar-se do materialismo e ao reviver o misticismo, efeito da onda de vida espiritual que flui pela Sociedade Teosófica.

Viajei pelos Estados Unidos muito tempo, realizando conferências nas mais importantes cidades, e trabalho semelhante realizei na Austrália e Nova Zelândia. Efetuei a obra capital na Índia, meu campo de ação desde que, em 1893, estive ali pela primeira vez. O primordial objetivo de minha atuação naquele país é avivar, fortalecer e realçar as religiões arcaicas: Hinduísmo e Zoroastrianismo, e no Ceilão e na Birmânia, o Budismo. O êxito com que a Sociedade Teosófica tem cumprido esta obra é mundialmente reconhecido, tanto por amigos como por inimigos, e a restauração dos antigos credos tem engendrado novo respeito entre os que os professam, o orgulho do passado e a esperança no futuro, e como inevitável resultado, uma grande onda de vida patriótica, início de reconstrução de uma nacionalidade.

Em segundo lugar, a atividade tem sido educativa, sua característica é o enlace da educação ocidental com a religião e ética orientais, e a manutenção de institutos e escolas sob a direção dos hindus e não do Governo ou dos missionários, os únicos educadores até a entrada da S. T. na lida.

No Ceilão, três institutos e mais de duzentas escolas florescem sob o cuidado de teósofos budistas; na Índia, dois institutos e um crescente número de escolas coeducativas são dirigidos por teósofos hindus, e em Madras, a S. T. mantém cinco escolas livres para os párias, nas quais se reúnem meninos até então menosprezados.

Em Adyar, perto de Madras, onde está instalado o quartel-general da S. T., fundou-se uma biblioteca oriental contendo algumas obras de exemplar único em sânscrito e páli, assim como uma coleção de manuscritos de folha de palma e de outros valiosos volumes.

Minha atividade na Índia, desde 1893 até 1907, se desenvolveu em íntima colaboração com o Presidente-fundador da S. T., o coronel Henry Steel Olcott, colega de nossa muito venerada H. P. Blavatsky. À sua iniciativa e contínuo esforço se deve a expansão da obra budista no Ceilão, à criação do quartel-general de Adyar, da Biblioteca oriental e das escolas para os párias, assim como a obra dianteira encaminhada para despertar nos hinduístas e zoroastristas o reconhecimento dos inapreciáveis tesouros que ocultam os seus livros sagrados, e que deixaram cobrir-se de pó. Ao desaparecer dentre nós, em fevereiro de 1907, o coronel Olcott deixou o movimento mundial admiravelmente organizado, com possibilidade de uma amplitude definida, prosseguindo os caminhos com tanto acerto traçados. Em sua morte, e por desejo de seu Mestre, me indicou para a Presidência, na qual o sucedi depois de ratificada a indicação pela Sociedade Teosófica.

Convém manifestar nestas páginas que, durante os dezenove anos de intensíssimo trabalho mundialmente realizado, a Teosofia me tem sido um manancial de fortaleza, de paz e de felicidade sempre crescentes. Nem uma só vez, nem um só instante sequer, vacilou minha fé nela, nem a mais leve nuvem de desconfiança cruzou meu céu. Cada ano tem aumentado em algo o meu conhecimento, tem trazido consigo alguma comprovação das "coisas ouvidas", alguma prova das verdades teóricas. A vida tem se tornado cada vez mais inteligível, e a morte um incidente sem importância numa vida sempre mais ampla.

Meu agradecimento a H. P. Blavatsky não é já o entusiasmo ardoroso, e menos ainda a fé cega do discípulo em seu mestre, mas a prazerosa gratidão de uma alma para com o dador de conhecimento, confirmado pela experiência, e um reconhecimento eterno do valor inapreciável da dádiva recebida.

Quando, nos vindouros dias, o mundo se regozijar na Religião universal, será apreciada a grandeza das almas que lançaram seus alicerces, e, no mais ínfimo lar dos Mestres fundadores, será reverenciada H. P. Blavatsky.

Annie Besant.

Benares (Índia), 25 de janeiro de 1908.

Prefácio

É difícil relatar a história de uma vida, e tanto mais quando a vida em questão é a sua própria. Na melhor das hipóteses, a narração terá uma nota de vaidade, e a única justificativa para o procedimento é que, por se tratar de uma vida comum, reflete muitas outras, e em tempos tão turbulentos como os nossos, poderá refletir a experiência de muitas vidas, antes que a de uma apenas. Assim o autobiógrafo efetua seu trabalho, porque acredita que, à custa de algum aborrecimento para si, poderá lançar luz em alguns problemas fundamentais que inquietam a alma de seus contemporâneos, e quiçá estender uma mão auxiliadora a um irmão que esteja lutando nas trevas e assim alentá-lo quando estiver preso nas garras do desespero.

A maioria dos seres humanos desta inquieta e ávida geração tem, hoje em dia, as mesmas ansiedades, as mesmas angústias, as mesmas esperanças, o mesmo apaixonado desejo de conhecimento, pois nos achamos rodeados de forças que percebemos veladamente e não compreendemos; estamos descontentes com as velhas ideologias e até certo grau temerosos ante as novas. Estamos ávidos pelos resultados materiais do conhecimento fornecido pela ciência, embora olhemos com desconfiança seu agnosticismo com relação à alma, estamos medrosos ante a superstição e mais ainda ante o ateísmo; repelimos os formalismos dos credos superados, mas estamos desesperadamente famintos de ideais espiritualistas.

Por esta comum afinidade, a biografia de um talvez seja útil a todos, e a narração da vida de uma alma que caminhou sozinha na escuridão e mais além encontrou a Luz; que lutou em meio à Tempestade para encontrar finalmente a Paz, poderá difundir um raio de luz e paz entre as trevas e as tormentas de outras tantas vidas.

Annie Besant.

Sociedade Teosófica, Londres, agosto de 1893.

Capítulo I

Da periferia para o centro

Em dia 1º de outubro de 1847, segundo informação confiável, nasci na cidade de Londres, às 17h39min.

Um astrólogo amigo traçou o seguinte mapa, assinalando a posição dos planetas naquele importante momento para mim; mas nada sei sobre Astrologia e lamento que a incompetência me impeça de examiná-lo.

Considerando que o sol, a lua e os planetas influem na condição física da Terra, não é incongruente com a ordem natural que influam também no corpo físico do ser humano, sendo esse constituído por matéria terrestre e modelado pelas condições físicas do planeta. Quem conhece as características atribuídas aos que nascem sob determinado signo do Zodíaco pode facilmente distinguir os variados caracteres que se manifestam entre suas próprias amizades, e o astrólogo saberá conhecer, a partir de tais traços, o signo influente no seu nascimento. Descobrirá com rapidez que duas pessoas de tendências completamente opostas não nascem sob um mesmo signo, e a invariabilidade em todos os casos o convencerá de que atua uma lei, não o acaso.

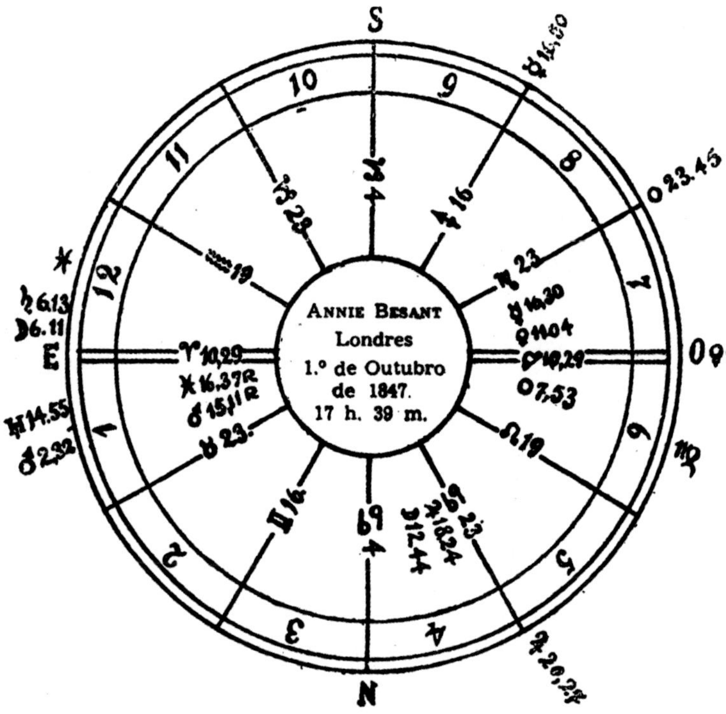

Nascemos para a vida terrena em circunstâncias que fisicamente nos afetavam na fase pré-natal, e que hão de produzir seus efeitos em nossa subsequente evolução física. A astrologia, tal como agora se pratica, pode apenas calcular a interação das condições físicas, em determinado momento, e a de uma pessoa, em particular, cuja constituição geral e circunstância natal conheçamos. Não pode indicar o que uma pessoa fará, nem o que há de suceder-lhe, mas tão somente sua jurisdição física, isto é, o que encontrará em seu caminho, que espécie de impulsos procedentes da natureza externa e de seu próprio corpo entrarão em atividade. Mesmo em relação a esses assuntos, a moderna Astrologia não é digna de confiança, a julgar pelos erros cometidos ou ainda pela má preparação daqueles que se consideram competentes nesse campo. Contudo, não duvido de que exista uma verdadeira ciência astrológica e de que no passado houve alguns homens que eram mestres nesse campo.

Foi-me um tanto penoso haver eu nascido no coração da cidade de Londres, já que três quartos de meu sangue e meu coração inteiro são irlandeses. Minha querida mãe procedia da mais pura origem irlandesa, e meu pai era irlandês de parte materna, embora pertencente ao Devonshire Woods pela linha paterna. Os Woods eram lavradores do mais rústico sangue inglês, cultivadores de sua própria terra com honrada independência.

Nos últimos anos, ao que parece, tenderam a desenvolver-se mais intelectualmente, sobretudo a partir do momento em que Matthew Wood, nomeado alcaide da cidade de Londres, pelejou nas batalhas da Rainha Carolina contra o seu benévolo e religioso consorte régio, nas quais foi generosamente apoiado pelo Duque de Kent. Em recompensa aos serviços prestados, recebeu da régia filha do Duque o título de Barão. Desde então os Woods deram à Inglaterra um lorde conselheiro na pessoa de Lorde Hatherley, de coração bondoso e vida pura, enquanto outros membros da família se distinguiram de modos diversos no serviço do país.

Apesar disto, sinto-me inclinada a considerar intruso o sangue inglês infundido nas veias de meu pai, filho de uma irlandesa, nascido em Galway e educado no Trinity College de Dublin. Por sua vez, o idioma irlandês sempre soou musical para meu ouvido, e a raça irlandesa cara ao meu coração.

Só na Irlanda acontece de se parar para pedir informação a uma mulher andrajosa, sobre a localização de algum velho monumento, e ela responder: "Seguramente, querido. Acha-se no alto do morro, assim que contornares a esquina, e lá qualquer um lhe mostrará o caminho. Dali verás o lugar em que pôs os pés o bem-aventurado São Patrício. Sua bênção seja convosco".

Em nenhum país se encontrará uma mulher como esta, velha e pobre, mas tão alegre, amistosa e expansiva. Onde, a não ser na Irlanda, se encontra uma cidade toda reunida na estação para se despedir de meia dúzia de emigrantes; e não só isto, mas ao descer à plataforma, uma massa compacta de homens e mulheres que lutam, e se amontoam para receber o último beijo? Que choram, gritam e riem, tudo a um só tempo em emoção vivíssima, com um nó na garganta e lágrimas nos olhos no momento em que o trem se põe em marcha? Onde, exceto na Irlanda, poderá ser visto um coche na rua e a um lado o cocheiro taciturno, que mal descobre que você é um turista, se torna um amigo loquaz e lhe fala de tudo o que, no seu entender, pode lhe interessar?

Benditas sejam as línguas e os corações calorosos; bendito seja este povo tão fácil de dirigir, tão difícil de dominar. E bendita seja a velha terra há tempos habitada por poderosos homens sábios, convertida depois na Ilha dos Santos, e que no futuro, quando a Roda haja dado outra volta, será de novo a Ilha dos Sábios.

Meu avô materno era um típico irlandês, e em minha infância eu o admirava muito, e também o temia um pouco. Pertencia a uma decadente família irlandesa, os Maurices, e em sua alegre juventude, com sua bela consorte tão despreocupada como ele, se satisfez com o que lhe restava de sua fortuna. Em sua velhice, já com muitos cabelos brancos, mostrava ainda o ardente sangue irlandês, exaltado pela mais fútil provocação, mas facilmente apaziguado. Minha mãe, segunda filha de uma família que aumentava em número à medida que diminuía a riqueza, foi adotada por uma tia solteira, cuja estranha recordação chegou até mim através da infância de minha mãe, contribuindo para modelar o seu caráter e o meu.

Esta tia solteira, como acontece com a maioria dos irlandeses arruinados, se orgulhava muito de sua árvore genealógica, com as raízes nos inevitáveis "reis". Os seus eram "os sete reis de França", "reis de Milésia", e a árvore se desenvolveu em pergaminho, com toda a sua solene majestade, sobre a lareira do modesto salão de seu descendente.

A menina Emília contemplava aquela heráldica maravilha com profundo respeito, o qual, atrevo-me a supor, não mereciam aquelas pouco dignas realezas, sob nenhum aspecto, e das quais, felizmente, ela não passava de um distante broto daquela árvore. Expulsos da França por uma ou outra causa, atravessaram o mar até a Irlanda, onde continuaram sua inquieta vida de pilhagem. Mas a roda do tempo gira tão estranhamente que, na primeira metade do século, aqueles malfeitores e bárbaros patifes se converteram numa espécie de termômetro moral na casa da nobre irlandesa. Contava-me minha mãe que, quando cometia alguma travessura infantil, sua tia, olhando gravemente por cima de seus óculos para a pequena ré, dizia-lhe: "Emília, tua conduta é indigna de um descendente dos sete reis de França". E Emília, com seus cinzentos e doces olhos de irlandesa e seus abundantes cabelos crespos, negros como plumagem de corvo, chorava arrependida de seu delito, com a vaga ideia de que aqueles régios antepassados, e para ela muito reais, desprezariam o diminuto e suave botão de rosa totalmente indigno de suas majestades.

Estas fantasmagóricas formas influíram em sua infância, e tal poder exerceram sobre ela, que fugia de tudo o que fosse indigno, inferior ou desprezível. Para minha mãe devia evitar-se, à custa da mais acerba dor, a mais leve sombra de desonra, e em mim, sua única filha, me infundiu este mesmo orgulhoso e veemente horror por qualquer mácula de opróbrio ou merecida ignomínia. Desejava manter sua fronte sempre erguida diante do mundo e sua reputação sempre límpida, porque se o sofrimento era suportável, o mesmo não acontecia com a desonra. Uma mulher pobre podia morrer de fome, mas não contrair dívidas; ter o coração partido, mas com o sorriso nos lábios.

Amiúde tenho pensado que essa disciplina da discrição e essa altivez da honra foram uma estranha preparação para minha tempestuosa vida pública, tão atacada e caluniada, pois o íntimo retraimento diante de toda crítica sobre a pureza e a honra pessoais aguçou de tal modo a dor de enfrentar o ódio público, que só pode avaliar quem tenha sido educado numa escola, semelhante à minha, do enaltecido autorrespeito.

Contudo, obtive outro resultado, que talvez tenha equilibrado esta extrema sensibilidade à dor pela calúnia e desprezo dos demais, e foi o inflexível sentimento que com obstinação se erguia, e interiormente, ante a mais abjeta mentira, afirmava sua própria pureza. Deste modo, quando a calúnia era muito grave, este sentimento enfrentava denodadamente o inimigo e, demasiado altivo para justificar-se ou defender-se, dizia consigo em seu próprio coração: "Não sou o que credes, e vosso veredito não alterará meu eu. Não me aviltareis, apesar de vossos pensamentos, pois não me converterei, ante meus próprios olhos, naquilo que atualmente me consideras". E o próprio orgulho se converteu num escudo contra a degradação, pois ainda que perdesse minha reputação publicamente, jamais poderia sofrer qualquer mácula ante meus próprios olhos, o que foi providencial para uma mulher que de repente se viu, como eu fui, separada do lar, dos amigos e da sociedade.

Que a paz reine sobre os despojos de minha tia solteira e sobre seus absurdos reis, pois apesar de tudo, algo lhe devo. Guardo grata memória de minha desconhecida tia avó, porque educou minha querida mãe, a mais terna, a mais altiva e a mais pura das mulheres. É muito bom poder lembrar-se de uma mãe que serviu de modelo de tudo que há de mais nobre e valorizado durante a infância e a juventude, cuja face trouxe beleza ao lar e cujo amor foi ao mesmo tempo luz e proteção. Nenhuma outra experiência na vida poderia compensar plenamente a perda do laço perfeito entre mãe e filho, laço que, em nosso caso, nunca afrouxou nem enfraqueceu.

Não obstante sua aflição por minha mudança de fé e consequente ostracismo social muito acelerasse a hora de sua morte, jamais se interpôs uma nuvenzinha entre nossos corações. Apesar de que seus rogos, nos últimos dias, foram o que houve de mais duro de se resistir e motivaram amarguíssima agonia, nenhum abismo se levantou entre nós, nem esfriou nosso mútuo amor. Hoje a recordo com a mesma amorosa gratidão que a ela me uniu durante sua vida terrena. Não encontrei outra mulher mais altruisticamente devotada aos seres amados, mais intransigentemente desdenhosa do indigno ou vil, mais fortemente sensível em toda questão de honra, de mais férrea vontade, nem de mais doce ternura que aquela, minha mãe, que tornou minha adolescência luminosa como terra de sonho, que me preservou até meu matrimônio de toda dor, que ela pôde afastar ou suportar em meu lugar; que sofreu mais que eu mesma pelos dissabores que me afetaram posteriormente, e que morreu, em maio de 1874, na casinha que adquirimos para nossa morada em Norwood, decrépita antes da velhice por causa da aflição, da pobreza e da dor.

Minhas recordações mais antigas são de uma casa e um jardim, onde vivíamos quando eu contava três ou quatro anos de idade, situada na rua Grove St. John's Wood. Recordo-me ainda de minha mãe dando voltas à mesa do refeitório a fim de examinar se tudo estava em ordem para a chegada do esposo; de meu irmão – dois anos mais velho do que eu – esperando o "papá"; da amorosa recepção e das brincadeiras que precediam ao jantar dos mais velhos. Recordo-me também do dia primeiro de outubro de 1851, em que saltei de minha caminha e exclamei triunfalmente: "Papai, mamãe, tenho quatro anos", e a grave pergunta de meu irmão, consciente de sua idade maior, à hora da comida: "A Annie não poderia hoje usar faca, já que completou quatro anos?"

Durante o mesmo ano de 1851, magoou-me sobremaneira o fato de não me julgarem bastante crescida para ir à Exposição Universal, e vagamente me recordo que meu irmão, para consolar-me, me trouxe uma das fotografias que se vendiam nas ruas, na qual estavam retratadas formosas imagens, o que apenas aumentou meu desejo de vê-la. Mas todas estas recordações estão já distantes e são vagas e triviais. É deplorável que um bebê não possa observar e reter mentalmente as lembranças, pois assim lançaria luz no modo como o mundo externo desperta na consciência humana o mundo externo. Se pudéssemos recordar-nos de como percebemos as coisas quando pela primeira vez impressionaram nossa retina; de como nos sentimos quando pela primeira vez nos tornamos conscientes deste mundo; da natureza do sentimento experimentado ao definir-se, entre o caos circundante, o rosto do pai e da mãe, e converter-se em algo familiar saudado com um sorriso e perdido com um pranto! Se a memória não se nublasse quando nos esforçamos por dirigir nossa vista para trás, para a obscuridade de nossa infância, quantas lições aprenderíamos para ajudar nossa vacilante psicologia, quantos problemas resolveríamos, cuja solução em vão buscamos aos tateios no Ocidente!

A cena seguinte, que se destaca claramente na penumbra do passado, é o leito de morte de meu pai. Por minha querida mãe, conheci os acontecimentos que o levaram à morte. Ele nunca havia perdido o gosto pela profissão que abraçara, e tendo muitos amigos médicos, queria de quando em vez acompanhá-los aos hospitais e tomar parte nos seus trabalhos de dissecação. Sucedeu que durante a autópsia do cadáver de uma pessoa que havia morrido de tuberculose galopante, meu pai cortou o dedo com o canto do esterno. Não se curou facilmente o corte, continuando o dedo inchado e irritado. "Se fosse comigo, Wood, eu mandaria cortar o dedo", disse-lhe um ou dois dias depois, um dos cirurgiões ao ver o estado da ferida. Mas os demais se riram da insinuação, e meu pai, inclinado, no começo, a submeter-se à amputação, decidiu-se a "que a natureza agisse por si".

Em meados de agosto de 1852, achando-se no estribo de um veículo, encharcou-se, resultando daí um grave resfriado que "se localizou no peito". Chamou-se um dos mais eminentes médicos daquele tempo, tão hábil quanto rude nas maneiras. Examinou-o com cuidado, auscultou-lhe os pulmões e deixou o quarto seguido de minha mãe. "E então?" – perguntou-lhe ela sem outra preocupação senão a de saber quanto tempo seu marido teria que passar pelo aborrecimento de ficar em casa. " Fortaleça-o em espírito" – respondeu inflexivelmente – tem uma tísica galopante e não viverá mais que seis semanas". A esposa vacilou e caiu estendida no chão. Mas o amor superou a aflição, e meia hora depois se achava de novo ao lado de meu pai, de quem não se separou nem um minuto até que a morte lhe fechou os olhos.

Na véspera do falecimento me levaram até a cama, para que eu "desse adeus ao querido papá", e me recordo de que me assustaram seus olhos que me pareceram tão grandes e sua voz que me soou tão enfática quando me fez prometer que seria sempre "boa menina para a querida mamãe, enquanto papai estivesse ausente". Recordo-me também de minha insistência para que "papá beijasse Cherry", uma boneca com que, por indicação sua, me haviam presenteado no dia de meu aniversário, três dias antes, e de que me afastaram do aposento, chorando e debatendo-me.

Morreu no dia seguinte, 5 de outubro, e não me recordo de que meu irmão e eu, transferidos para casa de nossa avó paterna, voltássemos ao nosso lar senão no dia dos funerais. Por causa desta morte minha mãe se abateu muitíssimo, e quando tudo terminou foi retirada desmaiada da câmara mortuária. Quando recobrou os sentidos, insistiu veementemente que a deixassem a sós. Fechou-se em seu quarto a noite toda, e na manhã seguinte, convencida, por fim, por sua mãe, abriu a porta e, ao volver o rosto, ouvi-a exclamar: "Deus meu, Emília, teus cabelos se tornaram brancos". Assim aconteceu: aquele cabelo negro, lustroso e abundante que, contrastando com seus rasgados olhos cinzentos, emprestavam ao seu rosto tão atrativo, tornou-se grisalho naquela noite de agonia. Sempre conservei a memória de minha mãe com seus primorosos cachos de cabelo prateado, branco como a neve imaculada.

Tinha ouvido falar haver sido extraordinário o amor entre meu pai e minha mãe, e seguramente isso deixou uma marca indelével no seu caráter. Ele era um intelectual perspicaz e homem de sólida cultura; matemático e bom humanista, professor de francês, alemão, italiano, espanhol e português, com conhecimentos superficiais do hebreu e do grego. Nas horas em que estudava em casa, deleitava-se com os tesouros da antiga e moderna literatura. Nada lhe agradava tanto como sentar-se junto de sua esposa, e, enquanto ela trabalhava, ler-lhe algo em alta voz, ora traduzindo algum poeta estrangeiro, ora recitando melodiosamente as primorosas estrofes da "Rainha Mab". Apesar dos seus estudos de filosofia, era profunda e eminentemente cético. E me relatou um parente muito religioso, que frequentemente minha mãe saía do aposento, molestada pelas frívolas e brincalhonas burlas que seu esposo fazia dos dogmas cristãos. Minha avó paterna e a irmã de meu pai eram rígidas católicas romanas, e, nos últimos momentos da vida dele, conseguiram introduzir na habitação, à força, um sacerdote que rapidamente saiu ante a ira do moribundo e a veemente decisão da esposa, disposta a não permitir que se aproximasse de seu amado qualquer mensageiro do credo que o aborrecia.

Profundamente erudito em filosofia, havia transcendido as crenças ortodoxas de sua época, e minha mãe, que o amava demasiado para censurá-lo, costumava conciliar sua própria devoção com o ceticismo do seu consorte, sustentando que "a mulher deve ser religiosa, mas o homem tem direito de ler tudo e de pensar como lhe agrade, contanto que a sua conduta seja reta e honesta". O certo é que o pensar liberal e heterodoxo de meu pai modificou sensivelmente e em parte racionalizou a fé de minha mãe, que rejeitou por errôneas a doutrina da condenação eterna, a redenção do homem, a infalibilidade da Bíblia, a igualdade do Filho com o Pai na Trindade, e outras crenças ortodoxas, e em seus últimos anos se regozijava com a leitura de Jowett, Colense e Stanley. Este último era seu ideal do cavalheiro cristão, refinado, correto, de grandes ideias e devoto. A aridez de um serviço puramente evangélico feria o seu bom gosto, do mesmo modo que a crueza dos dogmas evangélicos violentavam seu intelecto. Agradava-lhe sentir-se cristã com dignidade e arte, e que, ao assistir aos "ofícios divinos", os rodeassem música solene e arquitetura majestosa. Abominava a familiaridade com os personagens celestiais e considerava um dever saudá-los com reverência.

A Abadia de Westminter, com sua pálida luz e suas sombrias distâncias, era sua igreja predileta. Ali, sentada numa bancada esculpida, e com o rítmico canto dos coristas, as policromadas imagens dos vitrais que se reproduziam nos alados arcos e floridas colunas, as variadas harmonias do estrepitoso órgão, que repercutiam nas tumbas, as cinzas dos mortos ilustres que a rodeavam e a augusta memória do passado infundida naquela arquitetura, ela sentia que a religião era intelectualmente digna e emotivamente satisfatória.

Para mim, que aceitei a religião ardorosamente, a refinada e correta devoção de minha mãe me parecia tão perigosa como a tibieza de Leodiceo, e em troca, meu impetuoso vigor de convicção e prática a perturbavam amiúde, como algo demasiado alheio ao seu delicado equilíbrio e à ausência de extremos que, no seu entender, deviam caracterizar uma dama. Ela era do antigo regime, e eu, da matéria de que os fanáticos são feitos. Eu tenho muitas vezes refletido que ela teve durante muito tempo, à flor dos seus lábios, a frase que brotou neles quando moribunda: "Filhinha minha, nunca me causaste pesar ou aflição, exceto quando se trata de ti mesma: tens sido sempre demasiado religiosa". E então murmurou para consigo: "Sim, é a única falta de minha Annie amada; tem sido sempre demasiado religiosa".

Creio, como julga o mundo, que aquela apagada voz falou sinceramente, e que aqueles moribundos olhos viram com luz interior, pois embora eu estivesse então ajoelhada junto ao leito, herética e proscrita, meu coração se mantinha religioso em seu fervor de repudiar uma religião, e ao sublevar-se contra os dogmas que oprimiam a razão e não satisfaziam a alma. Caminhei sozinha para a obscuridade, não porque a religião fosse demasiado boa para mim, mas porque não o era bastante; porque eu a considerava excessivamente mesquinha, vulgar, exigente nas coisas miúdas; demasiado ligada aos interesses terrenos, demasiado calculista ao acomodar-se às convenções sociais. Se eu houvesse aderido à Igreja Católica Romana, como quase o fiz, ela me haveria incumbido de alguma missão de perigo e sacrifício, e eu teria sido uma mártir; a Igreja ordenada pela lei me tornou incrédula e opositora.

Quando menina, fui uma religiosa mística e imaginativa até o grau máximo, com disposição de ter visões e sonhos. Esta faculdade não é rara nas raças célticas, e daí provém que as pessoas mais incrédulas as considerem "supersticiosas". No dia do enterro de meu pai, minha mãe sentou-se com o olhar vago e o semblante pálido (recordo-me vivamente desta cena, pois impressionou minha imaginação infantil) e seguiu o ofício fúnebre passo a passo, quando, subitamente, com as palavras: "tudo está terminado", caiu desmaiada. Disse, depois de ter seguido o féretro, assistido ao ofício e acompanhado o ataúde até a sepultura. O certo é que, poucas semanas depois, resolveu ir ao cemitério de Kensal Green, onde estava enterrado o cadáver de seu marido, tendo-a acompanhado um parente. Não encontrando a sepultura, e enquanto outra pessoa procurava um empregado para indicar-lhe o local, disse minha mãe: "Se me conduzires à capelinha em que se celebrou a primeira parte da cerimônia, encontrarei a tumba". Ao seu acompanhante a ideia pareceu naturalmente absurda, mas não querendo contrariar a recém-viúva, conduziu-a até a capelinha. Ela olhou ao seu redor, apartou-se da igreja e seguiu o caminho pelo qual haviam conduzido o cadáver, até chegar à sepultura. Permaneceu nela tranquilamente e ali a encontrou o guarda ao chegar para mostrá-la.

A tumba está um tanto afastada da capelinha, e não se acha situada numa das vias principais. Não havia no caminho nenhum sinal, exceto os postes de madeira com seu número, que não podiam orientá-la, sabendo-se que todas as tumbas estão marcadas dessa forma e que de perto tais marcas não eram visíveis. Como pôde ela encontrar a sepultura de meu pai permanece um mistério na família, pois ninguém acreditou no seu sincero relato de que esteve presente nos funerais. O fato, com o meu atual conhecimento, me parece bastante claro. Sei que a consciência pode deixar o corpo, tomar parte nos acontecimentos distantes e estampar no cérebro físico, em seu regresso, o que experimentou. Seu pedido de que a conduzissem até a capelinha é muito significativo, pois demonstra que se recordava do caminho percorrido na primeira vez, e de que somente podia chegar até a meta se a conduzissem ao lugar de onde partira anteriormente.

Outra prova de sua capacidade suprafísica, ela nos deu uma noite, poucos meses depois, tendo nos braços seu filhinho, que definhava por falta do "papá". Na manhã seguinte, disse à sua irmã: "Alfeu morrerá". O menino não tinha enfermidade alguma, além do seu definhamento crescente, dizendo-lhe, por isso, sua irmã que, com o retorno da primavera, seu filho recuperaria a saúde perdida no inverno. Mas minha mãe lhe respondeu: "Não; ele estava dormindo em meus braços na última noite e William (o seu marido) chegou e me disse que ele necessitava de Alf consigo e que eu poderia ficar com os outros dois". Em vão lhe asseguraram que ela sonhava, que era natural que sonhasse com seu esposo e que sua inquietação pelo menino havia provocado aquele sonho. Nada a persuadiu de que não havia visto meu pai e de que não era verdadeira a sua informação. Assim não a surpreendeu que, no mês seguinte, março, seus braços não pudessem já estreitar o menino e que seu lívido cadáver jazesse no berço.

A meu irmão e a mim nos permitiram vê-lo antes de o colocarem no ataúde. Pude contemplá-lo ainda pálido e formoso, com uma negra mancha em meio da sua alva fronte, e me recordo do frio mortal que me invadiu quando me convidaram a beijá-lo. Foi a primeira vez que estive em contato com a morte. Aquela mancha negra me produziu estranha impressão, e perguntando, muito tempo depois, sua origem, me disseram que, no momento da morte, minha mãe o havia beijado com paixão na fronte. Patético pensamento: o ósculo de despedida de uma mãe foi o primeiro sinal de deterioração na face do menino!

Relato estas coisas não porque sejam, de algum modo, notáveis ou extraordinárias, mas tão só para demonstrar que a sensibilidade de impressões distintas das físicas, característica de minha infância, existia também em minha família. A natureza física se herda dos pais, e a sensibilidade das impressões psíquicas é propriedade do corpo físico. Em nossa família, como em muitas da Irlanda, é geral a crença nos "espectros" de todas as classes, e minha mãe me havia explicado que tinha ouvido o soluço da *banshee* [1] ao aproximar-se a hora da morte de um membro da família.

Em minha infância, eram muito reais para mim os duendes e as fadas de toda espécie e considerava minhas bonecas como criaturas viventes. Os títeres eram entidades vivas e a tragédia que representavam me custava um mar de lágrimas. Recordo-me ainda hoje de minha fuga ao ouvir os guinchos do polichinelo que se aproximava, para es-

[1] Espírito feminino do folclore gaélico que, com seus lamentos, anuncia morte iminente na família. (Nota ed. brasileira)

conder minha cabeça na almofada e assim impedir que chegasse até mim o ruído da pancadaria e o choro do maltratado menino.

Ao meu redor, todos os objetos me pareciam vivos, tanto as flores que eu beijava como o mimado gatinho, e costumava dedicar agradável tempo a "fazer castelos no ar", como a viver toda espécie de amenos contos entre meus preciosos e por outros chamados inanimados brinquedos.

Mas esta fantasia sonhadora teve um aspecto mais grave quando se uniu à religião.

Capítulo II

Primeira infância

Começa para minha mãe a época da luta e da ansiedade. Até este momento, desde o seu casamento, não tinha conhecido nenhuma dificuldade econômica, porque seu esposo era muito bem remunerado em seu trabalho, e sendo aparentemente são e vigoroso, nenhum pensamento podia perturbá-la, quanto ao seu futuro. Quando ele morreu, julgava deixar sua mulher e filhos livres da pobreza; porém, o resultado foi ficarmos com uma insignificante quantia. Minha mãe tomou uma resolução específica.

Dois parentes de seu marido, Western e William Wood, se ofereceram para educar seu filho em uma boa escola da cidade e iniciá-lo na vida comercial. Mas os pais do moço tinham sonhado com um futuro mais distinto para o seu primogênito. Era intenção deles que o jovem estudasse em uma escola pública e depois fosse para a Universidade a fim de cursar uma Escola Superior, conquistando assim uma profissão intelectual: a mãe desejava a carreira eclesiástica e o pai preferia a advocacia.

Em seu leito de morte, meu pai pediu com insistência que Harry recebesse a melhor educação possível, e a viúva estava resolvida a cumprir escrupulosamente a sua última vontade. Aos olhos de minha mãe, um colégio da cidade não podia dar a melhor educação possível, e o orgulho de irlandesa se rebelava contra a ideia de seu filho não se tornar um titular acadêmico. Muitas foram as críticas que choveram sobre ela por causa de seu "orgulho tolo", especialmente vindas da ala feminina da família Wood; e sua persistência em manter o seu propósito motivou a separação entre eles e minha mãe. Porém, William e Western, embora desaprovassem em parte, continuaram a ser amigos e várias vezes a auxiliaram nas suas primeiras lutas.

Depois de meditar profundamente, minha mãe resolveu que o menino seria educado em Harrow, onde as matrículas são relativamente módicas para os estudantes que vivem na cidade, e mais tarde ele iria para Cambridge ou Oxford, como ele preferisse. Intrépida decisão para uma viúva pobre, mas posta em prática ao pé da letra! Talvez nunca, em um corpo tão frágil e delicado, se encontrou uma vontade e mente mais firmes do que as de minha mãe querida.

Transcorridos alguns meses, vividos com bastante pobreza em Richmond Terrace, Clapham, próximo de seus pais, minha mãe instalou-se em Harrow, numa pensão situada na parte superior de uma mercearia, e dispôs-se a procurar casa. O hoteleiro era um homem pomposo e conversador, e protegia de maneira extrema a jovem viúva. Um dia minha mãe relatou, com grande jovialidade, a profecia dele de que ela progrediria em sua empresa, se trabalhasse com firmeza.

– Olhe-me – dizia ele, engrandecendo-se e com visível importância. – Eu era um moço pobre sem vintém, e hoje sou um homem abastado e tenho minha quinta submarina, para onde vou ao entardecer.

Essa 'quinta submarina' era objeto de divertimento, quando passávamos diante dela em nossos passeios. "Eis a quinta submarina do senhor X", dizia alguém rindo-se, e eu também costumava dizê-lo muito ruidosamente, imitando os maiores, conquanto minha compreensão sobre a diferença entre suburbano e submarino fosse a mesma que a do honrado merceeiro.

Felizmente, minha mãe encontrou um menino de idade aproximada à de seu filho, cujos pais se dispuseram a deixá-lo sob sua custódia, para que o educasse juntamente com ele. Por este meio pôde pagar um preceptor, que o preparou para ser admitido na escola. O

ANNIE BESANT E SUA MÃE EM 1867

preceptor tinha uma perna de madeira, que era fonte de sérios problemas para mim, porque se mantinha rígida diante dele, quando nos ajoelhávamos para a oração familiar. Isto me incomodava, achando-o irreverente e impróprio, mas ardia em desejos de imitá-lo.

Decorrido um ano, mais ou menos, minha mãe encontrou uma casa que lhe pareceu adequada, sobretudo por haver obtido permissão do Dr. Vaughan, Diretor do colégio de Harrow naquele tempo, para aceitar como pensionistas alguns estudantes e assim obter os meios necessários para custear a educação de seu filho. O Dr. Vaughan se sentiu, por certo, vencido pela amabilidade e firmeza daquela pequena mulher, pois desde então foi seu mais sincero amigo e seu mais seguro apoio. Aos seus conselhos e ativa assistência, bem como aos de sua esposa, deveu ela o êxito de seus esforços.

Uma só condição garantia a permissão pedida: a de manter em casa um dos professores da escola, para que os meninos não sentissem nela a falta de um preceptor. Aceitou imediatamente a condição, como era natural, e dez anos durou o convênio, ou seja, até quando seu filho saiu da escola para ingressar na Universidade de Cambridge.

Lamento dizer que a casa que minha mãe habitou foi demolida e, atualmente, em seu lugar se ergue uma horrível construção de ladrilho vermelho. Nossa morada era antiquíssima e extravagante; tinha a fachada coberta de roseiras e a sua parte posterior de hera. Situava-se na colina de Harrow, entre a igreja e a escola, e foi, por algum tempo, residência do vigário da paróquia, que a deixou por estar distante da parte da cidade onde exercia sua missão.

A sala se abria, segundo um antigo costume, de metade janelão e metade porta, que me causava sérios desgostos, pois sempre rasgava, na aldrava, meus vestidos novos, ao atravessá-la para correr ao vasto jardim que se estendia pela fralda da colina, cheio das mais deliciosas árvores antigas, abetos e loureiros, acerolas, amoreiras, avelãs, maçãs, peras e ameixas damascenas, sem mencionar as inumeráveis matas de groselheiras, e os exuberantes canteiros de morangos espalhados pelas encostas ensolaradas.

Não havia ali árvore em que eu não houvesse subido, e uma delas, um frondoso loureiro de Portugal, era minha morada predileta. Ali eu tinha meu dormitório e minha sala de estar, meu estúdio e minha despensa. Nesta guardava as frutas que podia colher livremente das árvores, e, no estúdio, permanecia horas sentada, com alguns dos meus livros favoritos, entre eles o predileto, o "Paraíso Perdido" de Milton. Os pássaros deviam alarmar-se, às vezes, quando, do diminuto balanço dependurado num galho, surgiam com voz infantil "os tronos, as dominações, os principados, as virtudes, as potestades" do sublime e sonoro poema de Milton. Comprazia-me em personificar Satã e em declamar os magníficos discursos do Arcanjo rebelde, e muitas e felizes horas gozei nos céus e no inferno, tendo por companheiros Satã, o "Filho", Gabriel e Abdiel.

Estendia-se, então, junto ao cemitério da paróquia, um terraço enxuto mesmo nos dias úmidos, bordejado por uma velha cerca de madeira, sobre a qual se emaranhavam rosas de todos os matizes. Nunca vi um jardim de rosas como o da velha residência do vigário! No extremo deste terraço se levantava um pequeno mirante, no qual havia uma porta de escape; ao abri-la, descortinava-se uma das mais belas paisagens da Inglaterra. Ante o espectador e a jusante, mostrava-se a colina em toda a sua amplitude, e mais longe e no baixio se dilatava a região florestal, até que a vista percebia, bem longe, as torres do Castelo de Windsor. Era a perspectiva que Byron não se cansava de admirar, sentado na pedra sepulcral – túmulo de Byron é como se chama ainda – e da qual ele escreveu:

"De novo estou onde tantas horas meditei,
Ora repousando, no crepúsculo, sobre a pedra sepulcral,
Ora caminhando errante pelo escarpado cume do campo santo,
Para surpreender a última cintilação do sol poente."

Leitor, se alguma vez visitares Harrow, pede autorização para entrar no velho jardim e experimenta o efeito que produz a súbita explosão de beleza ao abrires a portinha de escape do extremo do terraço.

Instalamo-nos nesta casa no dia em que completei oito anos, e durante onze anos foi "meu lar", afastando-me dele sempre com pesar e vendo-o de novo com alegria.

Pouco tempo depois me separei de minha mãe pela primeira vez. Um dia, ao visitar uma família vizinha, ali encontrei uma desconhecida sentada no salão; uma senhora coxa, de feições duras, que se dulcificaram admiravelmente ao sorrir-me no momento em que entrei saltando. Em seguida me chamou, pôs-me no seu colo e me falou, e no dia seguinte nosso amigo veio ver minha mãe para perguntar-lhe se me permitiria acompanhar aquela senhora, para que me educasse com sua sobrinha. Ela concordava que eu passasse as férias em meu lar, e se encarregaria de toda a minha educação.

No seu primeiro impulso minha mãe não quis ouvir falar em tal coisa, pois nunca havíamos nos separado. Meu amor por ela era idolatria, e o seu por mim era devoção. Uma simples historieta que, durante anos, me atormentou cruelmente patenteia a minha idolatria; e não se apagou ainda de meu coração. Em terníssima reunião, num dia em que eu brincava ao seu redor por todas as partes, satisfeita de estar sentada, de pé ou em expectativa de algo, contanto que pudesse tocar na mão ou no vestido de mamãe, ela me disse: "Pequena – assim me chamava – se estás de tal modo agarrada a mim, ver-me-ei obrigada a arranjar um barbante para amarrar-te ao meu avental. Gostarias?" "Oh, mamãe querida – respondi-lhe fervorosamente – faz-lhe um nó". E efetivamente, o vínculo de amor entre nós duas foi tão tenaz que nada pôde rompê-lo. O alfange da morte separou o que nem a dor nem a tribulação sequer afrouxaram]. Demonstraram-lhe que as vantagens da educação oferecida eram tais que não se poderiam pagar com dinheiro; que não era conveniente que eu crescesse numa casa onde havia tantos rapazes (realmente eu jogava *criquet* e sabia escalar como o melhor deles); que em breve teria de me matricular em alguma escola, a menos que aceitasse o oferecimento que me proporcionava todas as vantagens de uma escola sem seus inconvenientes. Finalmente ela se rendeu e ficou decidido que a Srta. Marryat, de regresso para sua casa, me levaria consigo.

A Srta. Marryat, irmã predileta do capitão Marryat, o famoso novelista, era uma dama solteira de posição independente. Havia cuidado de seu irmão durante a enfermidade que o levou à morte, e vivia com sua mãe em Wimbledon Park. Quando seu irmão faleceu, ela buscou um trabalho que a tornasse útil no mundo, e vendo que um de seus irmãos tinha muitas filhas, ofereceu-se para tomar conta de uma delas e educá-la O acaso a levou a Harrow, minha boa sorte me pôs em seu caminho, despertei-lhe simpatia e pensou que poderia instruir duas meninas em vez de uma. Daí o seu oferecimento à minha mãe.

A Srta. Marryat tinha alma de educadora e empreendeu sua tarefa com grande deleite. De vez em quando aumentava nossa pequena sociedade com outro educando, ora menino, ora menina. Primeiro com Amy Marryat e eu, havia um rapaz chamado Walter Powys, filho de um clérigo de numerosa família. Teve-o a seu lado alguns anos e, admiravelmente preparado, o enviou para uma escola. Escolhia "seus meninos" como amorosamente os chamava, com propósito muito definido. Tinham que ser de boa família, bem educados e de uma posição social tal que a educação gratuitamente oferecida constituísse um dia, por sua vez, complementação e ajuda na escassa renda dos progenitores. Sentia-se satisfeita de se dirigir às pessoas que a pobreza oprimia intensamente, para auxiliá-las no momento em que a necessidade da educação dos filhos pesa sobre o rico e o necessitado.

Nós a chamávamos "tia" porque para ela, chamá-la "Srta. Marryat" parecia uma expressão fria e rígida. Dava-nos lições de tudo, exceto de música, para a qual tínhamos professor; exercitávamos composição, leitura em alta voz em inglês, francês e posteriormente alemão. Dedicava-se a dar-nos sólida e ampla educação. Careço de palavras para expressar o que lhe devo, não somente em conhecimentos, mas em amor ao conhecimento que desde então viveu em mim como um constante estímulo para o estudo.

Seu método de ensinar pode interessar aos que desejam educar meninos com menor esforço de sua parte e maior regozijo dos pequenos. Nunca usamos cartilha, o tormento dos jovens estudantes, nem uma gramática inglesa; escrevíamos cartas, narrávamos o observado em nossos passeios ou explicávamos algum conto que havíamos lido. Ela lia todas as nossas composições infantis, corrigia as falhas de ortografia, gramática, estilo ou cadência, e quando encontrava uma frase defeituosa, repetia-a em voz alta a fim de que percebêssemos a falta de musicalidade, um erro de observação ou de expressão. Em nossas cartas explicávamos o que havíamos visto no dia precedente, e assim deste modo despertava e cultivava em nós a faculdade de observação. "Tia, nada tenho hoje que contar", – exclamava, às vezes, um aluno, com uma lousa na mão. "Não passeaste ontem?" – respondia ela. "Sim, – acrescentava suspirando, – mas nada tenho que dizer do passeio." – "Nada? Estiveste uma hora na rua e nada viste? Não tens olhos? Procura servir-te deles hoje."

Uma de nossas aulas favoritas era a de ortografia. Costumávamos escrever listas de todas as palavras que tinham som igual e ortografia diferente. Por exemplo: *key, quay, knight, night* e assim por diante, e que triunfo para o aluno que encontrava o maior número! Desde o primeiro dia em que iniciávamos o estudo de um idioma, dedicávamos parte do tempo à leitura. Assim, ao começarmos a aprender o alemão, iniciamos a leitura de *Guilherme Tell*, de Schiller, e copiávamos os verbos que figuravam na leitura. Aprendíamos muito de memória, mas sempre coisas que valia a pena saber. Nunca nos foram dadas perguntas e respostas descontextualizadas e estéreis, a que tão afeiçoados são os professores preguiçosos. Estudávamos história, um de nós lendo-a em voz alta, enquanto os demais trabalhavam. Tanto aos meninos quanto às meninas ela ensinava o uso da agulha. Um dia um companheiro disse indignadamente: "Coser é próprio de meninas". – "E é próprio de criancinhas ter que correr atrás de uma moça para que lhes pregue um botão", – respondeu-lhe ela.

Ensinava-nos geografia desenhando mapas, delicioso exercício para os pequenos dedos, e embaralhando mapas em forma de quebra-cabeças, em que as nações de um continente ou as províncias de uma nação se destacam em partes com seu formato próprio. Naquela época me agradavam os extensos impérios e sentia grande satisfação em colocar a Rússia em seu lugar e em ver que ocupava uma grande parte do mapa.

A única gramática que estudávamos como tal era a latina, e não a começamos enquanto não nos familiarizamos com a composição pelo uso das regras que contém. A Srta. Marryat não podia tolerar que os meninos aprendessem de memória o que não compreendiam e depois imaginassem sabê-lo. "Que entendes, Annie, por esta expressão?" – perguntava-me às vezes. Depois de débeis tentativas, eu respondia: "Em verdade, tia, tenho-a na cabeça, mas não posso explicá-la". – "Em verdade, Annie, tu não a tens na cabeça, pois do contrário poderias expô-la para que também estivesse na minha". Desta maneira cultivava a clareza de pensamento e expressão. Adotávamos a língua latina, porque era a mais perfeita das gramáticas modernas e servia de sólida base para o estudo das línguas modernas.

A Srta. Marryat tinha sua residência em Fern Hill, perto de Charmouth, em Dorsetshire, belíssimo lugar nas orlas do Devon. Ali viveu durante cinco anos, e sua casa foi um centro benéfico de todo o distrito. Fundou uma escola dominical e, pouco depois, um curso de Bíblia para os rapazes que solicitavam ingresso nela e não podiam ser admitidos por causa de sua idade. Visitava os pobres, socorria-os ela mesma onde quer que vivessem, e aos enfermos enviava alimento de sua própria mesa. Era sua característica não dar nunca as "sobras" aos pobres, mas ter um prato na mesa e colocar nele a melhor parte para excitar o apetite do enfermo. Raramente dava dinheiro, mas procurava trabalho provisório ou ela mesma empregava o necessitado à espera de uma colocação permanente. Severa em sua atitude e inflexível para com as lisonjas ou falsidades, sua influência, temida ou amada, foi sempre para o bem.

Pertencia à mais rígida seita dos evangelistas, e aos domingos não líamos outros livros senão a Bíblia e *O Domingo no Lar*, mas procurava fazer que o dia transcorresse alegremente por meio de pequenos entretenimentos, como: passear com ela pelo jardim; cantar hinos sempre agradáveis aos alunos; narrar as maravilhosas histórias dos missionários Moffat e Livingstone, cujas aventuras com os selvagens e os animais ferozes eram tão comovedoras como um conto de Mayne Reid. Costumávamos estudar passagens bíblicas e hinos para recitá-los. Era uma diversão favorita "a adivinhação da Bíblia", que consistia em reconhecer-se uma cena pela descrição que dela fizéssemos.

Dávamos aulas na escola dominical, pois a Srta. Marryat nos dizia que era inútil aprendermos, se não procurássemos ajudar os que careciam de mestre. Aos sábados preparávamos cuidadosamente estas lições, já que ela nos inculcava sempre que a doação a um pobre deveria custar algo ao doador. Este princípio, percebido por ela como ilustração ao texto "entregarei ao Senhor, meu Deus, o que nada me custa?", impregnava toda a sua moral e sua prática. Quando, em alguma calamidade pública, corríamos chorando para ela a perguntar-lhe se não podíamos ajudar os meninos que morriam de fome, respondia rapidamente: "A que renunciais por eles?" E acrescentava que se estávamos dispostos a renunciar a nosso açúcar, poderíamos economizar e dar, portanto, seis *pence* por semana. Duvido que possa dar-se aos meninos melhor lição de renúncia pessoal em bem dos demais.

Diariamente, terminadas as lições, tínhamos recreio completo. Dávamos longos passeios a pé e de coche puxado por um lindo pônei, que os meninos achavam muito divertido, e que o cocheiro nos ensinava a dominar, quaisquer que fossem suas excentricidades. Fazíamos deliciosos piqueniques coletivos, que duravam todo o dia, nos amenos contornos de Charmouth. A Srta. Marryat era nossa mais alegre companheira. Não se podia desejar uma estância mais saudável para meninos, física e mentalmente, do que a oferecida por aquela tranquila aldeia. E a alegria das férias? E a satisfação de minha mãe pelas boas informações que recebia sobre os progressos de sua amada? E o júbilo de ver novamente os rincões e esconderijos da querida e velha casa e jardim?

A tendência sonhadora da criança, que em seu aspecto profano é fantasia e imaginação, no aspecto religioso é o germe do misticismo, e eu acredito que seja mais comum do que o imagina muita gente. Porém, o cruel materialismo da época presente – não o materialismo filosófico de poucos, mas o materialismo religioso de muitos – destrói até sua raiz os delicados botões do pensamento infantil e venda os olhos que de outro modo veriam. No princípio, a criança não distingue entre o que "vê" e o que "imagina"; um é tão real e objetivo para ele como o outro, e falará e brincará com seus companheiros imaginários tão jubilosamente como se fossem crianças também.

Em minha infância preferi o primeiro e nunca soube o que fosse estar só. Mas os adultos entraram atabalhoadamente neste jardim de sonho e lhe pisaram as flores, fizeram desvanecer os sonhos infantis dizendo em altas vozes ásperas, tão diferentes das suaves e melodiosas do sonho: "Não fale tais mentiras, senhorita Annie; você me dá calafrios e sua mamãe se aborreceria". Mas a tendência era demasiado poderosa para afogá-la, e buscava alimento nos contos de fada que eu adorava e nas alegorias religiosas que achava cada vez mais fascinantes.

Ignoro como e quando aprendi a ler, porque não posso lembrar-me de um tempo em que um livro não fosse um deleite para mim. Aos cinco anos devia ler com facilidade, pois me lembro de que várias vezes, achando-me escondida atrás de uma cortina, onde costumava ocupar-me com um livro, me diziam que "fosse brincar". Distraía-me tão completamente na leitura, que ainda quando me chamavam pelo nome no cômodo onde me encontrava, não ouvia. Repreendiam-me por julgarem que eu me escondia propositalmente, quando simplesmente estava na terra dos duendes ou me havia deitado debaixo da folha de um pé de couve amiga tremendo ao aproximar-se um gigante.

Entre os sete e oito anos chegaram pela primeira vez às minhas mãos alegorias infantis de caráter religioso e pouco depois *A Jornada do Peregrino* e o *Paraíso Perdido*, de Milton. Desde então minha ativa fantasia me conduziu a um mundo fascinante, onde os jovens soldados protegiam algum posto avançado para seu Príncipe ausente, levando um escudo com o sinal de uma cruz vermelha; onde os demônios em forma de dragões se atiravam contra o peregrino e eram afugentados e vencidos depois de rija luta; onde os anjos desciam e falavam com as crianças e lhes davam algum talismã que as preservava do próximo perigo e que perdia sua luz quando se afastavam do reto caminho.

Com frequência pensava, ao exortarem-me a ser boa moça, a conservar minha serenidade, a ser ordeira e a não sujar meu avental durante a comida, quão sombrio e fatigante era o mundo em que devia viver. Quanto teria sido mais fácil ser boa cristã se possuísse um escudo com sua cruz vermelha e uma bandeira branca, e se existisse um demônio real com quem lutar e um formoso Príncipe divino que sorrisse, terminada a batalha! Quão mais excitante seria a luta com um dragão alado e armado de garras, que se sabe ser a encarnação do mal, do que ter que manter a própria calma, cuja falta se nota só ao perdê-la! Se eu tivesse sido Eva no paraíso, a velha serpente não me teria seduzido; mas como uma menina seria capaz de saber que não devia colher a maçã mais rosada e mais linda de uma árvore, se nela não via serpente que lhe declarasse a proibição?

À medida que fui crescendo, meus sonhos e fantasias se tornavam menos fantásticos, porém mais coloridos de verdadeiro entusiasmo. Lia os contos dos primitivos mártires cristãos e lamentava profundamente haver eu nascido tão tarde, quando não mais era possível sofrer pela religião. Passava horas sonhando durante o dia e me imaginava diante dos juízes romanos, os inquisidores dominicanos, em minha imaginação eu era arremessada aos leões, torturada na cremalheira e queimada na fogueira. Um dia vi a mim mesma pregando uma nova fé a uma multidão que escutava e se convertia, e eu me tornava uma grande líder religiosa. Mas sempre com uma sacudida me arrastavam para a terra onde não podiam realizar-se ações heroicas, nem havia leões para afrontar, nem juízes para desafiar, mas tão só enfadonhos deveres para cumprir. Costumava irritar-me por haver nascido quando as façanhas já estavam realizadas e quando não se apresentava a oportunidade de pregar e sofrer por uma nova religião.

Desde a idade de oito anos, a educação me acentuou a religiosidade do caráter. Sob a influência da Srta. Marryat, meu sentimento religioso recebeu uma tendência intensamente evangélica, mas sentia pena de não me recordar da hora de minha "conversão". Quando outros falavam das experiências recebidas e se referiam à súbita mudança que neles se operara, eu me entristecia pensando que eu não havia sofrido transformação alguma, e sentia que minhas veementes aspirações eram pouca coisa em comparação com o vivo "sentido do pecado" de que falavam os pregadores, e a mim mesma me perguntava se estava "salva". Causava-me inquieto mal-estar que me louvassem por minha piedade, pois a emulação e a vaidade são mais poderosas que a religião. Assim, aprendi de memória a epístola de São Tiago para distinguir-me por minha boa memória, não por amor ao texto. As sonoras cadências de muitas passagens do Antigo e Novo Testamento me agradavam o ouvido, e sentia prazer em repeti-los em alta voz, como recitar para minha própria satisfação centenas de versos do "Paraíso Perdido" de Milton, ora sentada no galho balouçante de uma árvore, ora estendida sobre um tronco inclinado e contemplando o insondável azul do céu até que quase me perdia em meu êxtase de som e cor, cantando as melodiosas frases e povoando todo o céu de vagas formas.

Minha facilidade em aprender de memória e o costume dos sonhadores relatos me familiarizaram com a Bíblia e me tornaram competente em suas frases. Isto me proporcionou boa reputação nas reuniões devocionais, tão caras aos evangelistas, nas quais tomavam parte. Quando nos tocava o turno, devíamos orar em alta voz, ordálio terrível, pois eu era extremamente tímida quando a atenção alheia recaía sobre mim. Sofria de maneira indizível enquanto esperava as terríveis palavras: "Agora, Annie querida, queres falar do Senhor?" Mas tão logo meus trêmulos lábios, com um esforço, haviam iniciado a prática, todo o nervosismo desaparecia e me sentia transportada por um entusiasmo que facilmente se manifestava em frases adequadas, e ao final, ai de mim! esperava que Deus e a Srta. Marryat percebessem que minha pregação havia sido formosa, vaidade que o piedoso exercício não visava certamente vigorizar.

Em geral, o ensino um tanto calvinista que recebi tendia a tornar-me uma mocinha mórbida, sobretudo pela tácita nostalgia que sofria por causa da minha mãe distante. Recordo-me de que ela ficou surpreendida quando, em uma de minhas visitas ao lar, ela leu as notas da Srta. Marryat de que faltava o "bom humor" em meu caráter, pois em casa eu era a mais jovial de todos, a despeito de minha predileção pela solidão. Mas, ausente, eu sentia saudades do lar, e a austera religião que ao meu redor se pregava projetava uma espécie de sombra sobre minha vida, embora, por estranho que pareça, nunca o inferno penetrou em minhas fantasias, exceto sob a forma descrita no "Paraíso Perdido". Depois de o ler, o demônio não foi para mim um monstro de chifres e cascos, mas o formoso arcanjo caído, e sempre confiei que Jesus, meu Príncipe ideal, o salvaria por fim.

O que realmente me atemorizava eram as vagas e nebulosas entidades que percebia perto de mim e que não via. Eram tão reais que sabia em que lugar estavam da estância e o terror peculiar que me inspiravam jazia na ideia de que ia vê-las. Se por casualidade me chegava às mãos uma novela de fantasmas, estes me perseguiam durante meses, porque eu via por todas as partes os espantosos espectros nela descritos. Numa novela de Walter Scott se falava de uma velha horrível, que deslizava até os pés da cama, saltava sobre ela como um duende, e fitava ferozmente. Com que medo me deitei durante semanas! Recordo-me tão vivamente desta impressão, que ainda agora me causa pavor.

Capítulo III

Adolescência

Na primavera de 1861, a Srta. Marryat revelou sua intenção de ir para o estrangeiro e pediu à minha querida mãe que me permitisse acompanhá-la. Um sobrinho seu tinha uma catarata, e ela desejava que ele estivesse sob os cuidados do famoso oculista Dusseldorf. Amy Marryat retornara ao lar, logo após o falecimento de sua mãe ao dar à luz o menino que a Srta. Marryat adotara e cujo nome, segundo seu desejo, era Frederico, em memória de seu irmão predileto, o capitão Marryat. Em substituição de Amy veio Emma Mann, moça uns meses mais velha que eu, filha de um clérigo casado com a senhorita Stanley, jovem intimamente aparentada, creio que irmã de Mary Stanley, que realizou um nobre trabalho de enfermagem na guerra de Crimeia.

Durante alguns meses, estudamos assiduamente o alemão, porque a Srta. Marryat considerava útil que conhecêssemos, razoavelmente bem, a língua nativa do país que íamos visitar. Mantivemos sempre conversação em francês durante as refeições, e assim não nos sentimos "estrangeiros de todo" ao embarcar na estação de St. Catherine e ao encontrar-nos, no dia seguinte, na Antuérpia, que nos pareceu uma verdadeira torre de Babel de línguas.

Nosso pobre francês, tão corretamente pronunciado! Perdíamo-nos no torvelinho dos agentes e carregadores e não podíamos entender uma palavra! Srta. Marryat, contudo, mantinha-se à altura das circunstâncias: estava habituada às viagens e seu francês resistiu triunfalmente à prova. Graças a ela chegamos sem contratempos a um hotel. Na manhã seguinte empreendemos nova marcha para Bonn por Aix-la-Chapelle, cidade que se estende pelos confins do extraordinário cenário em que Siedengebirge e Rolandseck servem de mágico portal.

Nossas aventuras em Bonn não foram muito satisfatórias. Nossa querida Srta. Marryat era uma solteira que considerava todos os rapazes como lobos que deviam ser mantidos longe de seus ternos cordeirinhos. Bonn era uma cidade universitária, e nela reinava naquele momento uma verdadeira mania por tudo o que fosse inglês. Emma, roliça, de cútis rosada, rubra, brincalhona e de inocente humor, era o puro tipo da donzela inglesa; eu, muito franzina, pálida, de cabelo negro, alternando o humor entre a extroversão mais barulhenta e a compenetração mais silenciosa.

Na pensão onde estivemos primeiramente, o *Château du Rhin*, um belo lugar às margens do majestoso e azul Reno, se hospedavam, por casualidade, com seu tutor, os filhos do último duque de Hamilton, o marquês de Douglas e Lorde Charles. Alugavam todo o andar principal; nós tínhamos uma sala no térreo e no andar de cima os dormitórios.

Os rapazes descobriram que a Srta. Marryat não gostava que suas "meninas" conversassem com ninguém do "sexo masculino", e isso constituiu uma fonte inesgotável de divertimento. Faziam seus cavalos dar piruetas em frente a nossa janela; saíam no preciso instante em que íamos passear ou buscar o coche, e nos cumprimentavam tirando o chapéu e fazendo uma profunda reverência; surpreendiam-nos ao descermos a escada para nos dar um cerimonioso "bom-dia"; colocavam-se na igreja de maneira que pudessem ver-nos, e Lorde Charles, que tinha a habilidade de mover o couro cabeludo, fazia movimentos com os cabelos até que nos víssemos obrigadas a afogar a gargalhada, sob o risco de sermos repreendidas.

Decorrido um mês desta forma, a Srta. Marryat viu-se literalmente expulsa do formoso castelo, e buscamos refúgio numa escola feminina, com grande pesar de nossa parte. Mas ainda ali não pôde estar tranquila. Estudantes revoltosos nos perseguiam aonde quer que fôssemos; alemães românticos com cicatrizes na face nos sussurravam, ao passar, frases lisonjeiras, sempre infantis, do gênero mais inocente, mas que a dama inglesa, com a sua rigidez, considerava "impertinentes".

Depois de três meses em Bonn, ela nos enviou para nossos lares, um tanto difamadas, para que ali passássemos as férias. Durante o tempo em que estivemos em Bonn fizemos encantadoras excursões: subíamos pelas montanhas, passeávamos na lancha pelas correntezas do Reno, vagávamos por vales esplêndidos. Conservo uma vasta galeria de pinturas, onde me recolho quando quero pensar em algo belo: ora recordando a lua prateando o Reno ao pé de Drachenfels, ora a doce e vaporosa ilha na qual viveu a mulher que se consagrou para sempre ao amor de Rolando.

Dois meses depois nos reunimos com a Srta. Marryat em Paris, onde passamos sete deliciosos e ativíssimos meses. Às quartas-feiras e aos sábados não tínhamos lição, e íamos às tardes ao Museu do Louvre, até que se nos tornaram familiares as obras mestras de arte que ali se colecionavam de todos os países. Duvido que haja em Paris uma só formosa igreja que não houvéssemos visitado em nossas excursões semanais. A de Saint Germain de Auxerrois, cujo sino deu o sinal da matança na noite de São Bartolomeu, era a minha predileta pelos seus vitrais de cores, cujos matizes tão puros e intensos jamais havia visto. A solene beleza de Notre Dame, a magnificência um tanto exagerada da Sainte Chapelle, a majestade de La Madeleine, a impressionante obscuridade de St Roch, tudo nos era familiar.

Outros deleites experimentávamos misturando-nos às festivas multidões que passavam pelos Campos Elíseos e se dispersavam no Bosque de Bolonha; vagando pelo jardim das Tulherias; subindo ao cume de qualquer monumento para dali contemplar a capital da França. O império se encontrava então num período de máximo esplendor, e agradava-nos ver a faustosa carruagem imperial com seus áureos e prateados penachos que ondulavam e reluziam à luz do sol, bem como a imperatriz sentada no coche, extraordinariamente bela, com seu filho que, correspondendo às saudações que recebia, tocava timidamente o chapéu, com a graça própria de sua mãe. Pobre menino, que parecia nascido para ostentar uma coroa imperial, mas que terminou sua breve vida na lança de um selvagem numa contenda sem nenhuma relação com ele.

Na primavera de 1862, o Bispo de Ohio visitou Paris e o Sr. Forbes, então capelão inglês da igreja situada na rua de Aguessau, preparou a cerimônia da confirmação. Como já disse anteriormente, meu temperamento era profundamente religioso, e não obstante o inocente extravio sofrido na Alemanha, continuava sendo uma moça piedosa. Considerava os teatros – nunca estivera em nenhum – como redes estendidas por Satã para a perdição das almas frívolas, – e me sentia plenamente decidida a não ir a um baile e disposta a "sofrer em nome de minha consciência", presunçosa como era, se houvesse desejado visitar algum. Estava, pois, disposta a cumprir os votos feitos em meu nome em meu batismo e a renunciar o mundo, o demônio e a carne com um entusiasmo e uma sinceridade somente igualadas pela minha profunda ignorância das coisas a que tão facilmente renunciava.

A confirmação foi para mim algo solene. A cuidadosa preparação, as prolongadas orações, o profundo respeito aos "sete dons do Espírito" que me haviam de conferir pela "imposição das mãos", tudo tendia para a minha exaltação. Eu mal podia me controlar quando, ajoelhada diante do gradil do altar, me pareceu que o suave roçar da mão do ancião bispo, mantida por um instante sobre minha inclinada cabeça, era o contato da asa do "Espírito Santo, pomba celeste", cuja presença havia eu invocado com tanto fervor. Há algo mais fácil, pergunto a mim mesma, que tornar uma moça jovem e sensitiva "intensamente religiosa"?

Esta permanência em Paris atualizou um aspecto de minha natureza religiosa até então latente. Descobri o gozo sensorial que existe nas cerimônias religiosas produzido pela cor, perfume e pompa externa, de maneira que a complacência das emoções estéticas se dignifica com a roupagem da piedade. As galerias de quadros do Museu de Louvre, cheias de Madonas e Santos, as igrejas católico-romanas com seu aroma de incenso e sua delicada música, davam um novo gozo à minha vida, e aos meus sonhos um colorido mais vívido. Insensivelmente, o frio e cru protestantismo, que nunca assimilei por completo, cresceu mais ardoroso e iluminativo, e o divino Príncipe, ideal de minha infância, tomou as feições mais patéticas de Homem das Angústias; e sofreu a atração poderosíssima do sofredor Salvador dos Homens. O *Ano Cristão* de Keble substituiu o *Paraíso Perdido*, e quando começou a florescer minha adolescência para a feminilidade, todas as suas profundas correntes se canalizaram para a devoção religiosa.

Minha mãe não me havia permitido a leitura de novelas românticas, e meus sonhos diários sobre o futuro tinham muito pouca semelhança com as esperanças e temores de uma donzela que lança seus olhos em direção ao mundo em que em breve entraria. Minha mente fantasiava sobre os dias em que as virgens mártires eram agraciadas com visões do Rei dos mártires, em que a doce Santa Inês viu seu noivo celeste, e os anjos inclinavam-se para sussurrar melodias ao extático ouvido de Santa Cecília. "Por que então e não agora?" – perguntava meu coração. E me perdia nestas fantasias, sem nunca me sentir tão feliz como na solidão.

Passamos o verão de 1862 em Sidmouth com a Srta. Marryat, a qual, inteligente como era, começava a dirigir nossos estudos visando nossa emancipação escolar. Acostumávamos pouco a pouco a trabalhar sozinhas; suprimia cada vez mais nossos andadores, que nos protegiam em nossos tropeços. Recordo-me de que, ao queixar-me amorosamente, um dia, de que "me ensinava tão pouco", me respondeu que eu tinha idade suficiente para confiar em meu próprio trabalho e que não devia esperar "que a Srta. Marryat fosse minha muleta toda a vida".

Atrevo-me a dizer que a delicada abstenção daquela mulher de alma nobre, em nos dirigir e ensinar, foi uma de suas atitudes sábias e generosas que maior bem nos produziu. O costume geral é manter as jovens na escola até o momento de "entrar na sociedade", quando subitamente se acham abandonadas às suas tendências, e aturdidas por sua liberdade desabituada. Isto causa o desperdício do tempo que teria sido inestimável para seu adiantamento intelectual. Posteriormente o franqueamento do ingresso da mulher nas universidades desvaneceu este perigo para as mais ansiosas, mas na época que descrevo ninguém sonhava com as mudanças que logo sobreviriam no sentido da educação superior feminina.

No inverno de 1862-63, a Srta. Marryat foi a Londres, onde permanecemos durante alguns meses, assistindo às interessantes aulas de francês do Sr. Roche. Na primavera seguinte, regressei a meu lar de Harrow, continuando semanalmente nas aulas, e quando terminaram, a Srta. Marryat me disse que acreditava haver feito tudo o que dela dependia e que chegara a época de tentar bater minhas próprias asas.

Cumpriu tão admiravelmente sua incumbência, que minha emancipação escolar foi o ponto de partida de meus estudos fervorosos, se bem que os acomodei às minhas tendências pessoais mais atrativas. Continuei a leitura do alemão com um professor, e a música sob a direção maravilhosamente talentosa do Sr. John Farmer, Diretor musical da escola de Harrow. Ambos os ensinos me absorveram muito tempo. Minha querida mãe tinha paixão pela música, e Beethoven e Bach eram os seus compositores favoritos. Não havia sonata de Beethoven que não houvesse aprendido, nem fuga de Bach que não dominasse. A cadência de Mendelssohn me recreava suavemente, e felicíssimos entardeceres passávamos ambas com as notas imponentes do cego Titã e as suaves melodias do silencioso orador alemão. As reuniões familiares constituíam diversão favorita em Harrow, e nelas minha habilidade musical me tornava uma hóspede bem-vinda.

Livre da escola aos dezesseis anos e filha única, podia empregar meu tempo como me aprouvesse, exceto em duas horas diárias em que tocava para satisfação de minha mãe. Desde então, até que me comprometi, aos dezenove anos, minha vida deslizou placidamente em duas correntes: uma visível, luminosa e diáfana; outra subjacente, mas cheia, profunda e impetuosa. No exterior, nenhuma donzela gozava vida mais brilhante e feliz do que a minha. Estudava durante as manhãs, e a meu sabor, a maioria das tardes; o resto do dia o dedicava a exercícios, passeios e cavalgadas, alternando com excursões coletivas,

ANNIE BESANT AOS 16 ANOS

em que eu era a mais alegre. Atirava a flecha com tanto zelo que ganhei, pela melhor pontuação na disputa, o primeiro anel que tive: no *croquet* era competentíssima jogadora.

Minha boa mãe, por certo, me mimava demasiadamente no que se referia às miúdas asperezas da vida. Jamais permitiu que me afetasse a menor contrariedade, e procurava que todas as penas recaíssem sobre ela e todas as alegrias sobre mim. Penso agora o que nunca imaginei então, isto é, que sua vida foi muito angustiosa. Os gastos com meu irmão, por seus estudos e permanência no colégio, eram muito pesados para ela, e sua necessidade de dinheiro era cada vez mais imperiosa. Um advogado em quem ela depositava absoluta confiança, a enganava sistematicamente, empregando em gastos próprios o dinheiro que ela lhe enviava para o pagamento de seus compromissos. Deste modo sofria ela uma sangria contínua. Mas para mim havia tudo o que eu necessitasse. Queria ir a um baile? Não devia preocupar-me com o vestido até o momento de pô-lo; não me faltava um pormenor dos pés à cabeça. Nenhuma outra mão senão a sua me penteava meus ondulados cabelos, que caíam, ao soltá-los, até perto de meus joelhos. Nenhuma outra mão senão a sua me adornava com flores, e se alguma vez eu desejava ajudá-la na costura de encaixes ou em algum trabalho insignificante, me beijava e me conduzia aos meus livrinhos e à minha música, dizendo-me que seu único prazer na vida era ocupar-se do seu "tesouro".

É lastimável que tão pouco apreciemos o labor abnegado que suaviza a vida antes de conhecermos o que esta vida significa, quando nos falta a protetora asa materna! O amor de minha mãe protegeu e escudou de tal modo a minha infância e juventude, que nunca imaginei que a vida pudesse ser uma pesada carga, exceto quando vi os pobres que socorríamos. Aceitei o gozo daqueles felicíssimos anos, não ingratamente, segundo creio, mas, sim, com a alegria inconsciente de algo singular, como se recebe a luz do sol. Amei apaixonadamente minha adorada mãe, mas nunca supus quanto lhe devia até que me separei de sua suavíssima proteção, até que deixei o lar materno. É prudente tal educação? Não poderei afirmá-lo. Depois dela se nos apresentam as durezas da vida com tão duro choque, ao entrarmos no mundo, que pergunto a mim mesma se não seria melhor iniciarmos primeiro a juventude nos graves mistérios da vida. Contudo, é também muito agradável recordarmos uma juventude alegre e inocente; é, quando menos, um tesouro da memória que nenhum ladrão nos pode arrebatar nas lutas posteriores. Chamavam-me "raio de sol" naqueles agradáveis dias de divertidos jogos e fervorosos estudos. Esse estudo, porém, revelaria minha tendência mental e sua relação com minha vida íntima.

Os padres da primitiva Igreja Cristã foram os meus principais companheiros, e aprofundava-me na leitura do Pastor de Hermes, nas Epístolas de Policarpo, Barnabé, Inácio, Clemente, nos comentários de Crisóstomo, nas Confissões de Agostinho. Estudei também as obras de Pusey, Liddon e Keble, e de outros de menor notoriedade, empolgando-me o magno conceito de uma igreja católica que perdurara através dos séculos, fundada pelos apóstolos e mártires, difundida desde os dias de Cristo até nossa época. "Um Senhor, uma Fé, um Batismo", e eu filha dessa Igreja Santa!

Minha vida interior aumentava constantemente, nutrida por aqueles estudos, e a comunhão semanal foi o centro em torno do qual girava minha devota existência com sua extática meditação, sua crescente intensidade de contato consciente com o Divino. Jejuava segundo as prescrições da Igreja; flagelava-me, às vezes, para ver se estaria em condições de suportar a dor física quando tivesse a sorte de trilhar o caminho percorrido pelos Santos. Cristo era sempre a figura em quem se concentravam minhas esperanças e aspirações, e até cheguei a sentir que O fazia descer de Seu trono celeste com o fervor de minha devoção, manifestando-se em forma visível como O sentia invisivelmente em meu espírito. Servi-Lo por meio de Sua Igreja, converteu-se no ideal definido de minha vida, e meus pensamentos começaram a encaminhar-se para uma "vida religiosa" em que lhe pudesse demonstrar o meu amor pelo sacrifício e transformar minha apaixonada gratidão em serviço ativo.

Observando minha vida, vejo que sua nota dominante, através de todos os desacertos, cegos erros e múltiplas loucuras, tem sido sempre o anelo de sacrifício nas aras de algo superior a mim mesma. Esta nota, sempre tão persistente e tenaz, hoje a reconheço como a tendência de uma vida anterior a dominar na presente.

A demonstração estriba-se em que o sacrifício não significa para mim um ato de deliberada e consciente vontade, submissão do eu, nem dolorosa abnegação de algum desejo do coração, mas representa uma agradável orientação para a senda mais suave. O sacrifício era o atrativo supremo; não executá-lo seria a renúncia de uma profundíssima aspiração de minha alma, e sentiria a vergonha da desonra.

Por esta razão se têm equivocado os corações nobres que de mim falaram ultimamente com tanto elogio. Meus esforços para servir não foram atos de penosa renúncia pessoal, mas grata submissão a um desejo irresistível. Não elogiamos a mãe que, impulsionada por seu amor protetor, amamenta seu filho que chora, e acalma seus soluços no seu seio, mas, antes, a vituperamos se se abstrai de seu pranto e se entretém em alguma frivolidade.

Assim sucede a todos aqueles cujos ouvidos percebem os gemidos da grande órfã, a Humanidade; correspondem-lhes menos louvores que vitupérios se permanecem indiferentes. Agora sei que tais lamentos me comoveram o coração durante toda a minha vida, e que meus ouvidos estavam preparados para isso desde anteriores encarnações em que ofertei meus serviços aos homens. Essas encarnações originaram as fascinadoras visões do martírio na meninice, alentaram o fervor e a devoção em minha adolescência, levaram-me a afrontar o escárnio em minha feminilidade, e finalmente me conduziram até a Teosofia, que racionaliza o sacrifício e abre possibilidades de serviço que empalidecem todas as demais esperanças.

A Páscoa de 1866 foi uma data memorável em minha vida: nela me apresentaram ao clérigo que mais tarde desposei e nela me assaltou, embora a vencesse, a minha primeira dúvida em matéria religiosa. No Natal precedente, havia-se aberto, no paupérrimo distrito de

Clapham, uma humilde igreja missionária. A casa de meu avô era próxima dela, na Praça Albert, e uma tia predileta e eu dedicávamos a esta igrejinha boa parte de nosso tempo, como donzelas entusiastas e mulheres de vontade. Na Páscoa, a decoramos com flores primaveris, prímulas orvalhadas, violetas fragrantes, campainhas amarelas de narcisos silvestres, para grande alegria dos pobres que a invadiam e das criancinhas londrinas, a maioria das quais nunca havia visto uma flor. Aqui encontrei o Reverendo Frank Besant, que havia estudado em Cambridge e acabava de receber as ordens. Oficiava na igreja como diácono. Parece estranho que na mesma época conheci o homem com quem havia de me casar e nasceram as dúvidas que romperiam o vínculo matrimonial.

Durante a Semana Santa que precedia a Páscoa, havia eu tentado, como todos os anglicanos e católicos romanos, recordar o tempo em que ocorriam os comemorados acontecimentos, e seguir passo a passo os últimos dias do Filho do Homem, viver suas últimas horas, a fim de estar preparada para ajoelhar-me diante da Cruz, na Sexta-Feira Santa, e permanecer ao lado do Sepulcro no dia de Páscoa.

Com o fim de facilitar a evocação daqueles sagrados dias, em que Deus se encarnou na terra para consumar a redenção do homem, decidi escrever uma breve história daquela semana, compilada dos quatros evangelhos e que correspondia aos fatos desenrolados no ano 33 de nossa Era. Assim dispus-me a seguir passo a passo as sagradas pegadas, até que os pés do Redentor fossem:

"cravados por nossa redenção na amarga cruz".

Com o destemor que brota da ignorância, pus mãos à obra. Meu método foi o seguinte:

<table>
<tr><th colspan="4">Domingo de Ramos</th></tr>
<tr><th>MATEUS</th><th>MARCOS</th><th>LUCAS</th><th>JOÃO</th></tr>
<tr><td>Entrou a cavalo em Jerusalém. Purificou o templo. Voltou a Betânia.</td><td>Entrou a cavalo em Jerusalém. Voltou a Betânia.</td><td>Entrou a cavalo em Jerusalém. Purificou o templo. Nota: Ensinou diariamente no templo.</td><td>Entrou em Jerusalém. Falou no templo.</td></tr>
<tr><th colspan="4">Segunda-feira</th></tr>
<tr><td>Amaldiçoou a figueira. Ensinou no templo e pronunciou muitas parábolas. Nunca mais para sempre, nasça de ti fruto (21:19). Mas a figueira não secou até terça-feira (veja- se Marcos).</td><td>Amaldiçoou a figueira. Purificou o templo. Saiu da cidade.</td><td>Como Mateus.</td><td></td></tr>
<tr><th colspan="4">Terça-feira</th></tr>
<tr><td>Todos os capítulos XXI-20, XXII, XXV falam da terça-feira, porque o XXVI-2 diz que a Páscoa se celebrou "dois dias depois".</td><td>Viu a figueira seca. Depois pregou.</td><td>Prédicas. Nenhuma indicação da data.</td><td></td></tr>
<tr><th colspan="4">Quarta-feira</th></tr>
<tr><td></td><td>–</td><td>–</td><td>–</td></tr>
</table>

(É possível que estivesse em Betânia; o vaso de alabastro de guento).

Quinta-feira

Preparação da Páscoa. Ceia e instituição da Sagrada Eucaristia. Getsêmani. Traição de Judas. Foi conduzido prisioneiro a Caifás. Negação de Pedro.	Idêntico a Mateus.	Idêntico a Mateus.	Prédicas com os seus discípulos, mas antes da Páscoa. Lavou-lhes os pés. Não se fala da Sagrada Eucaristia, nem da sua agonia em Getsêmani. Orelha de Malcus. Conduzido prisioneiro primeiramente a Annás, depois a Caifás. Negação de Pedro.
Sexta-feira			
MATEUS	**MARCOS**	**LUCAS**	**JOÃO**
Foi conduzido a Pilatos. Judas se enforca. Julgado. Condenado à morte, açoitado e escarnecido. Conduzido à crucificação. Trevas das 12 às 15 horas. Morreu às 15 horas.	Como Mateus, mas a hora da crucificação informada é às 9 da manhã.	Conduzido a Pilatos, depois a Herodes e de novo a Pilatos. O resto como Mateus; mas arrepende-se um ladrão.	Conduzido a Pilatos. Os hebreus não entraram porque celebravam a Páscoa. Açoitado por ordem de Pilatos, antes de condenado e escarnecido. Pilatos o mostra aos hebreus às 12 horas.

À medida que eu realizava o meu trabalho, aumentava meu desconforto ante as discrepâncias que surgiam em minhas quatro colunas, inquietude que crescia com as contradições, até que vi, horrorizada, que se alterava minha "harmonia" e que se erguia diante de mim, qual silvante serpente, uma dúvida sobre a veracidade da história. Afoguei-a apressadamente, porque, para mim, duvidar era pecado, e duvidar na véspera da Paixão, um crime ainda maior. Logo me tranquilizei, considerando que estas aparentes contradições eram necessárias para provar a fé, e me esforçava em repetir a famosa frase de Tertuliano "credo quia impossible", até que a árida fórmula se converteu numa triunfante afirmação. Lembrei-me de que S. Pedro havia dito das Epístolas Paulinas que nelas havia "algumas coisas difíceis de compreender e que os ignorantes e inseguros deturpam até sua completa destruição".

Temerosa, compreendi que eu devia ser muito ignorante e insegura, para encontrar discordâncias entre os sagrados evangelistas, e me impus uma abstinência como castigo à minha ignorância e falta de firmeza em minha fé. Sabia que pessoas como Colense rebatiam a infalibilidade da Bíblia, mas recordava-me de que o Apóstolo São João fugira de uma casa de banhos quando Cerinto entrou nela, temeroso de que o telhado caísse sobre o herege e esmagasse os que estavam ao seu lado, e a todos os hereges considerei com santo horror. Pusey me havia transmitido um ódio inflexível a toda heresia, e estava eu contente por me descansar como ele naquela fé "que há de ser antiga porque é eterna, e imutável porque é verdadeira".

Não havia sequer lido as obras do favorito de minha mãe, Stanley, porque era "nocivo" e porque Pusey tinha condenado seu costume elástico de usar vocábulos que "alteram a ideia"; uma hábil e assinalada descrição, seja dito de passagem, das elegantes frases do Decano, suscetíveis de tão diversas interpretações.

Pode-se imaginar quão dolorosamente me afetou esta primeira dúvida e com que ânsia a acalmei, a sepultei e espalhei a relva sobre sua tumba. *Mas tinha estado ali;* e deixou sua marca.

Capítulo IV

Casamento

O último ano de meu livre estado de solteira estava chegando a seu fim. Como posso esperar que os leitores compreendam que me comprometi aos 19 anos e me tornei esposa mal cumpridos os 20?

Olhando para 25 anos atrás, sinto profunda piedade pela menina ao chegar ao ponto crítico de sua vida; quase por completo e desesperadamente ignorante do que significa o matrimônio, com a mente repleta de sonhos impossíveis, tão incapacitada para cumprir sua missão de esposa. Como disse anteriormente, em meus sonhos diários pouco lugar restava para o amor, em parte devido à ausência de novelas amorosas e em parte devido às minhas fantasias místicas, que sempre giravam em torno da figura de Cristo. Os livros católicos de devoção, tanto os ingleses como os romanos, tinham um excessivo ardor em sua linguagem, por serem na maioria traduções dos mesmos hinos e orações, e o nascente sentimento de feminilidade lhes emprestava inconscientemente apaixonado fervor.

Consagrava muita parte de meu tempo à adoração de Jesus, e no referente à minha vida interior, estava completamente absorta pelo apaixonado amor do "Salvador", o qual, entre os católicos emotivos, é realmente a amorosa paixão humana transferida a um ideal que é Jesus para as mulheres e a Virgem Maria para os homens. Para demonstrar que não exagero e se veja como pode exaltar-se uma emoção adolescente em seus exercícios devotos – digamo-lo assim – transcrevo algumas orações em que eu encontrava cotidiano deleite.

"Oh crucificado Amor! Suscita em mim novos ardores de amor e consolação; faze que, de hoje em diante, seja meu maior tormento ofender-te, meu maior prazer agradar-te".

"Faze que a recordação de Tua morte, oh Senhor Jesus, me faça desejar e suspirar por Ti; que possa gozar de Tua doce presença".

"Oh dulcíssimo Jesus Cristo! Eu, indigna pecadora, mas redimida por Teu precioso sangue... Tua sou e Tua serei na vida e na morte".

"Oh Jesus bem-amado, o mais belo dos filhos dos homens! Arrasta-me para Ti com os laços de Teu amor".

"Bendito sejas, oh Deus misericordioso, que Te dignaste unir-me ao esposo celeste nas águas do batismo, e distribuíste Teu Corpo e Teu Sangue como nova adoração de esponsais e como pura consumação de Teu amor".

"Oh dulcíssimo Senhor! Transpassa os afetos de minha alma mais recôndita com a deleitosa e salutífera chaga de Teu amor, com verdadeira, serena, apostólica e santíssima caridade; faze que minh'alma languesça e se derreta cheia de amor e anelo por Ti. Permite que Te deseje e me desfaleça por Teus amores, para que me aniquile e seja contigo".

"Que possa abraçar-Te com o mesmo ardente amor dos anjos".

"Que Ele me beije com os beijos de Sua boca, porque Seu amor é melhor que o vinho. Chama-me e voarei para Ti. O Rei me conduziu até a sua câmara; faze, Senhor, que minha alma sinta o deleite de Tua presença, que possa sentir quão doce Tu és! Que o suavíssimo e ardente poder de Teu amor – eu Te imploro – absorva minha alma".

Todas as moças têm em seu interior o germe da paixão, e a direção de seu desenvolvimento depende do caráter que trazem para o mundo e do meio ambiente educativo. Tive dois ideais em minha meninice e juventude – minha mãe e o Cristo – em torno dos quais se enrascavam em casulos as gavinhas de minha paixão. Afigura-se-me que isto parecerá estranho, mas meu propósito é contar as coisas tal qual sucediam em minha vida, e não limitar-me a meros convencionalismos. Tive amigos, mas não noivos, pelo menos que o soubesse, pois uma vez me inteirei de que minha mãe havia recebido dois ou três pedidos de matrimônio, que foram recusados, excusando-se com minha juventude e ingenuidade.

Deleitava-me convivendo com meus amigos, porque eram mais instruídos do que eu, mas não ocupavam nenhum lugar em meus sonhos diários, cheios cada vez mais do Homem ideal, e todas as minhas aspirações se convergiam para a vida da irmã de caridade, que sempre adora Cristo e consagra sua existência ao serviço de Seus pobres. Sabia que minha amada mãe era contrária a esta ideia, mas isso não constituía óbice para aninhá-la vivamente em meu coração. A todo momento desejava escapar das frivolidades da vida comum por um inteiro sacrifício, e isto me atraía com irresistível fascinação.

Resultado funesto deste conceito religioso é a idealização que se faz do clero como mensageiro divino e ministro eleito do Senhor. Muito superior a qualquer título concedido por um monarca terreno, é a patente de nobreza diretamente recebida do "Rei dos reis", que parece conferir ao mortal um reflexo da autoridade do imortal, e coroa a cabeça do sacerdote com o diadema peculiar dos "reis e ministros de Deus". Sob este aspecto, a posição da esposa do sacerdote é imediatamente subalterna à da monja, e tem, portanto, um extraordinário atrativo, em que a pessoa do clérigo desempenha papel muito secundário, ao passo que o "sacro ofício", a proximidade com as "coisas santas", a consagração que parece estender-se à esposa confere à vida sacerdotal um encanto que atrai os que se inclinam à devoção, seduzidos pela própria imaginação.

O mais triste é que este encanto é exercido principalmente sobre os indivíduos de vivo entendimento e coração puro, os sensíveis a qualquer forma de nobre emoção, a qualquer ideia de autossacrifício. Se neles, mais tarde, se despertam sentimentos superiores àqueles cujas sombras os atraíram, sacrifício superior àquele cujos murmúrios percebem em sua tenra juventude, se descerrará o véu do falso profeta e depararão com a pobreza de seus conceitos, e a alma, como nave duramente açoitada pela tempestade, perdidos seu mastro e suas velas, naufragará tristemente, se uma segura mão não a conduzir ao porto de uma fé mais nobre.

No verão de 1866 me vi comprometida, sem ao menos conhecer--nos, com o jovem pastor que, na primavera, eu havia encontrado na humilde igreja. Durante uma semana estivemos ambos em contínuo contato: éramos os únicos jovens de uma pequena comitiva que se achava de férias, e, naturalmente, fomos camaradas em nossos passeios e cavalgadas. Uma ou duas horas antes de sua partida me pediu em casamento, convencido de minha conformidade, por haver consentido pleno companheirismo entre nós. Esta suposição lógica, tratando-se de qualquer outra moça, por estarem acostumadas a considerar todo homem como um possível marido, foi errônea quanto a mim: meus pensamentos seguiam roteiros completamente distintos. Surpreendida pelo pedido e algo também ofendida em meu amor-próprio por um ato que, de meu rígido ponto de vista, pressupunha haver admitido o flerte, vacilei, e, não seguindo meu primeiro impulso de rejeitar a proposta, me refugiei no silêncio. Meu pretendente tinha que tomar o trem, e me fez prometer que nada diria até que ele pudesse falar com minha mãe, notificando-me autoritariamente que consideraria uma afronta quebrar sua confidência. Deixou-me desolada e aflita.

A quinzena seguinte foi a primeira infeliz de minha vida: tinha um segredo para minha mãe e ardia em desejos de revelar a ela, mas não me atrevia por temor de fazer uma coisa indigna. Quando de regresso à cidade, encontrei de novo meu pretendente; recusei-me resolutamente a guardar silêncio por mais tempo, e então, por mera debilidade, por temor de infringir pena à minha mãe, me comprometi com o homem a quem não amava.

Fui para ele como que arrastada por uma corrente. Durante dois ou três meses vacilou minha mãe em consentir o compromisso definitivo, alegando que eu era muito menina; mas minha aversão pelo matrimônio se desvanecia ante a ideia de converter-me na esposa do sacerdote e de trabalhar sempre na igreja, entre os pobres. Meu crescente anelo de ser útil não encontrava realização na minha tranquila e feliz vida familiar, onde qualquer entusiasmo religioso era considerado exagerado e inconveniente. O mais profundo e verdadeiro de minha natureza se irritava contra minha fácil e inútil vida; anelava o trabalho, aspirava a consagrar-me como – lia – o fizeram as mulheres santas, ao serviço da igreja e do necessitado, à luta contra o pecado e a dor. Quão vãs eram então, para mim, as palavras pecado e infelicidade! "Como esposa de um pastor, melhor que de outra maneira terás maiores oportunidades de praticar o bem", tal era o argumento com que venci minha aversão ao matrimônio.

No outono me comprometi definitivamente e catorze meses depois me casei. Uma vez, no intervalo, tentei romper o compromisso, mas, ao apresentar a questão à minha mãe, toda a sua altivez se sublevou. Podia eu, sua filha, faltar à palavra? Podia desonrar-me, despedindo o homem com quem havia dado a palavra de me casar? Ela, minha dulcíssima mãe, era severa, inflexível, quando se tratava da honra, e cedi, como sempre, ao seu desejo, pois um olhar ou palavra dela era lei para mim, exceto no caso de religião.

Casei-me no inverno de 1867, sem ter do matrimônio maior conhecimento que o de uma menina de quatro anos. Em minha vida, cheia de sonhos, não havia penetrado noção alguma do mal; havia sido preservada de toda pena e inquietude, conservada inocente no que se referia a questões sexuais e, portanto, carecia de preparação para o matrimônio e me achava indefesa ante um duríssimo despertar. Pensando nisso, digo, sem dúvida alguma, que não há mais grave erro do que educar uma donzela em completa ignorância dos deveres e pesares da vida, deixando que por si só os afronte a primeira vez, longe de seu ambiente familiar, privada do sustentáculo anterior, do velho refúgio do seio materno. Esta "perfeita inocência" pode parecer muito apreciável, mas é perigosíssima, e Eva devia conhecer o bem e o mal antes de sair do paraíso do amor materno.

A infelicidade de muitos matrimônios data de seu começo, do terrível choque que experimenta a modéstia e o amor-próprio de uma sensível donzela, seu desesperado sobressalto, seu espanto. Os homens, com a educação que recebem nas escolas e universidades ou com o conhecimento que adquirem em sua vida mundana, reputarão quiçá inverossímil tão infantil ignorância; não obstante existe, em alguns casos quando menos, e nenhuma mãe deveria permitir que sua filha aceitasse cegamente o jugo matrimonial.

Antes de abandonar o porto da adolescência para zarpar no turbulento mar da vida, aconteceu um fato que devo mencionar, porque assinala o primeiro despertar de meu interesse pelas lutas políticas. No outono de 1867, minha mãe e eu nos hospedamos em casa de uma querida família amiga, os Roberts, residente em Pendleton, próximo de Manchester. O senhor Roberts era o "advogado dos pobres", frase afetuosa com que o designavam centenas de pessoas. Era íntimo amigo de Ernesto Jones, e a todo momento se achava disposto a defender, sem honorários, a causa dos necessitados. Labutou infatigavelmente na agitação que resultou na libertação da mulher dos trabalhos nas minas. Ouvira-o contar como ele as tinha visto fatigadas, nuas até a cintura, com saias curtas que apenas lhes chegavam aos joelhos; grosseiras, obscenas no falar, embrutecidas até o ponto de não conservarem nem o decoro nem a graça feminina. Como tinha visto seus filhinhos trabalhando também ali, e pequenos de três e quatro anos convertidos em porteiros, caindo de sono e sendo despertados com maldições e pancadas para a injusta tarefa.

Os olhos do ancião cintilavam e sua voz crescia à medida que explicava estes horrores, mas sua face se dulcificava ao recordar que tudo isso havia terminado e cessado a escravidão, e que quando ia ao distrito hulheiro, as mulheres, de pé na porta, levantavam seus filhos nos braços para que vissem passar o "Advogado Roberts" e, agradecidas, os faziam dizer "Deus o abençoe".

Este ancião foi meu primeiro mestre em radicalismo e eu fui boa discípula. Não me interessava a política, mas inconscientemente censurava mais ou menos o decoroso liberalismo burguês do Whiggism[2]

[2] Partido Liberal na Inglaterra. (Nota ed. brasileira)

que sempre me rodeava. Considerava os necessitados como gente precisando de educação, solicitude, trato caritativo, e sempre me portei para com eles com extrema cortesia, cortesia que, como dama, dispensava a todos igualmente, fossem ricos ou pobres. Mas para o Sr. Roberts os pobres eram as abelhas obreiras, produtoras da riqueza, com direito a governar-se, não a receber proteção; com direito à justiça, não à caridade, e me pregava suas doutrinas oportuna e inoportunamente.

Eu era a sua predileta e amiúde guiava o coche que o conduzia em sua saída pela manhã, sentindo-me orgulhosa de sua confiança em minha habilidade para dirigir um cavalo através das populosas ruas de Manchester. Durante estas corridas e em todas as circunstâncias, o Sr. Roberts me pregava a causa do povo. "Que pensais de John Bright?", perguntou-me subitamente um dia, fitando-me com seus olhos que chispavam sob suas grandes sobrancelhas. "Nunca pensei nele", respondi distraidamente. E acrescentei: "Não é um homem áspero, que em tudo busca motivo de contenda"? – "Justamente o que eu imaginava", gritou com impetuosidade. "Eis o que vos digo: Creio que algumas de vós, belas damas, não iriam ao céu se nele estivessem em contato com John Bright, o homem mais nobre que Deus deu à causa do pobre".

Tal era o impulsivo e adorável "demagogo", como o chamavam, em cuja casa residíamos, quando prenderam e processaram em Manchester o coronel Kelly e o capitão Deasy, dois caudilhos fenianos. Todo o povo irlandês estava agitado, e em primeiro de setembro o carro de polícia que os transportava para o cárcere de Salford teve que parar em Bellevue Railway Arch, porque um cavalo caíra atingido por uma bala. Dentro de um minuto, os revoltosos rodeavam o carro e forçavam a porta que resistia. Rapidamente se aproximava um pelotão de polícia, e era urgente abrir aquela porta, que permitiria a fuga dos prisioneiros. Os libertadores pediram as chaves ao agente de polícia Brett, que se achava dentro do carro, mas este se negou a entregá-las, e alguém exclamou: "Arrebentem a fechadura". Imediatamente o cano de um revólver estava junto a ela e a reduziu a pedaços. Mas o agente, que naquele momento estava olhando para o exterior pelo buraco da fechadura, recebeu a bala na cabeça e caiu estendido ao abrir-se a porta. Um instante mais e Allen, um rapaz de 17 anos, havia forçado as portas dos compartimentos ocupados por Kelly e Deasy e os havia arrastado para a saída; e enquanto dois ou três os conduziam para lugar seguro, os demais se colocavam entre a polícia e os fugitivos para protegê-los com seus revólveres.

Uma vez salvos os caudilhos fenianos, dispersaram-se os libertadores, mas o jovem William Allen, cuja única intenção foi libertar seus chefes, disparou seu revólver para o ar, não querendo derramar sangue em sua própria defesa. Desarmado por seu ato, foi agarrado pela polícia, derribado ao solo brutalmente, sapateado, apedrejado e arrastado até a prisão, desmaiado e moribundo. Nela encontrou companheiros seus que se achavam nas mesmas condições. Manchester estava raivosa e o ódio de raça inflamou os corações. Nenhum operário irlandês estava seguro entre o gentio inglês, e nenhum inglês seguro nos distritos irlandeses.

Os amigos dos prisioneiros assediaram a casa do advogado Roberts, suplicando-lhe que os apoiasse, e ele pôs toda a sua alma na defesa. O homem que havia acidentalmente morto Brett estava salvo; os demais presos não haviam lesado pessoa alguma.

Constituiu-se uma Comissão especial sob a Presidência do Juiz Blackburn, "Juiz carrasco" o chamava, suspirando, o Sr. Roberts. Tal Comissão se reuniu logo em Manchester a fim de que se tornassem inúteis todos os esforços do Sr. Roberts para conseguir a mudança de tribunal, se bem que então já não havia esperança de uma feliz solução. A 25 de outubro, os prisioneiros, com as esposas, foram conduzidos ante os magistrados. O Sr. Ernesto Jones, seu conselheiro, não havendo conseguido, com seu protesto, evitar o ultraje, rasgou seu uniforme e saiu da sala do tribunal. Instruiu-se o processo com tanta rapidez que, a 29 de outubro, Allen, Larkin, Gould, O'Brien Maguire e Condon estavam no banquinho ante a Comissão, acusados de homicídio.

Minha primeira experiência de uma turba irada a passei um dia em que íamos de coche ao tribunal. Havia barricadas nas ruas, os soldados estavam armados, e à medida que nos aproximávamos do fim de nossa viagem, aumentava a multidão. Finalmente nos vimos obrigados a marchar através de um grupo de irlandeses e até nós chegavam veementes murros nos vidros do coche e imprecações como: "malditos ingleses que vão ver os rapazes assassinados". A situação era crítica, porque éramos somente duas mulheres e três mocinhas, mas percebi que não nos conheciam; toquei suavemente a mão do que se achava mais perto, dizendo- lhe: "Amigos, eis aqui a esposa e as filhas do Sr. Roberts". "Roberts, o advogado Roberts, Deus o abençoe. Deixai passar sua carruagem". E os semblantes, momentos antes tão duros, nos sorriram, as maldições se trocaram por aplausos e nos deixaram a passagem livre até a porta do Tribunal.

Se bem que fora os corações ardiam de simpatia pelos prisioneiros, dentro tudo era ódio por eles, e a rápida abertura do processo evidenciava o ânimo do Tribunal e do fiscal. Segundo o parecer do Sr. Roberts, Digby Seymour, Conselheiro da Rainha, e Ernest Jones, delegados para defender os acusados, não exerceram como deviam o direito de recusa. Ele sabia, como todos nós, que muitos membros do corpo de jurados haviam manifestado publicamente sua hostilidade para com os irlandeses, e o Sr. Roberts persistia em sua decisão de que fossem substituídos, mas o advogado não o julgava necessário.

Em vão o Juiz Blackburn ameaçava o Sr. Roberts com a prisão. "A vida destes homens acha-se em perigo", era o seu argumento poderoso. "Saia esse homem", gritou o Juiz encolerizado; mas quando os policiais avançavam para ele lentamente, mudou de ideia e lhe permitiu que permanecesse na sala, porque os humildes amavam e honravam o fervoroso lutador. A despeito da atividade do Sr. Roberts, no júri figurava um indivíduo que declarou que "não lhe importavam as provas que se aduzissem, porque ele enforcaria toda a ralé dos malditos irlandeses". E o resultado patenteou que não era o único de tal opinião, admitindo-se as mais desprezíveis provas de acusação. Figuraram como testemunhas do ato mulheres de má fama, cuja palavra foi considerada válida. Dessa forma foi anulado um álibi de Maguire; aceito depois pela Coroa, teve como consequência o indulto do acusado.

Ninguém podia salvar aqueles condenados à morte do já combinado veredito, e do lugar onde eu estava sentada podia comprová-lo, pois via um funcionário preparando tranquilamente os capuzes negros antes de ser pronunciado o veredito. A cada um dos cinco prisioneiros se leu enfaticamente a já prevista culpabilidade, e lhe perguntaram se podiam alegar algo para evitá-la. Allen, apesar de sua adolescência, pronunciou um atrevido e varonil discurso. Disse que havia disparado para o ar e que, se tivesse agido de outro modo, teria se salvado; que colaborou na fuga de Kelly e Deasy, e não o lamentava; que ardia de desejos por morrer pela Irlanda. Maguire e Condon (havia-se retardado também a execução da sentença para este último) declararam que não estiveram presentes ao ato, mas que, como Allen, estavam dispostos a morrer por sua pátria.

Pronunciou-se a sentença e a sardônica frase: "O Senhor tenha misericórdia de vossas almas", foi respondida como um eco pelos acusados, de seus banquinhos, por cinco vozes claras, sem temor nem medo: "Deus salve a Irlanda". E, depois, os réus passaram um a um diante de meus olhos cheios de lágrimas.

Seguiram-se três dias de pesar. Despedaçava a alma ver o desespero da infeliz comprometida de Allen, que nos suplicava de joelhos: "Salvai o meu William". Mas nem nós nem ninguém podia evitar a sentença, e a 23 de novembro Allen, Larkin e O'Brien foram enforcados no lado exterior da prisão de Salford. A Inglaterra os teria honrado se houvessem lutado na Itália, mas aqui os enterrava como a vulgares assassinos, debaixo da cal virgem, no pátio do cárcere.

Descobri com grande satisfação que o Sr. Bradlaugh e eu, sem nos conhecermos, éramos colaboradores nesta causa, em 1867, embora ele trabalhando muito por ela e eu dando simplesmente minha pobre simpatia, que outra coisa não podia fazer uma adolescente que despertava para o dever da vida política. Li no *National Reformer*, de 24 de novembro de 1867, que na semana anterior ele defendia em Clarkerwell Green a causa dos presos, desta maneira: "Segundo o processo, Deasy e Kelly estavam ilegalmente presos. A causa alegada era a vadiagem, de que não se apresentou prova alguma, e pelo que parecia, eram encarcerados por crime, sem nenhuma justificativa. Desejava saber se na Inglaterra havia o mesmo estado de coisas que na Irlanda; se um arresto ilegal era suficiente para deter no cárcere um cidadão de outro país. Se ele tinha sido preso ilegalmente, considerava justificado o emprego da força necessária para salvar-se. O uniforme de polícia não confere autoridade quando aquele que o usa abusa de seu cargo".

Assim havia arrazoado perante o Presidente do Supremo Tribunal no julgamento em Primeira Instância. Mas havia outra razão para perdoar estes homens, se bem que duvidava de que o Governo a atendesse, por haver apontado um dos juízes que determinadamente estava disposto a provar a culpabilidade dos prisioneiros, e porque a ofensa era puramente política. A morte de Brett foi um triste acidente, pois ninguém que houvesse presenciado o fato descobriria em seu matador um assassino intencionado. Legalmente era um assassinato; moralmente, um homicídio para libertar um preso político.

Se se houvesse tratado do resgate dos presos políticos de Varignano, ou de Bourbon, Nápoles, Polônia, Paris, o mais exigente aristocrata assim o consideraria, e por que devia ser nossa irmã Irlanda inferior aos demais países? Executar estes homens era lançar as luvas do desafio e provocar terríveis represálias. A questão era grave e solene. Havia dito um precedente orador que o povo não se deteria ante nenhum obstáculo para salvar estes irlandeses. Mas não era assim, e oxalá o fosse, porque, se os ingleses do primeiro ao último fossem capazes de dizer: "estes homens não podem ser executados", certamente não o seriam. Temia que não tivessem valor para fazê-lo, que sua força moral não igualasse sua força física. Portanto, ele não diria que estavam preparados para agir desta forma. Deviam defender a causa *ad misericordiam.*

Clamou à imprensa que representava o poder inglês, aquela imprensa que, nos momentos de pânico, tanto dano havia produzido e que agora devia salvar os quatro condenados. Se a imprensa o pedisse, nenhum Governo seria tão insensato que o negasse. A recordação do sangue derramado em 1789 se erguia hoje contra eles qual fantasma sangrento.

Temia, no entanto, que tudo o que se fizesse a favor dos pobres acusados, os prejudicasse, pois, a não ser assim, pronunciaria palavras de fogo. De todas as maneiras queria dizer ao Governo: "Tu és forte hoje; a vida destes homens está em tuas mãos; mas se queres reconciliar-te com a Irlanda, se desejas reconquistá-la, se desejas que seus filhos te amem, não amargures seu coração segando a vida destes homens. Tempera teu poder com tua misericórdia; não empregues a espada da justiça como arma de vingança, porque pode chegar o dia em que se quebre em tuas mãos e que a empunhadura da arma tão iniquamente manejada fira tua cabeça".

Em outubro, publicou uma ardente e enérgica defesa da Irlanda. Dizia: "Onde está nossa alardeada liberdade inglesa, depois de haver atravessado o embarcadouro de Kingstown?[3] Onde tem estado há cerca de dois anos? Suspensas as garantias, abarrotados os cárceres, registrados os barcos, espionadas as tabernas para descobrirem a sedição, e como corolário, um pânico feniano na Inglaterra. Antes que seja demasiado tarde, antes que novo sangue manche as páginas de nossa história contemporânea, antes que provoquemos e suscitemos amarguíssimas animosidades, tentemos fazer justiça à nossa terra irmã. Revoguemos de uma vez para sempre as leis agrárias que, com suas iníquas aplicações, têm arruinado seus camponeses; eliminemos a igreja que, como sanguessuga, tem absorvido sua vitalidade e lhe tem voltado as costas, sem consolá-la em sua degradação. Transformemos seus quartéis em fábricas de tecidos, alentemos o espírito de independência em seus cidadãos, restituamos a seu povo a proteção da lei, de maneira que possam falar sem temor de serem presos, e peçamos-lhe que exponha clara e livremente seus agravos. Constitua-se uma comissão dos melhores e mais prudentes irlandeses e dos mais reputados juízes ingleses; disponham-se estes a escutar solenemente suas queixas e deixemo-los depois legislar honradamente, não para castigar os descontentes, mas para eliminar a causa do descontentamento. Não são os fenianos os que têm debilitado a força da Irlanda e aumentado sua miséria; não são os fenianos os que têm despejado os inquilinos por falta de paga-

[3] Povoação Irlandesa. (Nota ed. brasileira)

mento, nem são os fenianos os que têm restringido o cultivo. Aos que têm causado o dano, compete arbitrar o remédio".

Em dezembro de 1867, zarpei do porto seguro de minha feliz e tranquila adolescência em direção ao vasto mar da vida, e suas ondas se quebraram turbulentamente sobre mim, nem bem atravessei a barra. Desde o primeiro momento, meu esposo e eu formamos má parelha. Ele tinha uma alta ideia da autoridade marital e da submissão da esposa, mantendo vigorosamente o princípio de "ser amo de sua casa"; atendia com zelo aos pormenores domésticos; era preciso, metódico, pronto a irar-se e tardo em apaziguar-se. Eu, acostumada à minha liberdade, indiferente às minudências do lar, impulsiva, ardorosa, soberba como Lúcifer. Nunca havia recebido uma palavra dura, muito menos ordens a serem cumpridas; o terreno havia sido sempre brando sob meus pés; nunca até mim chegara uma preocupação.

A aspereza de meu marido me suscitou, primeiro, incrédula estranheza, depois uma torrente de lágrimas de indignação, e passado algum tempo, uma resistência orgulhosa, desafiadora, fria e rígida como ferro. A desenvolta donzela, radiante, entusiasta, se transformou, e bem rapidamente, numa grave, altiva e reticente mulher a sepultar debaixo das profundidades de seu coração todas as suas esperanças, seus temores e desilusões. Desde o princípio devo ter sido pouco satisfatória, se bem que penso que outra tática me haveria gradualmente transformado numa discreta imitação do artigo convencional de "boa esposa".

Era de estranhar que me tornasse tímida, sombria e melancólica, tendo em conta que entrei no matrimônio, como já disse, ignorando o que significava e sentindo-me, por esta razão, desde o primeiro momento, intimidada e ultrajada; que desconhecesse a administração de um lar e o uso do dinheiro (nunca havia disposto dele, nem comprado um par de luvas sozinha), embora desejasse cumprir dignamente meus novos deveres; que carecesse de disposição para as minudências e me agradasse a rapidez no que me incumbisse, a fim de me entregar, em seguida, a meus livros amados; que sentisse o coração cheio de nostalgia por minha mãe e, contudo, falasse dela muito raramente, porque compreendia que meu anelo por sua presença motivava desagradáveis ciúmes; que me rodeassem pessoas estranhas e que não me eram simpáticas; que me visitassem senhoras cuja única conversação eram as crianças e as criadas, preocupações que não conhecia e me enfastiavam enormemente, e que eram tão indiferentes a tudo o que me enchia a vida: teologia, política, ciência, como eu o era às suas discussões sobre o noivo de sua criada e as extravagâncias de sua cozinheira?

Todo o meu anelante e apaixonado entusiasmo que tanto atrai os homens numa donzela era, sem dúvida, incompatível com a "sólida comodidade de uma esposa" e por certo fui insuportável ao Reverendo Frank Besant. Para falar a verdade, eu nunca devia ter-me casado, porque em mim, debaixo da doce, amorosa e dócil donzela, subjazia, desconhecida para mim própria e para os demais, uma mulher de régia e dominante vontade, que ansiava manifestar-se e se rebelava contra todo freio; mulher de vivas e ardorosas emoções que ferviam debaixo da opressão. Era a companheira menos desejada para ocupar dignamente a poltrona de uma ama de casa junto à lareira. *Que le diable faisait-elle dans cette galère,* pensara eu repetidas vezes, recordando meu passado e perguntando-me: Por que esta estulta donzela traçou tão tolamente o seu destino? Mas a introspecção patenteia as contradições de minha natureza, que me conduziram por tão equivocado caminho.

Fui sempre a mais estranha mistura de debilidade e fortaleza, e paguei caro minha debilidade. Quando menina, minha timidez me ocasionou infinitas torturas, pois se, por exemplo, se desmanchava o laço de meu sapato, parecia-me que todos os olhos estavam fixos naquele detestável cordão; adolescente, fugia dos estranhos, pensando que era supérflua e desagradável, de maneira que, se alguém era carinhoso para comigo, conquistava minha gratidão; jovem senhora de um lar, temia meus empregados e preferia tolerar deficiências no trabalho a sofrer o dissabor de repreender o culpado. Embora conferencista e polemista, mostrando-me enérgica na tribuna, preferi sair do hotel sem o que necessitava, do que chamar a camareira para pedir-lhe que o trouxesse. Lutadora diante dos demais em defesa de uma causa que me interessasse, evitava as contendas e desaprovações no seio familiar, e sou tão covarde na vida privada como boa batalhadora em público. Quantas vezes passei tristes momentos, enchendo-me de valor para repreender um subordinado, como era minha obrigação, e quantas vezes zombei de mim mesma, muito valente na tribuna, mas incapaz de censurar um mancebo ou uma donzela que havia executado mal o seu trabalho! Bastava uma olhada áspera para que me encolhesse como uma tartaruga em sua concha, ao passo que a oposição na tribuna me estimulava a falar muito melhor.

Entrei no matrimônio cega e estupidamente, por temor de causar sofrimento; esmaguei meu coração durante um ano; depois, desperta pela aspereza e injustiça, endurecida e indiferente, encerrei-me dentro de um muro de gelo em que mantive os conflitos mentais que por pouco me matam, e aprendi por fim a viver e a trabalhar protegida por uma armadura que entortava as pontas das flechas que a feriam, deixando em seu interior ilesa a carne, armadura que só tirava em presença de muito poucos.

Em 1868, fiz minhas primeiras tentativas literárias em dois gêneros completamente distintos; escrevi contos muito simples e uma obra de maiores pretensões intitulada: *A Vida dos Santos de Letra Negra*. Direi para os que desconheçam o ritual eclesiástico, que no calendário da igreja anglicana os dias do ano são dedicados a Santos distintos. Alguns deles têm a impressão encarnada e se chamam os *Dias de Letra Encarnada*, prescrevendo neles, a Igreja, determinados serviços religiosos, e outros estão impressos em negro e são os *Dias da Letra Negra*, em que não se assinalam ofícios especiais. Pareceu-me interessante tomar cada um destes dias e escrever um compêndio da vida do Santo que lhe correspondia, e pus mãos à obra, reunindo diversos livros de histórias e lendas dos quais tirei meus "dados". Ignoro onde foi parar este apreciado livro. Sei que o ofereci a Macmillans e que ele o enviou para alguém que preparava uma série de obras de igreja para a juventude. Depois recebi uma carta de uma associação religiosa, oferecendo-se para publicá-lo, se eu o desse como um ato de devoção à sua Ordem: desconheço seu último destino.

Os contos foram mais felizes. Enviei o primeiro a *Family Herald,* e algumas semanas depois recebi uma carta, da qual, ao abri-la, caiu um cheque. Valha-me Deus! Muito ganhei escrevendo desde então, mas nada me produziu o intenso gozo dos meus primeiros 30 *shillings.* Era o primeiro dinheiro que recebia, e ao orgulho do ganho se unia o orgulho de ser uma autora. Cheia de infantil alegria e de religiosidade prática, prostrei-me de joelhos para render graças a Deus, e me vi ganhando muitas moedas de ouro e convertendo-me no sustentáculo da família. Além disso, aquele dinheiro era "muito meu", ao menos assim o pensava, e me invadiu uma deliciosa sensação de independência. Não havia compreendido então a beleza da lei inglesa e a digna posição por ela atribuída à mulher casada; ignorava que todo o ganho da esposa pertencia legalmente ao seu proprietário e que nada podia ser seu por direito[4]. Não necessitava do dinheiro, mas estava satisfeita por ter algo que dar, e me desgostei ao saber que realmente não era meu.

De vez em quando, depois disso, recebi algumas libras pelos contos que publiquei no mesmo jornal. *Family Herald* tem uma peculiaridade, pela qual deveriam estimá-lo os autores pobres: paga a colaboração tão logo a aceita, sem se importar se aparecerá cedo ou tarde. Meu primeiro conto não foi impresso senão depois de algumas semanas de eu receber o cheque, e o mesmo se passou com todos os demais.

Estimulada por estes pequenos êxitos, comecei a escrever uma novela. Necessitei de muito tempo, mas terminei-a enfim e enviei-a ao *Family Herald.* Ela me foi devolvida com uma atenta nota, dizendo que era demasiado política para suas páginas e que se fora de interesse puramente doméstico, provavelmente a teriam aceito. Mas naquela época eu estava em plena dúvida teológica e essa novela de interesse puramente doméstico nunca chegou a ser escrita.

Contribui, além disso, para a literatura de meu país com um folheto teológico, cujo título exato não me recordo, mas que tratava, em meu patrístico tom, do dever de jejuar que compete a todo cristão fervoroso.

---

[4] Esta odiosa lei agora foi alterada, e uma mulher casada é considerada uma pessoa, não uma escrava. (Nota ed. em inglês)

Em janeiro de 1869, nasceu meu primeiro filhinho, e tendo estado muito enferma alguns meses antes de seu nascimento, e demasiado absorvida com meu bebê para dedicar-me à pena, interrompi durante algum tempo minha carreira literária. O menino trouxe um novo interesse e novo prazer à minha vida, pois como não podíamos suportar os gastos de uma pajem, apresentavam-se-me múltiplas oportunidades de cuidar de sua pequena majestade. Meu entusiasmo pela leitura se entibiava, quando lia junto ao berço do menino, e sua presença remediou a contínua saudade que me havia produzido a perda de minha mãe.

Passarei rapidamente pelos dois primeiros anos. Em agosto de 1870, nasceu a irmãzinha de meu filho, e o meu restabelecimento era lento e pesado, porque fazia algum tempo se debilitara minha saúde. O menino era lépido e vigoroso, mas a menina era frágil desde seu nascimento; havia sofrido da infelicidade da mãe e nascido um tanto prematuramente em consequência de um sobressalto. Na primavera de 1871, ambos tiveram coqueluche, que quase foi fatal à minha Mabel, por causa de seu estado enfermiço: era demasiado pequena para resistir a tal enfermidade e ainda depois teve bronquite seguida de congestão pulmonar. Durante semanas esteve em perigo de morte.

Para facilitar a fatigante respiração da menina, pusemos junto ao fogo um biombo semelhante a uma tenda e o enchemos de vapor, e ali sentada passei dia e noite, durante penosas semanas, com minha torturada filhinha nos joelhos. Amava apaixonadamente meus pequeninos, porque suas carícias me mitigavam a dor do coração e porque seus olhos infantis não podiam esquadrinhar a infelicidade que, de dia a dia, se me tornava mais profunda. Aquela tenda chegou a ser o meu mundo, e ali sozinha lutei com a morte pela vida de minha filha. O médico dizia que a cura era impossível e que a menina morreria num dos acessos produzidos pela tosse. E o mais terrível era que uma gota de leite provocava tais estremecimentos convulsivos, a ponto de me parecer cruel aumentar o sofrimento da aparentemente moribunda criatura.

Certa manhã disse o médico que a menina não passaria daquele dia. Tinha-o mandado chamar precipitadamente porque seu corpinho se inchava por causa da perfuração da pleura e o consequente escapamento de ar pela cavidade do peito. Enquanto estava o médico ali, teve a criança um acesso de tosse que pareceu ser o último. Ele tirou do bolsinho um vidrinho de clorofórmio, pôs uma gota em seu lenço e o aproximou da face da menina, até que o narcótico acalmou a convulsão. "Neste estado não pode ocorrer nenhum dano – disse-me – e assim se atenua seu sofrimento", e saiu temendo não vê-la mais com vida. Este médico, Lariston Winterbotham, foi um dos melhores amigos que tive em minha vida conjugal: era tão bom como hábil e, como muitos de sua nobre profissão, o adornavam as qualidades de discrição e silêncio. Nunca insinuou uma palavra sobre minha triste vida, até 1878, quando veio à cidade para testemunhar a crueldade do trato, pois, se a sentença de separação não houvesse sido lavrada na qualidade de condenação, me teria assegurado um divórcio a *mensa et thoro* [5].

A menina, contudo, recobrou a saúde, graças, creio eu, à feliz ideia do clorofórmio, que teve o Sr. Winterbotham, pois o utilizei depois, tão logo se apresentava o primeiro sintoma de acesso, e assim evitava os convulsivos ataques e o profundo esgotamento que se lhe seguia, durante o qual o único sinal de vida da menina era um débil suspiro que às vezes cessava e me fazia pensar em sua morte. Durante anos esteve enfermiça e necessitou dos mais ternos cuidados, mas aquelas angustiosas semanas deixaram um sinal mais profundo na mãe do que na filha. Logo que passou o perigo, senti-me fisicamente prostrada e permaneci imóvel uma semana na cama, da qual me levantei para enfrentar uma luta que durou três anos e dois meses, e me custou quase a vida, luta que me transformou de cristã em ateia.

O mais penoso período foi o dos dezenove primeiros meses, época que ainda me recordo com horror, pois sofri as torturas do inferno. Ninguém que não haja passado por isso poderá compreender a dor que a dúvida produz numa alma ardentemente religiosa. Não há, na vida, pena tão horrível, nem tão aguda em sua tortura, nem tão opri-

---

[5] Com direito à alimentação. (Nota ed. brasileira)

mente em seu peso; parece que tudo se submerge, que se desvanece a única centelha de felicidade prometida *no além,* que nenhuma tempestade terrena devia apagar. Só por uma imperiosa necessidade intelectual e moral, a mente religiosa se sente arrastada para a dúvida, porque ela representa uma comoção que faz soçobrar os fundamentos da alma e na qual tudo vacila: nenhuma vida debaixo do vácuo céu, nenhuma luz na obscura noite, nenhuma voz a quebrar o mortal silêncio, mão nenhuma que se estenda, salvadora.

Os frívolos de cérebro vazio, que nunca tentaram pensar, que aceitam as crenças como aceitam as modas, falam do ateísmo como o resultado de uma vida corrompida e de viciosos desejos. Na sua superficial sensibilidade e ainda mais superficial mentalidade, não podem nem vagamente imaginar a angústia que produz a mera penumbra do eclipse da fé e menos o horror da profunda escuridão, em que a alma órfã grita no vazio infinito: "É um demônio quem fez o mundo?" Diz a verdade o eco: "Filhos, não tendes Pais? É tudo cega causalidade, entrechoque de forças inconscientes, ou somos nós joguetes sencientes de uma Potestade que se diverte com nossa agonia e responde zombeteiramente aos lamentos de nossa desesperação?"

Quão verdadeiras são as nobres palavras da senhora Hamilton King:

> "Podem alguns ir em busca da Verdade desde a aurora ao crepúsculo, como o menino que, sustentado pela mão materna, segue seu caminho sem temor e com regozijo. Mas, para alguns a face da Verdade é como uma estrela que se oculta atrás de uma senda de espinhos e ardores, de ondulantes e negros ramos, nus de suas folhas. E, no entanto, a Verdade os atrai; pouco importa que por ela sangrem seus pés, rasguem-se seus vestidos, escaldem-se seus olhos. E se, atravessando o vale da sombra mortal, volvem ao caminho plano, mas com a vista voltada para a estrela polar, não é com o mesmo aspecto, nem com os mesmos membros, senão aleijados, mutilados e enfermos. No resto do caminho que lhes falta percorrer, não

brilhará o dia, mas será noite e muitas vezes nublada noite, sem o fulgor das estrelas."[6]

Certamente, mas nunca deixa de brilhar a Estrela da Verdade para aquele que volta a face para ela, e enquanto a Estrela luzir, pouco importa que apareçam as de menor magnitude.

Os longos e dolorosos meses que haviam passado culminando na tortura de minha filha, sem propósito no meu entender, foi o primeiro rude golpe que recebeu minha fé em Deus, como misericordioso Pai dos homens. Tinha visitado os pobres e observado a adversidade de sua vida e sua paciência; minha idolatrada mãe, vítima de um advogado em quem depositara sua confiança, e submersa em dívidas porque ele não pagou as quantias que ela lhe havia entregue para os credores; minha própria vida, luminosa em seus albores, ofuscada pela dor e humilhada por um intolerável sentimento de escravidão, e finalmente, minha filha, débil criatura inocente, torturada durante semanas e deixada enfraquecida e enfermiça. A plácida luminosidade de meu passado aguçava minhas desilusões, e me aturdia e ofuscava a súbita submersão em condições tão novas e desfavoráveis. Meu passado religioso era o pior inimigo de meu sofrimento presente.

Minha crença pessoal em Cristo, minha intensa fé em Sua constante direção das coisas humanas, meu costume de orar continuamente e de sentir Sua Presença, tudo isso se voltava contra mim. A altura de minha confiança tornava mais tremendo o golpe da queda quando ela faltava. Cristo, para mim, não era uma ideia abstrata, mas uma realidade vivente, e toda minha alma se rebelava contra aquele ser em quem cria e cuja intervenção individual percebi na agonia de minha filha, em minha infelicidade, na ruptura do altivo coração de minha mãe sob o pesado fardo das dívidas, no amargo sofrimento dos pobres. A presença da dor e do mal num mundo feito por um Deus bom; o sofrimento dos seres inocentes, como minha filha de sete meses; a dor que começa aqui na Terra e que, sem alívio, perdura por toda a eternidade;

6 *The Disciples*, p. 14. (Nota ed. em inglês)

um mundo oprimido pela tristeza; um lúgubre inferno sem esperança, tudo isso, enquanto cria, me arrastava para o desespero, mas em vez de crer e tremer como os demônios, cri e odiei. A até então insuspeitada energia de minha natureza se rebelava toda; não me atrevia a negar, mas não queria tampouco dobrar meu joelho.

Nas primeiras comoções desta violenta rebelião, conheci um nobilíssimo sacerdote, que muito bem me fez com sua pronta e inteligente simpatia. O Sr. Besant o trouxe a visitar-me durante a crise da enfermidade da menina, falou pouco, mas no dia seguinte recebi dele a carta seguinte:

21 de abril de 1871.

"Querida senhora Besant:

> Tenho a dolorosa impressão de havê-la tranquilizado ontem muito pouco em sua angústia. Folga-me dizer que não foi por falta de simpatia; antes, ao contrário, seria mais verdadeiro afirmar que foi por excesso dela. Recuso intrometer-me na dor dos que pressinto mais sensíveis: 'o coração tem sua própria amargura, e o estranho não deve entrar nele'. Seria espantoso pensar que minhas palavras podiam suscitar reflexões como esta:
>
> 'Vulgar era o lugar-comum, e deu-se casquinha oca em vez de grão.'

Consolos convencionais, convencionais versículos da Bíblia, convencionais orações agravam de maneira intolerável, no meu entender, a dor alheia. Por esta razão procedo segundo um princípio que mencionei a seu marido, e é: 'que não há poder tão grande como o de uma fé humana que contemple outra fé humana'.

As promessas de Deus, o amor de Cristo pelas criancinhas e tudo o que se nos deu como esperança e tranquilidade estão tão profundamente impressos no seu coração como no meu: não há por que ocupar-me disso. Mas quando me acho frente a frente de alguém que está em veemente necessidade de tal esperança e tranquilidade, subitamente aumenta e vigoriza de tal modo a minha fé, que penso ajudar melhor falando pouco e deixando que a fé encontre seu caminho de alma para alma.

Em verdade não acharia palavras se o tentasse, mas me sinto impulsionado a assegurar-lhe solenemente, como mensageiro das alegres novas de Deus, que tudo está perfeitamente bem. Não temos outra chave do 'mistério da dor' senão a Cruz de Cristo; mas nas mãos de nosso Pai há outra solução mais profunda: será nossa quando possamos compreendê-la. Ali, para onde nos dirigimos, há algumas benditas explicações sobre o sofrimento de sua filha e de sua angústia, que iluminariam a profunda obscuridade de sua alma. Mas agora deve crer sem ver: isto é a verdadeira fé. Pense que:

'há de estender uma mão através do tempo para colher o longínquo fruto das lágrimas.'

Que tenha valor suficiente para fazer isto, é o que roga seu fidelíssimo,

W. D."

> Carta nobre, mas a tempestade crescia com demasiada fúria para acalmá-la, e uma noite, no verão de 1871, sobressaía-se firme diante de mim. O Sr. Besant havia saído depois de uma violenta altercação. Sentia-me ultrajada, desesperada, sem achar porta de escape de uma vida que, perdida a esperança em Deus, não me havia ensinado a viver confiando no homem.

Não havia porta de escape? Como um relâmpago atravessou-me a mente a ideia: "Eis aqui uma!" E diante de mim vi aberta, como sonho de paz e libertação, o portal do silêncio e da segurança, o portal da tumba. Estava de pé junto à janela da sala, fixas minhas desesperadas pupilas no céu vespertino. Com a ideia da morte pensei que tinha os meios de procurá-la para mim: o clorofórmio que aliviou o sofrimento de minha filha e que estava no andar superior. Fui para a habitação, tomei a garrafa, desci as escadas e permaneci de novo de pé junto à janela, contemplando desesperançadamente o crepúsculo estival, contente pelo término da luta e a aproximação da paz. Desarrolhei a garrafa e a levava aos meus lábios, quando ouvi as palavras doces e claramente pronunciadas: "Oh covarde, covarde que aspiraste o martírio e não podes suportar uns anos de dor!" Invadiu-me uma onda de vergonha, arremessei a garrafa longe de mim, entre os arbustos do jardim e por um momento me senti fortalecida para a luta; depois caí no solo desvanecida. Só mais uma vez, em minhas posteriores lutas, pensei no suicídio; mas apartei de mim esta ideia como indigna de uma alma forte.

Meu novo amigo, o Sr. D., me patenteou uma verdadeira ajuda. Em minha alma conturbada se acumulavam as dúvidas sobre a eterna tortura do inferno, o expiatório sacrifício de Cristo, a autenticidade da revelação, dogmas até então aceitos, e o Sr. D. não desatendia a minhas perguntas nem me desalentava; não se assustava nem, hipocritamente escandalizado, me repreendia: considerava tudo com ampla compreensão, acalmando assim, indizivelmente, minha alma que se contorcia nas primeiras angústias da dúvida. Afastou-se de Cheltenham em princípios do outono de 1871, mas os extratos seguintes de uma carta sua, escrita em novembro, mostram em que espécie de rede me debatia. (Lia então o livro *On Atonement (Sobre a Redenção),* de M. Leod Campbell).

> "1. – Esquecei-vos de um grande princípio: que Deus é impassível, não pode sofrer; Cristo não sofreu como Deus, mas como Filho do *Homem* e em Sua humanidade. Pode dizer-se justamente que sentiu o pecado e os pecadores "como Deus sente eternamente", isto é, *aversão ao pecado e amor ao pecador.* Mas reputo errôneo inferir-se disto que o Pai, em sua Divindade, sente os sofrimentos que Cristo experimentou tão só na encarnada humanidade".
>
> "2. – Sentia-me fortemente inclinado a vos repreender pela última parte da vossa carta. Presumis, gratuitamente parece-me, que Deus condena a maioria de Seus filhos a futuros e inúteis sofrimentos. Dizeis que, se não é assim, põe Deus em suas mãos um livro que ameaça quem não pretende infligir. Quão contrário me parece isso ao Evangelho de Cristo!"

"Todas as alusões de Cristo sobre o castigo eterno podem reduzir-se à referência ao Vale de Hinom, em sentido figurado, excetuando a parábola do rico, da qual se deduz claramente o fato de uma correção moral mais além da morte. Falo do desejo altruísta do rico de salvar seus irmãos. Quanto mais estudo a controvérsia, tanto mais me parece infundada a teoria do eterno castigo. Creio que deveríeis sentir-vos vigorizada e reconhecida, e não vacilante, pela ideia de que Deus é melhor do que vos ensinaram a crer d'Ele".

"Seguramente tereis descoberto no livro *What is Revelation?* (*Que é Revelação?)*, de Maurice (suponho que tereis a "Continuação"), que a verdade de Deus é a nossa verdade e Seu amor nosso amor, somente que mais perfeito e acabado. Não há asserção na moderna ,filosofia e teologia mais demolida que a do deão Mansel, com a qual intentava demonstrar que o amor, a justiça, etc. divinos são de índole diferente da nossa. Mill e Maurice, de pontos de vista diametralmente opostos, demonstraram o absurdo de tal asserção".

> "3. – Grande parte do que pensais acha-se fundado, penso, num estranho esquecimento de sua primeira experiência. Se conhecestes a Cristo, e estou certo disso (conhecê-lo é vida eterna), como é possível que algumas dificuldades intelectuais ou alguns contratempos morais, como quereis, destruam o testemunho desse superior estado de existência"?

"A nota dominante em toda a minha teologia é que Cristo é amável precisamente porque é a perfeição de tudo o que conheço como mais nobre e generoso, como bom, terno e verdadeiro. Se um anjo trouxesse do céu um evangelho que contivesse doutrinas opostas a tão perfeita bondade, doutrinas duras, cruéis ou injustas, eu o desprezaria com o seu enganoso evangelho, convencido de que nenhuma de suas doutrinas procedia de Cristo. Conhecei e julgai as religiões por Ele; não O julgueis pelas religiões, e depois lamentai de O considerarem através de um cristal tão sangrento. Saturo-me de Maurice, que é o antídoto dado por Deus nesta idade contra as funestíssimas dúvidas e contra as tentações do demônio da desesperação".

Algumas pessoas, seguindo essa linha do pensamento, nesta época de controvérsia sobre tudo quanto um dia consideraram sagrado, puderam encontrar paz e nova luz, e conciliaram as doutrinas teológicas com as exigências de sua consciência pelo amor e a justiça de um mundo feito por um Deus justo e bom. Mas eu não podia proceder assim. O despertar para a realidade do mundo, para o espetáculo da miséria humana, para o desapiedado proceder da natureza que espezinhava o coração do homem, sem diferenciar o inocente do culpado, havia sido demasiado rude para que o equilíbrio se restabelecesse apenas com argumentos que apelavam para a emoção e não convenciam o intelecto.

Meses de dilatadíssima angústia mental influíram em minha saúde física, perdida por fim. Semanas durou o meu desespero e abatimento. Tinha violenta e contínua enxaqueca; não podia dormir nem suportar a luz; permanecia estendida na cama como coisa inerte, não fora de mim, mas indiferente a tudo: minha consciência se achava concentrada na angústia que me oprimia. O médico lançou mão de todos os meios para tirar-me daquele estado, mas entrincheirado na própria fortaleza, o mal desafiava os seus débeis esforços. Pôs-me gelo na cabeça, deu-me ópio, com o qual conseguiu somente entontecer-me; fez tudo quanto lhe sugeriram seus conhecimentos e bondade, mas tudo em vão.

Finalmente o mal se esgotou, e quando foi possível, o médico tentou a distração mental. Trouxe-me livros de anatomia e ciência, exortou-me a estudá-los e, furtando uma hora às suas múltiplas ocupações, entretinha-se em explicar-me os pontos difíceis da fisiologia. Ele havia compreendido que, para conduzir-me para uma vida racional, não havia outro meio senão desviar meu pensamento da perigosa corrente que seguia. Reconheço que devo a vida e a razão a este homem excelente, que se comoveu ante a mulher quase menina, desesperada, aturdida, aterrada pelo ciclone da dúvida e da desdita.

Como se compreende facilmente, minha infelicidade religiosa aumentava somente minha infelicidade na vida doméstica, porque era considerado absurdo que um ser racional se atormentasse de tal modo por dificuldades intelectuais e morais em matéria religiosa, que chegassem a abalar-lhe a saúde. Incumbia, certamente, à mulher cuidar do esposo e ocupar-se de seus filhos, não despedaçar seu coração pelo sofrimento do mundo e pelo inferno do além, nem perturbar seu cérebro com problemas que preocuparam os mais eminentes pensadores e ainda permanecem insolúveis.

Em verdade, aqueles que se interessam pela sociedade em que vivem, fariam bem em não lançar-se precipitadamente ao matrimônio, porque não poderão caminhar desimpedidos com os bridões deste respeitável estado. Tempestade e impulso devem ser enfrentados solitariamente; e a alma tem de caminhar solitária pelo deserto para que o demônio venha tentá-la, e não introduzir sua majestade e todos os seus diabinhos no plácido círculo de um lar. Infeliz daquela que desposa enfeitiçada pela sua juventude e destinada à luta pela sua natureza, porque causará a infelicidade de seu companheiro e a sua. E se, além disso, esse companheiro, forte na autoridade tradicional e nos hábitos convencionais, tenta dominar sua turbulência e arrojo, tudo se reduz a um ensaio de força ou resistência, no qual ou ela cairá ofegante e esmagada, ou se rebelará em seu desespero, defenderá seu direito divino de liberdade intelectual, reduzirá a pedaços suas cadeias e, descobrindo sua fortaleza na sua necessidade, pronunciará "não", qualquer que seja o risco, quando a convidem a viver uma mentira.

Passada a minha crise física, tracei minha linha de ação. Resolvi tomar o Cristianismo como se ensinava nas igrejas; examinar cuidadosa e amplamente seus dogmas, um por um, para não dizer "creio" ao que previamente não houvesse experimentado, e para que estivesse firme debaixo de meus pés o que aceitasse, embora isto restringisse a área de minha fé. Pareceu-me que urgia a solução de quatro problemas fundamentais e a eles me dediquei. Quantas almas se acham atualmente diante deles e disputam até as polegadas do terreno de sua antiga fé, no incessante avanço das ondas da crítica histórica e científica! Ai de mim pelos muitos Canutos, cujos pés as ondas banham!

Estes problemas eram:

1. Eternidade do castigo depois da morte.
2. Significado da "bondade" e do "amor", aplicados a um Deus que fez este mundo, com todos os seus pecados e miséria.
3. A natureza do sacrifício de Cristo, e da "justiça" de Deus, ao aceitar um sofrimento redentor de Cristo e uma consequente retidão do pecador .
4. O significado de "inspiração"quando aplicado à Biblia, e a conciliação da perfeição do autor com as falhas e imoralidades da obra.

Pelo que antecede, verá o leitor que não me afetavam os mais profundos problemas religiosos, como a divindade de Cristo, a existência de Deus, a imortalidade da alma, e observando o passado, percebo quão ordenadamente avançava meu pensamento, quão firme crescia depois do terrível choque e primeiro turbulento remoinho de angústia. Os pontos que me propunha estudar eram os que naturalmente defronta quem se rebela contra os dogmas da igreja, antes de um ponto de vista moral que intelectual: era mais um protesto da consciência que do cérebro.

Não foi o desejo de licença moral o que me deu o impulso que, finalmente, me lançou ao ateísmo; foi o sentimento da justiça ultrajada, do direito insultado. Era esposa e mãe de irrepreensível conduta na vida moral, com profundo sentimento do dever e altiva estima própria e autorrespeito; e foi precisamente então que me assaltou a dúvida. Perdi toda a minha fé no Cristianismo quando me achava dentro do círculo protetor de meu lar, sem aspirar trabalho externo nem liberdade exterior. Estava preservada das tentações externas por minha educação, pelo exemplo de minha mãe, pela íntima timidez, pela pouca confiança em mim mesmo, e foi a sublevação de minha consciência violada que me tornou rebelde contra a igreja e finalmente descrente em Deus. E faço-o constar para que se tenha em conta que jamais se deterá o progresso do materialismo com diatribes contra os incrédulos, como se o fossem por desejo de vício e licença para praticar o mal.

A religião, nas polêmicas desta época, não tem que afrontar a incredulidade do libertino, mas a descrença da consciência educada e do esclarecido intelecto, e se não pode apresentar uma ética mais nobre e uma filosofia superior às do seu adversário, perderá seu poder sobre os mais puros e fortes da futura geração.

Capítulo V

A tormenta da dúvida

Dedicava grande parte do meu tempo à leitura de livros heréticos e da Escola Livre, e de obras ortodoxas, e ainda aumentaram minhas horas de lazer com nossa mudança para a aldeia agrícola de Sibsey, condado de Lincon, cuja população estava espalhada. Li Roberston, Stopford, Brook, Stanley, Greg, Matthew, Arnold, Liddon, Mansel e muitos outros, e à medida que lia, crescia meu ceticismo. Os argumentos da Escola Livre me pareciam mais uma tentativa de melhorar a defesa de uma causa e a hábil evasão das dificuldades do que uma sincera exposição para enfrentá-las e resolvê-las.

O problema era: Existindo um Deus bom, como pode criar a humanidade, sabendo previamente que a maioria dos homens sofreria para sempre as torturas do inferno? Existindo um Deus justo, como podia castigar o pecador, se este herdou uma natureza pecaminosa por necessidade e sem sua própria escolha? Existindo um Deus equitativo, como podia permitir a eternidade do pecado, de maneira que o mal fosse tão duradouro como o bem, e Satã reinasse no inferno tanto tempo como Cristo no céu? O maior dos enigmas era a existência do mal e do sofrimento, e torturava-me pensando que Deus *podia* ser bom e, contudo, contemplar impassível e indiferente o mal e a miséria do mundo. Parecia-me impossível que um Criador pudesse ser ou tão cruel por permanecer impassível às tribulações humanas, ou tão débil para ser incapaz de remediá-las. Sempre estava diante de mim o antigo dilema: Se Ele pode prevenir o mal e o não faz, não é bom; se deseja impedi-lo e não o pode, não é onipotente. Atormentava meu cérebro com a busca de uma resposta; consultei os escritos dos crentes e não encontrei porta de escape. Não havia duvidado ainda da existência de Deus.

O Sr. D. continuava a escrever-me e esforçava-se por guiar-me pelo caminho que o conduziu à paz da alma. Transcreverei tão só dois breves extratos de uma carta sua, que mostrarão como ele solucionou o problema. Julgava errôneo meu ponto de vista.

"Sobre a natureza do *pecado* e do *erro,* que supondes há de afligir a Deus, considero que o pecado é um fator absolutamente necessário para chegar-se ao homem perfeito. Foi previsto e permitido como meio para um fim, como uma educação. A visão de todos os pecados e de todos os sofrimentos não pode afligir a Deus, mais do que lamentaríeis o fracasso de vosso Digby ao tentar, pela primeira vez, a construção de um castelo de cartas ou uma casinha para o coelho, porque isto faz parte de sua educação. Deus contempla o homem ideal a que tudo tende..."

"Não, senhora Besant. Nunca me sinto disposto a renunciar minhas investigações, nem a supor que o adversário tem razão. O mérito não é meu; tenho invencível fé na moralidade de Deus e na ordem moral do mundo. Não duvido da falsidade da teologia popular, como não duvido da irrealidade de seis ladrões que me atacaram há três noites em horrível sonho".

"Alegro-me e regozijo-me pela grandeza e liberdade do pequeno fragmento de verdade que me foi permitido ver. Disseram-me que alguns dos editados 'Artigos de Atualidade' do Bispo Ewing ajudam maravilhosamente as almas conturbadas. Eu vo-los recomendo".

"Estou certo de que a verdade, tanto quanto formos capazes de percebê-la, se infundirá em vossa alma e a tornará livre; iluminará vosso caminho e dissipará em longínquo dia vossas penosas dificuldades e dúvidas. Não renuncieis à leitura daqueles artigos, porque a creio utilíssima; ser-vos-á maravilhoso manancial de apoio e paz, pois certas lutas são muito mais terríveis que a dúvida intelectual".

"Comoveu-me vivamente o pesar acumulado nas duas últimas páginas de vossa carta: inexplicável é a tristeza que me produziu a sua leitura; recordam-me um dilatado e obscuro período de minha vida, quando cri que jamais me alumiaria a luz. Graças a Deus veio; do contrário creio que não poderia ter resistido por mais tempo. Mas vós tendes bastante fortaleza para suportar esta crise, tanto mais que passou o momento de maior perigo, segundo creio. Fixai-vos em que a fermentação produz límpido vinho espiritual, não vinagre, como sucede amiúde. Quisera prestar-vos maior ajuda neste espinhoso assunto, mas sentado em frente à minha janela e contemplando as sombras sobre a relva, a luz do sol sobre as folhas, os delicados matizes dos casulos que a tormenta respeitou, não posso deixar de crer que tudo redundará em bem. 'Confia no Senhor, espera pacientemente n'Ele', são palavras já triviais; mas Ele fez a relva, as folhas, os casulos e o luminoso sol; Ele é o Pai de Nosso Senhor Jesus Cristo, e as palavras triviais se convertem em poderoso argumento."

Nos escritos teísticos de Grey e nos agnósticos de Arnold encontrei maior conforto que nos dos mestres da Escola Livre, os quais tornavam cada vez mais impossível meu retorno à antiga fé. Os serviços da igreja me torturavam semanalmente, mas percebendo que eram somente dúvidas, guardei-as para mim. Confiava em que desapareceriam e pensava que, não se tratando de uma certeza, não tinha direito de quebrar a fé dos demais. Outros tinham duvidado e recuperaram depois sua fé; para quem duvida o silêncio é um dever. É preferível que os cegos guardem sua desgraça para si mesmos.

Durante aqueles fatigosos meses de tormentosa ansiedade, encontrei algum alívio a meu esforço mental como trabalho prático da paróquia, cuidando dos enfermos, procurando tornar menos triste a sorte do pobre. Aprendi então algumas das lições que anos depois pude ensinar aos operários agrícolas pela tribuna. Iniciava-se então um movimento entre os lavradores, motivado pela energia e devoção de Joseph Arch, e imediatamente me simpatizei com os pedidos de ferramentas, porque conhecia as condições de sua vida. Numa choça havia eu encontrado quatro gerações que dormiam numa só habitação: o bisavô e sua mulher, a avó, a mãe e tia, e o menino. Três inquilinos mais completavam o número oito naquele pequeno e mal ventilado cubículo. Outras choças havia em que se infiltrava água pelas paredes, e o reumatismo e a febre viviam com os seus moradores.

Que podia eu fazer senão me simpatizar com o movimento que visava o alívio de tanta miséria? Os granjeiros se opunham acerbamente à união dos jornaleiros agrícolas e não queriam dar trabalho aos associados. Um exemplo valerá por todos. Havia um homem jovem, casado, com dois filhinhos, que cometera a falta de assistir a uma assembleia da União e depois cometeu outra falando dela na sua casa. Por este só motivo nenhum granjeiro do distrito quis empregá-lo. Em vão buscou trabalho; nasceu a apatia do operário e entregou-se à bebida. Visitei sua cabana, que consistia numa habitação tosca, encontrando sua esposa enferma, com um filhinho nos braços ardendo em febre. O outro pequenino estava morto na cama. Às perguntas que docemente lhe formulei, respondeu-me que morriam todos de fome porque não tinham trabalho, e que deixavam o cadáver sobre a cama porque não havia outro lugar, até que trouxessem o ataúde. À noite o infeliz marido, a esposa, o menino ardendo em febre e o pequeno morto jaziam no mesmo leito!

Os granjeiros odiavam a União porque seus êxitos implicavam num aumento de salário dos trabalhadores. Não lhes ocorrera pensar que podiam proporcionar menos renda ao proprietário do terreno e maior remuneração aos homens que lhes cultivavam os campos. Cortesmente atendiam os opressores e com dureza aos segadores de suas colheitas e aos que carregavam suas medas; faziam causa comum com seus inimigos em lugar de com seus amigos; não se uniam aos lavradores para formar uma verdadeira liga de interesse agrícola, mas se aliavam aos proprietários, provocando uma desastrosa luta fratricida em vez de fácil vitória contra um inimigo comum. Vendo tudo isso, aprendi úteis lições e, apesar de continuar minha íntima luta teológica, avancei em minha educação política.

Em princípios do outono, um raio de luz rompeu minhas trevas. Achava-me em Londres com minha mãe, e num domingo de manhã entramos no *St. George's Hall,* onde pregava o Rev. Charles Voysey. Por aquele sermão e pela leitura de alguns livros adquiridos na antessala, compreendi, com grande alegria, que outras pessoas haviam tropeçado nas mesmas dificuldades e haviam abandonado os dogmas que eu achara tão repulsivos. Voltei ali no domingo seguinte e, terminado o serviço, observei que na saída muitos passavam diante do Sr. Voysey e de sua esposa, alguns deles evidentemente desconhecidos, para agradecer-lhe sua peroração. Movida pelo mesmo ardente desejo de falar, depois de tantos meses de luta solitária, com alguém que havia salvo minhas dificuldades religiosas, disse ao Sr. Voysey, ao passar diante dele: "Agradeço-lhe a grande ajuda que esta manhã me prestastes com vossas palavras", porque, em verdade, não havendo duvidado ainda da existência de Deus, o ensino do Sr. Voysey de que "Ele amava a *todos* e Sua graça se derramava sobre *todas* as Suas obras", foi uma faísca de luz no tempestuoso mar da dúvida e desesperação em que me debatia durante tanto tempo.

No domingo seguinte fui novamente a *St. George's Hall,* e a senhora Voysey me convidou cordialmente a visitá-la em sua casa de Dulwich. Notei que seu teísmo estava livre dos defeitos que haviam sido causa de minha rebelião contra o Cristianismo, e suas palavras me abriram novas perspectivas religiosas.

Li o *Discurso sobre a Religião*, de Theodore Parker; as obras de Francis Newman e as de France Power Cobble e outros. Começou a diminuir-me a angústia e a tensão, desapareceu o pesadelo de um Mal Onipotente, e minha crença em Deus, intata ainda, se purificou das negras manchas que a haviam contaminado. E já não duvidei por mais tempo se os dogmas que haviam conturbado minha consciência eram verdadeiros ou falsos; apartei-os de mim de uma vez para sempre, com todos os seus horrores e trevas, e compreendi, com satisfação e consolo indizíveis, que haviam sido ilusões da ignorância do homem, e não revelações de Deus.

Mas restava uma crença que não tinha sido definitivamente contestada, embora a lógica houvesse penetrado nos dogmas ortodoxos definitivamente renunciados: a doutrina da divindade de Cristo. Todo o ensinamento da Escola Livre tendia, naturalmente, a fazer ressaltar a humanidade de Cristo à custa de Sua Divindade, e depois de haver repudiado o eterno castigo e a redenção, não me parecia razoável o maravilhoso milagre da encarnação divina. No transcurso de minhas leituras me familiarizei com a ideia dos Avatares dos credos orientais, e vi que todas as antigas religiões apresentavam como verdadeiro o fato da encarnação de Deus. Liberta da doutrina moralmente repulsiva do Cristianismo, estava preparada para não considerar tal ensino como especialmente cristão. Mas atemorizava-me a ideia de colocar no crisol uma doutrina tão querida, que tão unida se achava a minhas recordações. Era tão doce e elevada a ideia de uma união entre o Homem e Deus, entre um homem perfeito e uma Vida Divina, entre um coração humano e uma força onipotente! Jesus como Deus estava entrelaçado com toda a arte e beleza da religião. Romper com Sua Divindade era romper com a música, com a pintura, com a literatura; era romper com o Menino Divino nos braços de Sua Mãe; com o Homem Divino em Sua Paixão e Seu Triunfo; com o amigo do homem rodeado de majestade e glória! A Verdade inexorável pedia que esta figura ideal, cheia de compaixão, de beleza, de amor humano, passasse para o Panteão dos mortos deuses do passado?

E isso não era tudo. Se repudiasse a crença em Cristo como Deus, deveria repudiar o Cristianismo como credo. Atacada a única posição de Cristo, o nome de cristão me pareceria uma hipocrisia, e sua renúncia um dever obrigatório para uma mente sincera. Mas eu era a esposa de um clérigo; qual seria o resultado de semelhante passo? Até então o preço inexorável que se havia pedido à indagadora da verdade era a angústia mental, mas a renúncia de Cristo acrescentaria uma guerra externa à interna, e quem poderia conjeturar sobre as consequências em minha vida? A luta foi aguda mas breve; decidi examinar cuidadosamente as provas pró e contra a divindade de Cristo. E o resultado foi que esta crença seguiu às outras e não mais me senti cristã, frente a frente de um futuro tenebroso no qual percebi o próximo conflito.

Um esforço fiz para escapar-me dele. Dirigi-me ao Dr. Pusey, pensando que se ele não respondesse às minhas perguntas, não poderia eu esperar resposta razoável. Mantive com ele breve correspondência, mas ele se referia somente a um argumento que me era familiar, o de Liddon em seus *Bampton Lectures*, até que, finalmente, aceitando um convite seu, fui a Oxford para vê-lo. Encontrei-me com um homem baixo e gordo, vestido de uma sotaina que o fazia parecer um frade.

Seus penetrantes olhos, fixos firmemente em mim, me indicavam a força e a sutileza daquela aguda e poderosa mente. Mas o erudito doutor empregou má tática; viu certamente que eu estava ansiosa, coibida e nervosa, e me tratou, não como esforçada buscadora da verdade, decidida a encontrar terreno firme sobre que se apoiar no mar da dúvida, mas como penitente de confissão em busca de um Diretor espiritual. Não quis abordar o problema da Divindade de Jesus como objeto de discussão. "Falais de vosso Juiz", arguiu severamente, quando insisti numa dificuldade. A mera alusão de algo imperfeito no caráter de Jesus o fez estremecer e me repreendeu com sua mão alçada. "Vós blasfemais. O próprio pensamento é um terrível pecado". Pedi-lhe se podia recomendar-me alguns livros que projetassem alguma luz sobre o assunto. "Não, não; já lestes demasiado. Convém que oreis muito". Quando aleguei que não podia crer sem prova, me disse: "Bem-aventurados os que não viram e creram", e à minha pergunta posterior acrescentou murmurando: "Oh minha filhinha; quão indisciplinada, quão impaciente!"

Em verdade, eu então, determinada a *saber,* resolvida a não declarar-me crente se a fé faltava, me sentia ardente, ansiosa, apaixonada. Carecia da mansidão, do arrependimento, da submissão que ele costumava encontrar nos penitentes que buscavam seu conselho e orientação espiritual. Em vão me recomendou que orasse como se cresse, em vão alegou o dever de cega submissão à autoridade da Igreja, da fé cega que não raciocina nem indaga. Não pisava a espinhosa senda da dúvida para encontrar-me finalmente no mesmo ponto de partida; necessitava e queria sólido fundamento antes de crer. Mas o Dr. Pusey não concebia as lutas do espírito cético; evidentemente não havia sentido a dor da dúvida; sua fé era sólida como uma rocha, firme, saciada, inquebrantável. Preferiria morrer a duvidar da infalibilidade da "Igreja Universal".

"Não é vosso dever indagar a verdade", disse-me austeramente; "vosso dever é aceitar e crer a verdade tal qual a expõe a Igreja. É perigoso a repelirdes. A responsabilidade não é vossa enquanto submissamente aceitardes o que a Igreja impõe. Não prometeu o Senhor que a presença do Espírito estaria sempre na Sua Igreja, a fim de guiá-la para a Verdade?"

"Mas eu duvido precisamente do fato da promessa e do seu valor", respondi.

Estremeceu. – "Orai, orai. Pai, perdoai-a, porque não sabe o que diz".

Foi inútil que eu alegasse a sinceridade de minha investigação, observando-lhe que, seguindo suas instruções, tudo ganhava e que, trilhando meu caminho, tudo perdia, mas que me parecia uma mentira pretender a aceitação do que realmente eu não cria.

– "Tudo perdido? Com efeito, vós vos condenareis eternamente".

– "Perdida ou não – repliquei – devo esforçar-me por buscar o verdadeiro e não crer até que esteja convencida."

– "Não tendes o direito de impor condições a Deus – arguiu – sobre o que tendes de crer ou não. Estais muito cheia de orgulho intelectual".

Suspirei sem esperança. Pouco era então meu sentimento de orgulho, mas estava desesperada e o doutor Pusey, com seu rígido e inexorável dogmatismo, não podia compreender minhas dificuldades nem ajudar-me em minhas lutas. Levantei-me, agradeci-lhe sua amabilidade, disse-lhe que não queria fazer-lhe perder tempo, que voltava a meu lar e que enfrentaria as dificuldades deixando abertamente a Igreja e aceitando as consequências. Então, pela primeira vez, se turbou sua serenidade.

– "Proíbo-lhe falar de sua incredulidade – exclamou; – proíbo-lhe de levar o seu estado de perdição às almas pelas quais morreu Cristo".

Lenta e tristemente empreendi o caminho da estação, consciente de que havia falhado minha última possibilidade do escape. Reconheci neste famoso teólogo o espírito do sacerdócio, que, conquanto pudesse ser terno e compassivo para com o pecador arrependido, humilde e submisso, era inflexível para com o cético, o herege, anulava toda discussão sobre a "verdade revelada", e impunha silêncio pela força, não por argumento, a tudo o que se opunha às tradições da Igreja. Desta classe foram os inquisidores da Idade Média, perfeitamente escrupulosos, perfeitamente rígidos, perfeitamente desapiedados para com o herege. O herege era um centro de infecção, e a caridade para com ele, "a pior crueldade para com a alma do homem". Seguros de possuir, "não por próprio mérito, mas por misericórdia divina, a única verdade revelada", não podiam admitir discussões, não podiam aceitar senão a mais completa submissão. Mas quando o homem aspira a verdade, quando sua mente anela o conhecimento, quando seu intelecto se remonta ao empíreo da especulação e "bate o ar com suas infatigáveis asas", pede provas aos que exigem fé e derrota os que pretendem cegá-lo por sua decisão de contemplar impávido a face da verdade, mesmo que seus olhos possam transformá-lo em pedra.

No mesmo outono de 1872, o Sr. Voysey me apresentou ao Sr. e à Sra. Scott. Nesta época, Thomas Scott era um ancião de formoso e prateado cabelo; seus olhos de falcão reluziam sob suas desgrenhadas sobrancelhas. Havia sido galhardo, e se bem que seu corpo se achasse envelhecido, sua esplêndida cabeça leonina, reveladora de uma singular personalidade, conservava ainda força e beleza. Nascido de boa família, e rico, havia dedicado sua juventude a aventuras nos quatro cantos do mundo, e depois de seu matrimônio, estabeleceu-se em Ramsgate e converteu seu lar num centro de pensamento herético. Sua esposa, "sua mão direita", como ele justamente a chamava, era tão jovem que podia ser sua filha; doce, forte, gentil, nobre, digna de seu marido, e esta era a mais alta honra que se lhe podia tributar.

O Sr. Scott publicou mensalmente, durante muitos anos, folhetos heréticos, embora sob muitos matizes de pensamento. Estavam bem escritos, em tom cortês e bom idioma, regra a que não fazia exceção o Sr. Scott, pois os autores podiam escrever o que quisessem, mas deviam ter algo que dizer, e dizê-lo em bom inglês. Sua correspondência era vastíssima, desde o primeiro ministro para baixo, e em sua casa se encontravam pessoas das mais diversas opiniões: era um verdadeiro salão herético. Colenso de Natal, Edward Maitland, E. Vansittart Neale, Charles Bray, Sara Hennell e centenas mais, sacerdotes e seculares, eruditos e pensadores, todos acudiam àquela casa, cuja entrada se ganhava tão só pelo amor à verdade e o desejo de difundir a liberdade entre os homens.

Poucos meses depois, escrevi para Thomas Scott meu primeiro ensaio do Livre-Pensamento, intitulado: "Sobre a Divindade de Jesus de Nazaré", pela esposa de um clérigo beneficiado. O nome não era meu nem podia usá-lo: conveio-se, pois, que todos os meus escritos fossem anônimos.

Aproximava-se o momento de voltar a Sibsey e com ele a necessidade de tomar uma resolução definitiva a respeito da Igreja. Porque então já não duvidava, havia rejeitado todos os dogmas e não era mais hora de calar. Estava disposta a assistir os serviços religiosos, mas não a tomar parte nos que se dirigissem diretamente a Deus; a não participar com hipocrisia da Santa Comunhão, sem o pleno reconhecimento de Jesus como Divindade e de seu expiatório sacrifício.

Assim decidida, recordo-me do temor e da angústia com que me levantei, ao começar a comunhão no primeiro domingo eucarístico. Que a esposa do vigário comungasse era tão natural como que o vigário administrasse. Nada havia feito em público que chamasse a atenção, e um sentimento de mortal desassossego se apossou de mim ao sair da igreja, pois sentia sobre mim todos os olhares e pensava que a não participação suscitaria infinitos comentários. Não foi assim, porque todos julgaram que me havia enfermado subitamente e me encheram de visitas e de perguntas. Ao me interrogarem, respondi tranquilamente que não podia participar da profissão de fé requerida do sincero comungante; mas esta declaração foi raramente necessária, porque a ideia da heresia na esposa de um vigário se insinuava muito tardiamente nas mentes simples da gente provinciana, e eu não dei explicações senão quando me foram pedidas.

Pouco depois do meu memorável Natal de 1875, desenvolveu-se uma violenta epidemia de febre tifoide no povoado de Sibsey, e como a desinfecção era feita sob a forma mais primitiva, o contágio se difundiu com rapidez. Naturalmente inclinada às funções de enfermeira, encontrei na epidemia serviço apropriado para mim, e fui feliz em poder prestar auxílio pessoal, pois com isso fui muito bem recebida nas casas dos pobres atacados da enfermidade. Comprazia-me imaginar que as mães exaustas, que podiam repousar enquanto eu velava por seus filhinhos, não julgavam severamente aquela herege, cujas mãos eram tão ternas e expertas como as suas.

Creio que a mãe natureza me indicava o caminho de enfermeira, tal era o deleite que eu sentia cuidando de um enfermo em estado grave. Emoção estranha e solene nascia em mim da luta entre a habilidade humana e o inimigo supremo: a morte. Sentia especial fascinação em disputar-lhe palmo a palmo o terreno, e com grande alegria quando era somente pela vida de alguém, não pela vida de um ser amado. Se o paciente é um parente, o combate se converte em agonia, mas se a luta contra a morte é pelo corpo de um estranho, o feitiço da batalha está isento de pena pessoal, e ao repelir o odiado inimigo, ao obrigá-lo a afrouxar o laço que retém a sua presa, goza-se do triunfo de devolver a vida a alguém que havia estado prestes a perdê-la.

A primavera de 1873 me revelou uma faculdade que havia de modelar minha vida futura. Realizei a primeira conferência, mas diante dos bancos vazios da igreja de Sibsey. Tive um dia o singular capricho de saber o *que sentiria* pregando, e suscitou em mim a vaga ideia de que, chegado o momento, saberia falar. Não pressentia a possibilidade de um trabalho pela tribuna, não pensava em perorar no porvir que se despontava diante de mim, mas naquele momento me assaltou um vivo desejo de expressar-me em palavras, e senti como se tivesse algo que dizer e fosse capaz de dizê-lo. Encerrei-me sozinha na ampla e silenciosa igreja, onde ia praticar alguns exercícios de órgão. Subi ao púlpito e pronunciei minha primeira conferência sobre a "Inspiração da Bíblia".

Nunca esquecerei a emoção de poder e deleite que me invadiu, sobretudo de poder, quando lancei minha voz ressonante nas naves e se irrompeu minha paixão em harmônicas frases que conservavam sempre musical cadência e expressão rítmica. Quisera ver então, em vez da árida vacuidade dos silenciosos bancos, a igreja cheia de visitantes que me olhassem, que estivessem animados de palpitante simpatia. E como se sonhasse, povoou-se a solidão e vi os rostos atentos e os olhos ávidos; fluíram os parágrafos desatados de meu lábios, ressoou minha voz nas colunas da antiga igreja e compreendi que possuía o dom da palavra e que se alguma vez – parecia-me então tão impossível! – se me apresentasse a oportunidade de um trabalho, com este poder de melodiosa expressão conseguiria fazer os ouvintes escutarem a mensagem que eu trouxesse.

Mas este segredo permaneceu segredo para todos, e o guardei durante meses, envergonhada de súbito daquela arenga diante de uma igreja vazia. Por mais tolo que possa parecer, faço-o constar como o primeiro esforço de expressão oral, expressão que depois devia converte-se no mais profundo deleite de minha vida. Em verdade ninguém pode saber, exceto aqueles que o têm sentido, o gozo que se experimenta com a eloquência impetuosa que comove e domina; ao sentir que as multidões respondem à mais leve insinuação; ao ver os rostos iluminados ou sombrios, segundo o vosso mandato; ao descobrir que flui o manancial da emoção e paixão humanas ante a palavra do orador como uma torrente de uma rocha fendida; ao perceber que o pensamento procedente de nosso impulso penetra em milhares de ouvintes e retorna com as múltiplas vibrações que suscitou. Existe alguma alegria emocional mais brilhante na vida, mais plena de apaixonado triunfo e da própria essência do deleite intelectual?

Em 1873 rompeu-se o vínculo matrimonial. Não havia eu dado nenhum novo passo, mas minha ausência da Comunhão motivou alguns falatórios, e um parente de meu marido lhe pintou com vivas cores os prejuízos que do ponto de vista social e profissional lhe poderia acarretar minha heresia, quando fosse conhecida. Arruinava-se minha saúde, não recuperada desde o outono de 1871, e sofri graves perturbações cardíacas por causa da tensão contínua em que vivia. Finalmente, entre julho e agosto de 1873 sobreveio a crise. Disse-me meu marido que devia conformar-me com as observações externas da Igreja e assistir a comunhão. Recusei. E então se me apresentou a alternativa: submissão ou exclusão do lar; em outras palavras: hipocrisia ou expulsão. Escolhi a última.

Amarguíssima época se seguiu depois. Minha querida mãe tinha o coração dilacerado. Para ela, com seu vago e amplo conceito do Cristianismo, frouxamente mantido, era incompreensível a intensidade de meu sentimento: que não aparentasse crer o que não cria. Sabia melhor que eu o que representava a separação de meu lar, e previa as dificuldades que rodeariam uma jovem mulher que não tinha ainda 26 anos, obrigada a viver sozinha. Ela sabia quão brutalmente julga o mundo e que o mero fato de ser-se jovem e sozinha justificava a maledicência.

Eu não podia imaginar quão cruéis podiam ser as pessoas; quão venenosa era a sua língua. Contudo, conhecendo-o, tendo enfrentado a maledicência e vivido debaixo dela, deliberadamente digo que se tivesse de novo a escolha, decidiria como então; preferiria sofrer tudo de novo a viver "em sociedade" sob o peso de uma vida hipócrita.

Duríssima luta tive que sustentar contra as lágrimas e súplicas de minha mãe, porque causar-lhe dor era decuplicar meu sofrimento. Contra a rudeza havia permanecido rígida como ferro, mas era difícil ser inflexível quando minha dileta mãe, a quem amava como a ninguém mais tenho amado no mundo, se atirava a meus joelhos implorando-me a rendição. Parecia-me um delito causar-lhe tal angústia e me sentia criminosa quando sua nevada cabeça apertava meus joelhos.

Mas eu não podia viver uma mentira. Nem mesmo por ela a afronta era possível, e na agudíssima crise de cega agonia minha vontade manteve-se fiel à Verdade. Agora, como então, é verdadeiro que quem ama o pai ou a mãe mais que a Verdade não é digno dela, e que a áspera senda da sinceridade conduz à Luz e à Paz.

Mas, além disso, havia meus filhos, os dois pequeninos que me adoravam e para os quais havia sido mãe, ama e companheira de brinquedos. Será que iriam separá-los de mim? Não totalmente durante algum tempo. Circunstâncias que não hei de mencionar aqui capacitaram meu irmão a obter uma separação legal, e quando tudo estava regularizado, encontrei-me com a guarda de minha filhinha e uma pensão mensal que chegava para morrer respeitavelmente de fome. A muito custo havia conseguido minha liberdade; mas estava livre.

Haviam-me exigido o abandono do lar, dos amigos, da posição social, e uma vez livre, me perguntava a mim mesma o que faria de minha liberdade. Poderia viver com meu irmão se me separasse de meus heréticos amigos e me mantivesse calada, mas não estava disposta a encadear-me de novo, e em minha juvenil inexperiência busquei algo em que trabalhar. A dificuldade era este "algo"; gastei vários *shillings* em agências com inteiros fracassos. Experimentei fazer trabalhos de bordado oferecidos à "mulher em reduzidas circunstâncias", e consegui ganhar quatro *shillings* e seis *pence* por algumas semanas de costura. Pus-me em correspondência com uma casa comercial de Birmingham que generosamente oferecia a oportunidade de aumentar os próprios rendimentos, e depois de mandar-lhe a pequena quantia requerida, recebi porta-lápis com a indicação de que devia vender aqueles artigos, assim como as salvinhas a meus amigos. Não me senti disposta a colocar as lapiseiras nem tão pouco as salvinhas entre meus conhecidos, pelo que não consegui nenhum resultado. Meus fracassos em outras tantas tentativas me fizeram sentir que a casca do mundo é difícil de quebrar. Todavia estava resolvida a construir um ninho para minha filhinha, minha mãe e eu, e a primeira coisa que convinha era economizar minha pensão mensal para comprar móveis.

Encontrei uma casinha na rua Colby, Upper Norwood, perto dos Scott, sempre bons para mim. Contratei-a para a próxima primavera, e no ínterim aceitei um amável convite de minha avó e duas tias para ir a Folkestone procurar trabalho. Achei-o na casa do vigário, que necessitava de uma caseira e a quem me recomendou uma de minhas tias como interina. Para ali fui com minha pequena Mabel, pagando com meu trabalho nossa manutenção e a moradia. Converti-me então em cozinheira, caseira e enfermeira, contente de haver encontrado algo que me permitisse economizar minha humilde pensão.

Mas eu não pensava em dedicar-me à culinária toda a minha vida. Assar e fritar me iam muito bem; fazer massa de tortas era bastante agradável, mas as caçarolas e chaleiras me empolavam as mãos. Era um encanto para a nova cozinheira fazer um ensopado novo; a expectativa pelo resultado era emocionante. Em resumo, minha arte culinária, estritamente copiada dos livros, obtinha bom êxito, mas os misteres domésticos, por causa de minha debilidade muscular, eram defeituosos.

Este curioso episódio teve um fim repentino, porque uma de minhas pupilas caiu enferma de difteria, e de cozinheira passei à enfermeira. Enviei Mabel para casa de sua avó, que a adorava e cujo amor era imensamente correspondido por aquela fadinha de três anos. Não podia ver-se mais belo quadro que o formado pelos cachos vermelho-dourados da pequena aninhados contra os prateados cabelos da avó, e pela graça infantil de uma em delicado contraste com a veneranda dignidade da outra.

Apenas minha enfermazinha saiu fora de perigo, o filho menor caiu enfermo de escarlatina. Decidimos isolá-lo no andar superior, tirei as almofadas e cortinas, dependurei nas portas lençóis umedecidos de cloreto de cal, e me fechei com o menino sem sair nem para as refeições, que deixavam no patamar do aposento. Passado o perigo, orgulhosamente voltei ao meu cargo; a enfermidade não afetou a nenhum outro membro da casa.

Entretanto, havia chegado a primavera de 1874 e dentro de poucas semanas minha mãe e eu deveríamos viver juntas em nossa casa.

Quantos projetos havíamos feito! Como havíamos unido nossa futura vida à de nossas passadas recordações! Quanto havíamos discutido sobre a educação de Mabel e a parte que a cada uma correspondia! Sonhos! Sonhos de um dia, que nunca poderiam realizar-se!

Minha boa mãe foi para a cidade e, ao fim de cerca de duas semanas, recebi um telegrama dizendo que ela estava gravemente enferma, e com a velocidade do rapidíssimo trem voei para seu lado. "Irá morrer – disse o médico; – só tem vida para três dias". Comuniquei-lhe a sentença de morte, e me respondeu com resolução: "Não me sinto ainda a morrer", e tinha razão. Era um ataque de prostração profunda, porque falhavam as válvulas do coração; foi uma verdadeira luta com a morte, em que retrocedeu o impiedoso fantasma. Cuidei dela dia e noite com desesperada ternura, porque o Fado atentava contra o mais caro de minha vida. Sobreveio nova e aguda crise, e pela segunda vez a sua tenacidade e meu amor evitaram o golpe da morte. Não queria morrer, o amor à vida era nela potentíssimo; eu também não queria que morresse, e ambas mantivemos o inimigo afastado. Sobreveio depois a hidropisia e o fim se vislumbrou inevitável.

Foi então que, depois de dezoito meses de abstenção, de novo e pela última vez recebi a Eucaristia. Minha mãe desejava intensamente comungar-se antes de morrer, mas recusava-se resolutamente a aceitar a comunhão se eu não a recebesse com ela. "Se é necessária para minha salvação – insistia ela – não a quero se minha querida Ana está privada dela. Prefiro ser condenada com ela do que salva sem ela".

Fui procurar um clérigo bem conhecido e lhe expus o caso; como temia, recusou-se a dar-me a comunhão. Experimentei um segundo, com o mesmo resultado, e, por fim, assaltou-me um pensamento: havia o Deão Stanley, favorito de minha mãe, homem conhecido como da mais livre escola, mas dentro da Igreja anglicana. E se o consultasse? Não o conhecia; meu pedido me parecia importante, mas, e se consentisse? Que não teria feito eu para suavizar a morte de minha mãe! Nada disse a ninguém, e fui ao Deado de Westminster. Perguntei timidamente pelo Deão e segui a servente com o coração apertado. Deixaram-me sozinha na biblioteca e pouco depois entrou o Deão. Não me recordo de haver-me sentido, em minha vida, mais desconfortável do que naquele intervalo de um minuto, quando ele, esperando que eu falasse, fixava sobre mim seus olhos interrogantes, claros, graves e penetrantes.

Vacilante e desajeitadamente, mas com rude sinceridade, expus-lhe que não era cristã; que minha mãe estava morrendo; que ela estava ansiosa por tomar a comunhão, mas não queria recebê-la se eu não pudesse tomá-la também; que dois clérigos haviam se recusado a dar-me a comunhão, e que me socorria dele desesperada, compreendendo que era importuna, mas... que minha mãe estava morrendo.

Sua face adquiriu uma expressão de grande doçura.

– "Você fez muito bem em vir" – disse-me em voz baixa e melodiosa, ao passo que sua penetrante vista, sem deixar de ser firme, se transmutou em maravilhosamente amável. – "Irei naturalmente vê-las, e confio que, se você se atreve a expor-me claramente a sua atitude, poderemos cumprir o desejo de sua mãe".

Eu mal pude agradecer-lhe, tanto me comoveu sua benévola simpatia. Foi tão forte o medo de meu pedido ser rejeitado, quando eu esperava para ser atendida, que senti uma súbita dor. O Deão Stanley fez mais do que eu pedira. Propôs visitar-nos naquela tarde, para conversar tranquilamente com minha mãe e voltar no dia seguinte para ministrar-lhe a Eucaristia. Disse com rara delicadeza:

– "A presença de um ser estranho sempre fatiga um enfermo, e acrescentar a isto a excitação da cerimônia seria excessivo para sua mãe. Parece-me preferível falar hoje com ela e administrar-lhe a comunhão amanhã."

De acordo com isso, veio naquela tarde até Brompton e conversou com minha mãe cerca de meia hora; depois falou comigo para conhecer meu estado de ânimo, e me disse finalmente que a conduta importava mais do que a teoria, e que considerava "cristãos" todos os que se esforçavam por seguir a lei de Cristo. Fez pouca insistência sobre sua divindade absoluta; disse que Jesus era "em certo sentido o Filho de Deus"; que reputava uma insensatez disputar sobre palavras de significado meramente humano, quando se referiam ao mistério da existência divina, e que, sobretudo, era loucura que tais palavras levantassem barreiras entre as almas sinceras. Que o único ponto importante era o reconhecimento do *dever para com Deus* e *para com o homem,* e que aqueles que aceitassem isso tinham pleno direito de estar unidos no ato da adoração, cuja essência não era a aceitação de um dogma, mas o amor de *Deus e a abnegação em benefício do homem.* "A Sagrada Eucaristia – concluiu em suave tom – não foi instituída para dividir os que buscassem o único Deus *verdadeiro; não foi* para seu fundador símbolo de luta, mas de unidade".

No dia seguinte, o Deão Stanely celebrava na cama de minha mãe a sacra cerimônia, e quando vi a paz que lhe proporcionava aquele nobre e amoroso coração, senti-me de sobejo compensada pela luta que sustive ao pedir este favor a um estranho. Acalmou doce e sabiamente sua inquietude a respeito de minha heresia, exortou-a a que não temesse as diferenças de opinião onde o coração se erguia para investigar a verdade. Após a sua visita, minha mãe me repetiu as palavras que ele lhe havia dito: "Recordai-vos de que nosso Deus é o Deus da verdade, e de que uma sincera indagação nunca será desagradável a Seus olhos".

Veio outra vez, e depois de visitar minha mãe, conversamos longamente. Aventurei-me a perguntar-lhe como é que, tendo tão amplos pontos de vista, podia permanecer unido à Igreja anglicana, e respondeu-me docemente: "Creio que sirvo melhor à verdadeira religião no seio da Igreja e lutando para alargar seus limites, do que se a deixasse e trabalhasse do exterior". E explicou-me que, como Deão de Westminster, desfrutava de excepcional independência, e que a Abadia prestava um serviço à nação, impossível de outra maneira. Em tudo o que dizia se patenteava seu amor e seu orgulho pela gloriosa Abadia. Adivinhava-se facilmente que os vínculos que atavam à "antiga e histórica Igreja anglicana" eram longínquas recordações, e sua paixão pela música, pintura e arquitetura magnificente. Seu sentimento, não seu intelecto, o retinha como sacerdote, e sua supersensibilidade de cultíssimo erudito o levava a repelir a ideia de abandonar a inartísticas e rudes mãos as antigas e preciosas tradições. Refinado e delicado por natureza, havia se exaltado sua sensibilidade debaixo da educação universitária e da Corte; a elegante polidez de suas maneiras era a natural expressão de uma nobre e elevada mentalidade, mentalidade que ocultava sua fortaleza sob o véu da doçura. Ouvi falar asperamente do Deão Stanley, e pôs-se em dúvida, grosseiramente, sua honradez, mas nunca os ataques foram feitos em minha presença sem um protesto meu contra a injustiça que se cometia, procurando assim pagar, embora fosse em pequena parte, a gratidão que eu devia à sua memória.

Aproximava-se com rapidez o fim de minha mãe. Mobiliei apressadamente dois cômodos da casinha, agora nossa, para conduzir minha mãe aos mais puros ares de Norwood. O médico me autorizou a trasladá-la dali em maca, mas ao entardecer do dia seguinte piorou de tal modo, que tivemos que pô-la na cama e telegrafar ao médico. Ele manifestou-nos que nada podia fazer, e minha mãe já sentia a opressão da mão mortal. Altruisticamente, pensou ainda em minha solidão: "Deixo-te sozinha", e suspirava de vez em quando. E em verdade eu sentia, com angústia que não me atrevia a encarar, que depois de sua morte, ficaria realmente sozinha neste mundo.

Esteve a meu lado dois dias mais, e não a larguei cinco minutos. Em 10 de maio, a debilidade produziu um pacífico delírio, durante o qual seus olhos não cessaram de seguir-me fielmente, enquanto percorria a habitação, até que se cerraram para sempre. Quando o sol se fundia no ocaso, sua respiração se tornou mais e mais lenta, até que se estendeu sobre nós o silêncio da morte, e ela expirou.

Aturdida pela perda, passei mecanicamente os primeiros dias. Não permiti que ninguém tocasse em minha morta, exceto sua irmã predileta, que viveu conosco até o último momento. Mantive-me fria e com os olhos enxutos, ainda quando a ocultaram a meus olhos debaixo da coberta do ataúde, ainda no lúgubre caminho de Kensal Green, onde dormiam seu esposo e filhinho, ainda quando a deixamos só, debaixo da terra fria e úmida, pela recente chuva da primavera.

Não podia crer que nossos sonhos estivessem mortos e sepultados, e a casa em ruínas antes de estar completamente construída. Desolado meu lar, iluminados pelo sol os aposentos, mas sem a luz de sua presença, parecia como se em suas nuas paredes se repercutisse o eco: "estás sozinha".

Mas minha filhinha estava ali e sua doce face e seus pezinhos inquietos quebravam aquela solidão, ao mesmo tempo que sua imperiosa demanda de amor e cuidado me obrigava a pensar nas necessidades diárias da vida. E a vida foi dura naqueles dias de primavera e verão; escassos os recursos e difícil o trabalho! Os dois meses seguintes à morte de minha mãe foram os mais amargos de minha vida, meses de luta quase insuportável. A casinha da rua Colby onerava minha pobre pensão e eu não conseguia encontrar trabalho. Não sei como me teria arranjado se não tivesse contado com a ajuda do casal Scott. Nesta época, escrevi alguns folhetos para o Sr. Scott sobre: "Inspiração", "Expiação", "Mediação e Salvação", "Tormentos Eternos", "Educação Religiosa das Crianças" e "Religião natural em comparação com a revelada", e assim ganhei alguns guinéus, que me foram preciosos. Sua casa estava sempre aberta para mim, e não era isto pouco auxílio, pois amiúde tinha dinheiro para alimentar duas pessoas, mas não três, e quando isto sucedia, ia estudar no Museu Britânico e "comer na cidade", a dita refeição notável pela sua ausência. Quando demorava dois dias para ir à hospitaleira casa do casal Scott, vinham ver-me para saber o que se passava, e muito frequentemente a ceia oferecida satisfazia a uma real necessidade material. Com razão podia escrever, em 1879, quando morreu Thomas Scott: "Abriu-me sua casa quando era penosíssima minha necessidade, e ele nunca imaginou, coração nobre e generoso, o conforto que, naquela época de solidão, me proporcionava sua cordial saudação: 'que tal, mocinha?', ao entrar em sua casa, cansada, esgotada de um longo dia de estudo no Museu Britânico, sem ao menos haver comido. A nenhum ser vivente, exceto a um, devo maior gratidão que a Thomas Scott".

As poucas joias que eu tinha, e todos os meus vestidos supérfluos, se converteram em artigos de primeira necessidade, e ao menos minha filhinha não careceu de nada. Minha empregada Maria, admiravelmente engenhosa, governava a casa com a mais ínfima quantidade que se podia pôr nas mãos de uma criada, e a conservava tão limpa e agradável que sempre era um prazer entrar nela. Posso recordar-me agora sem pesar daquela penosíssima vida, mas estou contente por havê-la vivido, porque me ensinou a simpatizar-me com aqueles que lutam agora como eu lutei então, e não posso jamais ouvir de pálidos lábios as palavras: "tenho fome", sem procurar aliviá-la, embora seja momentaneamente.

Muito me beneficiava a presença de minha pequena, porque dava vida a meu dolorido e solitário coração. Brincava alegremente enquanto eu trabalhava, e bastava para nossa felicidade uma palavra trocada de vez em quando. Se me via obrigada a sair de casa sem ela, acompanhava-me até a porta, e de seus lábios pregados tristemente brotava o "adeus"; depois velava por meu regresso da janela, e sua luminosa face era sempre a primeira que bem me recebia no lar. Muitas vezes, voltei cansada, faminta, desconsolada, e ao vislumbrar seu rostinho aguardando-me, considerava que não devia entristecer minha pequenina com meu pesaroso rosto, e o esforço que fazia para afastar a depressão me capacitava para vencê-la realmente e recobrar a serenidade. Ela foi a ternura e o gozo de minha vida, minha amada de dourados cabelos encaracolados e olhos luminosos, de alma apaixonada, voluntariosa e amorosa. As laceradas fibras de meu coração se enrolaram em torno desta pequena; ela me deu algo que amar e proteger, e assim satisfiz o mais potente impulso de minha natureza.

Capítulo VI

Charles Bradlaugh

Durante estes meses, minha atividade intelectual não havia ficado inativa: lenta e seguramente buscava meu caminho, e encontrei desconhecido deleite nos dias de escravidão, na parte social e intelectual de minha vida.

Senti a satisfação da liberdade, o gozo de poder expor franca e sinceramente o que pensava. Com razão podia dizer: a caro preço a obtive, mas havendo-a pago, desfrutei dela. A valiosa biblioteca do Sr. Scott estava à minha disposição; a sua grande mente discutia minhas opiniões, punha à prova meus assertos e me suscitava ideias até então desconhecidas. Estudei com crescente assiduidade, porque havia desaparecido o temor de possíveis consequências. Nada restava em mim da antiga fé, exceto a crença em "um Deus", e ainda esta começou a debilitar-se pouco a pouco. O axioma teístico: "Se existe um Deus, há de ser, quando menos, tão bom como Sua mais perfeita criatura", começava com um "se" e nele se concentrou minha atenção.

Escrevera a Srta. Frances Power Cobbe: "De todas as coisas impossíveis, a mais impossível há de ser, certamente, que um homem imagine algo bom e nobre, e queira provar depois que o seu criador é menos bom e menos nobre do que o que ele imaginou". Mas eu perguntava: estamos certos de um Criador? Admitido que, *se existe,* deve ser superior à Sua mais perfeita criatura; mas existe tal ser? Diz Charles Voysey: "A base sobre a qual se apoia nossa crença em Deus está no homem, o autor da Bíblia e da Igreja, o inspirador de todos os bons pensamentos e todas as boas ações; a obra mestra do pensamento divino, o compêndio do conhecimento espiritual. Nem milagroso nem infalível; o homem é a única prova digna da mente divina nas coisas concernentes a Deus. A razão, a consciência e os afetos do homem são a única revelação verdadeira do seu Criador". Mas, e se Deus fosse somente a imagem humana refletida no espelho de sua própria mente? E se o homem fosse o criador, não a revelação de Deus?

Era inevitável que surgissem tais pensamentos depois de haver repudiado o Cristianismo como evidentemente insustentável. Quando a mente humana se lançou a pensar, já não aceita mais os vínculos da autoridade; quando se desafiam as crenças tradicionais, fica inscrito o desafio em todos os escudos pendentes no palanque intelectual. Estava rodeada de uma atmosfera de conflito, e liberta de sua longa opressão; minha mente se lançava à luta, com a satisfação do tumulto e da tensão intelectual.

Frequentemente ia à capelinha de *South Place,* onde pregava Moncure D. Conway. As discussões que com ele mantive ampliaram minhas perspectivas sobre os mais profundos problemas religiosos. Voltei a ler *Bampton Lectures* do Deão Mansel, que muito influíram em minha tendência para o ateísmo; reli o *Examination of Sir Williams Hamilton's Philosophy (Exame da Filosofia de Sir William Hamilton)*; e estudei cuidadosamente a *Philosophie Positive (Filosofia Positiva)* de Comte. Gradualmente reconheci as limitações da inteligência humana e sua incapacidade de compreender a natureza de Deus, apresentada como infinita e absoluta. Rejeitei a oração como absurda blasfêmia, pois que um Deus onisciente não podia necessitar de minhas sugestões; nem um Deus todo bondade, os meus pedidos. Mas Deus desaparece da vida diária dos que nunca oram; um Deus pessoal que não seja uma providência é uma superfluidade, e quando do céu não sorri amorosamente o Pai, esse converte-se em espaço vazio onde não ressoa o clamor do homem. Não podia eu vislumbrar então conceito superior do divino que o oferecido pelos ortodoxos, conceito que se desvaneceu inevitavelmente tão logo o analisei.

Um dia eu disse ao Sr. Scott:

– Posso escrever um tratado sobre a natureza e existência de Deus?

Olhou-me fixamente e me respondeu:

– Ah, mocinha! Quer você, por fim, enfrentar este problema? Eu já sabia que chegaria este momento. Escreva.

Em manuscrito ainda esse folheto, ocorreu um sucesso que devia matizar toda a minha vida: encontrei-me com o Sr. Charles Bradlaugh. Um dia, em fins de primavera, falava com a Sra. Conwey, firmíssimo e delicado caráter que me coube na sorte conhecer, e a quem, como a seu esposo, muito devo por sua generosidade quando me encontrava na pobreza e tinha reduzidos amigos ... Ela me perguntou se eu havia estado alguma vez na Sala da Ciência, na rua Old. Respondi-lhe estúpida e ignorantemente, seguindo o preconceito das gentes, como infelizmente se costumava:

– Não; nunca estive ali. O Sr. Bradlaugh é um orador impetuoso, não é verdade?

Ela respondeu: "É o melhor orador anglo-saxão que jamais ouvi, exceto talvez John Bright, e a influência que exerce sobre os ouvintes é maravilhosa. Concorde ou não com suas ideias, você deverá ouvi-lo".

Num dia do mês seguinte de julho, em busca de algumas publicações de Comte, entrei numa livraria de Edward Truelove, nome que eu havia visto como editor quando estudava no Museu Britânico. Vi na vitrina um exemplar do *National Reformer* e o comprei atraída pelo título. Lia-o tranquilamente no bonde a caminho da estação Victoria, e achando-o admirável, regozijava-me com a leitura, quando, ao erguer a vista, vi um senhor ancião que me observava com certo horror, a julgar por toda a sua aparência. Ver uma mulher jovem, decorosamente vestida de luto, lendo um jornal ateu, devia ser algo terrível, capaz de perturbar sua paz mental. Ele olhava o jornal com tanta insistência, que tentada estive de lho oferecer, mas reprimi minha maliciosa intenção.

Este primeiro número do jornal, com o qual havia de chegar a ter íntima relação, trazia a data de 19 de julho de 1874 e continha duas extensas cartas do Sr. Arnold de Northampton contra o Sr. Bradlaugh, e uma resposta breve e extremamente moderada deste. Havia também um artigo da *National Secular Society*, pelo qual me inteirei da existência de uma organização dedicada à propaganda do Livre-Pensamento. Compreendi que era meu dever, existindo tal sociedade, pertencer a ela e escrevi uma breve nota ao editor do *National Reformer*, perguntando-lhe se era necessário professar o Ateísmo antes de ser admitida na Sociedade. A resposta apareceu no próprio jornal, e dizia assim:

"*S. E.* – Para ser-se membro da *National Secular Society* basta aceitar sinceramente os quatro princípios publicados em 14 de junho, e qualquer pessoa pode fazê-lo, sem se declarar ateia. Mas, francamente, não nos parece lógico o meio termo entre a aceitação completa da autoridade, como no caso da Igreja católica romana, e o racionalismo mais extremado. Se depois de ler os princípios da Sociedade, estiver disposta a aceitá-los, lhe reiteramos nosso convite."

Enviei meu nome como membro ativo e o vi registrado no *National Reformer* de 9 de agosto. Havendo recebido uma comunicação de que os sócios de Londres podiam retirar seus certificados das mãos do Sr. Bradlaugh, todos os sábados à noite, na Sala da Ciência, apresentei-me ali a 2 de agosto de 1874. Pela primeira vez meus pés pisaram, então, o salão do Livre-Pensamento.

O salão estava repleto, e à hora anunciada para a conferência estrugiu um ruidoso aplauso. Um homem de elevada estatura atravessava rapidamente a sala para a tribuna. Correspondeu à saudação acalorada com uma ligeira inclinação de cabeça: – O Sr. Charles Bradlaugh ocupou sua cadeira. Olhei-o com interesse, impressionada e surpreendida: um rosto grave, tranquilo, sereno, duro; cabeça grande, olhos penetrantes, fronte magnífica, alta e larga... era este o homem que me haviam descrito como ruidoso agitador ou ignorante demagogo?

Começou a falar pausada e tranquilamente, fazendo notar a semelhança entre os mitos de Krishna e Cristo; à medida que estudava os diversos extremos da questão, sua voz adquiria força e sonoridade, até que vibrou na sala como uma trombeta. O tema me era familiar e pude apreciar seu estudo: seu conhecimento era tão profundo como esplêndida a sua linguagem. Eloquência, fogo, sarcasmo, sentimento, paixão, de tudo se servia para atacar a superstição cristã, até que o numeroso auditório, arrastado pela dominadora força do orador, permaneceu silencioso, pendente de suas palavras; reteve a respiração, e, ao terminar sua magnífica peroração, quebrou-se o encanto e a tensão se transformou numa salva de aplausos.

Desceu da tribuna com alguns certificados na mão, olhou ao seu redor e se dirigiu a mim, dizendo: "Sra. Besant? ". Depois, aludindo à minha pergunta sobre a profissão de Ateísmo, me disse que desejava falar comigo, se lhe fixasse uma entrevista, e me ofereceu um livro, de que havia se servido durante a conferência. Algum tempo depois, perguntei-lhe como havia me conhecido, sem haver-me visto antes, e como pudera vir tão diretamente a mim. Sorriu e me respondeu que não sabia, mas que, olhando os rostos, esteve certo de que eu era Annie Besant.

Desde aquele primeiro encontro na Sala da Ciência, data uma amizade, que durou até que a morte rompeu o vínculo terreno, se bem que para mim perdure mais além do sepulcro e nos mantenha unidos. Conhecemo-nos como amigos, não como estranhos; foi um súbito reconhecimento ao se encontrarem nossas vistas. Agora sei que aquela instintiva simpatia era efeito de uma íntima amizade de outras vidas, e que naquele dia de agosto renovamos um antigo laço; não atamos outro. Em vidas futuras voltaremos a nos encontrar para nos ajudarmos mutuamente, como o fizemos nesta.

Permiti-me agora recordar, como fiz antes, se bem que nunca poderei explicar com palavras a magnitude de meu reconhecimento. Algumas de suas prudentes frases se gravaram em minha memória: "Nunca afirme que tem uma opinião sobre um assunto até que tenha estudado os mais fortes argumentos que se aduzam contra o modo de ver a que você se inclinar". "Não se julgue conhecedora de uma matéria até que se tenha familiarizado com o que, a respeito dela, dizem as mais preclaras mentalidades". "Não se pode realizar um sólido trabalho em público, se não se estuda em casa muito mais do que se fala fora". "Seja seu mais severo juiz, escute suas próprias práticas e critique-as; leia tudo quanto se escrever contra você e busque nisso a parte de verdade que contém". "Não malbarate o tempo inteirando-se das opiniões que sejam meros ecos da sua; antes, leia as que estejam em desacordo e descobrirá aspectos de verdade antes desconhecidos".

Durante nossa longa camaradagem, foi o mais severo, embora o mais benévolo dos críticos. Fez-me observar que num partido como o nosso, onde por nossa educação e conhecimentos éramos superiores aos que conduzíamos, era fácil conquistar cegos louvores e injustificadas admirações; mas que, por outra parte, receberíamos dos cristãos injúrias e ódios igualmente injustificados e cegos. Era, por conseguinte, necessário que fôssemos para nós mesmos severíssimos juízes e que conhecêssemos bem o que quiséssemos ensinar. Com estas advertências me livrou da superficialidade a que podia conduzir-me minha "fatal facilidade de palavra", e quando comecei a saborear o veneno do aplauso, facilmente conquistado, sua crítica sobre os pontos débeis, sua discussão sobre os argumentos pouco seguros, seu experimentado juízo, foram de inestimável utilidade para mim, e hoje posso dizer que se de algo vale meu labor, provém em grande parte de sua influência que, ao mesmo tempo, me estimulava e moderava.

Uma de suas encantadoras características era sua extremada cortesia na vida privada, especialmente para com a mulher. Aquela amabilidade exterior que se assentava tão graciosamente a sua sólida constituição e soberba figura, dando às suas maneiras tão peculiar fascinação, era mais de estrangeiro que de inglês, pois estes em geral são muito corteses na Corte e pouco fora dela. Perguntei-lhe certa vez onde havia aprendido aquelas maneiras tão pouco inglesas (tirava o chapéu para fazer uma pergunta a uma empregada ou para oferecer a mão a uma mulher que subisse um coche), e me respon-

CHARLES BRADLAUGH

deu meio sorridente, meio irônico, que somente na Inglaterra o consideravam um pária da sociedade; que na França, Espanha ou Itália era sempre bem recebido pela gente de categoria superior, e que supunha que inconscientemente se havia contaminado de suas exóticas maneiras. Além disso, era de todo indiferente aos convencionalismos de posição social; tratava de igual modo ao nobre como ao artesão; não parecia observar as distinções a que o homem dá tanta importância.

Nossa primeira conversação, depois de havermos nos encontrado no Salão da Ciência, realizou-se um ou dois dias depois no seu pequeno estúdio da rua Turner, uma modesta e pequenina estância, repleta de livros e na qual ele parecia fora de lugar. Soube, mais tarde, que ele fracassara em seus negócios devido à perseguição dos cristãos, e que, resolvido a evitar a quebra, havia vendido tudo quanto possuía, exceto seus livros. Enviara sua esposa e filhas a viver no campo com seu sogro e alugara os reduzidos aposentos na rua Turner, onde podia viver com insignificante quantidade, e comprometendo-se a pagar as dívidas que contraíra em consequência de suas lutas pela liberdade política e religiosa.

Levei comigo o manuscrito de meu ensaio: "Sobre a Natureza e Existência de Deus", que serviu de base para nossa conversação. Notamos que havia leves diferenças em nossos pontos de vista. "Você entrou no Ateísmo sem o saber" – me disse – e o único ponto que corrigi em meu ensaio foi o erro vulgar de atribuir aos ateus a afirmação: "Não há Deus", que substituí pela inserção de uma passagem indicada pelo Sr. Bradlaugh.

Atingido este ponto da história de minha vida, é necessário que exponha claramente a posição que mantive, durante tantos anos, como ateia, pois do contrário a minha ulterior evolução como teósofa seria de todo incompreensível. Quiçá serei obrigada a entrar na metafísica, o que parecerá árido a alguns leitores, mas se se deseja compreender a evolução de uma alma, convém enfrentar os problemas que se lhe apresentam em seu crescimento. É tão mal compreendida a posição de filósofo ateu, que se torna indispensável dá-la a conhecer. Os teósofos, quando menos, verão que a Teosofia foi somente um passo para um conhecimento maior, porque torna racional e, portanto, aceitável a mais alta espiritualidade que a mente humana pode conceber.

A fim de conciliar minhas passadas convicções com as presentes, reconstruirei a exposição do seguinte capítulo, com dados dos folhetos que escrevi quando adotei a filosofia ateísta e enquanto fui sua aderente. Não poderão, assim, culpar-me de haver mitigado minhas antigas opiniões com o intuito de reconciliá-las com as que agora sustento.

Capítulo VII

O Ateísmo: como o conheci e ensinei

O primeiro passo pelo qual se abandona a ideia de um Deus pessoal e limitado, de um Criador extracósmico, e leva o estudante para aquele ponto onde divergem o ateísmo e o panteísmo, é o reconhecimento de que, na infinita diversidade dos fenômenos naturais, jaz uma substância única, o discernimento do Uno oculto no Múltiplo. Dei este passo antes de encontrar com o Sr. Charles Bradlaugh. Havia escrito:

"É evidente para todos os que se deem ao trabalho de pensar intensamente, que só pode existir uma eterna e original substância, e que matéria e espírito são suas manifestações distintas. Distinguiu-se a matéria do espírito para maior conveniência e clareza, do mesmo modo que distinguimos a percepção do juízo, sendo ambos processos do pensamento. A matéria em seus elementos constituintes é igual ao espírito; A existência é *una*, apesar da multiplicidade de seus fenômenos; una é a vida, não obstante a multiformidade em sua evolução. Assim como o calor do carvão difere do carvão em si, também a memória, a percepção, o juízo, a emoção e a vontade diferem do cérebro que é o instrumento do pensamento. Todavia, tudo são produtos de uma só e única substância, distinta apenas em suas condições... Inclino-me a crer que uma só substância me circunda; que o universo é eterno, ou, quando menos, eterno até onde alcança nossa compreensão, já que não podemos, como atrevidamente têm pretendido alguns, 'abarcar a parte exterior do todo'; que a Divindade não pode se conceber separada do Universo; que o obreiro e a obra estão entrelaçados inextricavelmente e, em certo sentido, eterna e indissoluvelmente combinados. Deste ponto de vista procedo a examinar a possibilidade de que existe uma essência, popularmente chamada *Deus,* sob as condições estritamente definidas pela ortodoxia. Depois de demonstrado, como confio fazê-lo, que a ideia ortodoxa de Deus é irracional e absurda, procuraremos averiguar se nos é acessível *alguma* ideia de Deus, digna de chamar-se ideia, no atual estado de nossas faculdades". "A Divindade deve ser necessariamente aquela única e só substância da qual tudo procede sob as incriadas condições e eternas leis do Universo. Deve ser, como Theodore Parker estranhamente afirma, 'a materialidade da matéria e a espiritualidade do espírito', isto é, ambos têm de ser produtos de uma só substância. Esta verdade é admissível se se consideram matéria e espírito como diversas modalidades de uma essência. Assim identificamos a substância com a energia natural que tudo penetra e vivifica, resumindo à impossibilidade física a existência do Ser descrito pelos ortodoxos como sendo um Deus possuidor dos atributos da personalidade. A Divindade se identifica com a natureza, é coextensiva com o Universo, mas deixa de existir o Deus dos ortodoxos. Podemos mudar o significado da palavra Deus e usá-la para expressar ideia diferente; mas não podemos indicar com ela um ser pessoal no sentido ortodoxo, dotado de uma individualidade que o separa do resto do universo."[7]

Buscando se era possível ter *alguma* ideia de Deus, cheguei à conclusão de que faltava a prova de um Poder consciente, e de que não convenciam as demonstrações ordinárias, pois só podíamos perceber os fenômenos e nada mais. "Parece também possível uma mente na natureza, apesar de havermos visto que, estritamente falando, é im-

---

[7] *On the Nature and Existence of God* - 1874 (*Sobre a Natureza e a Existência de Deus*). (Nota ed. em inglês)

possível o que chamamos inteligência. Não pode existir a percepção, a memória, a comparação ou o juízo; mas não poderia haver uma mente perfeita, imutável, tranquila e silenciosa? Falham nossas faculdades quando tentamos definir a Divindade, expondo-nos a contradições e absurdos; contudo, deduz-se disso que não existe? Creio que a negação de Sua existência tanto como Sua definição ultrapassam os limites de nosso poder mental. Pretendemos conhecer o Desconhecido quando o declaramos Incognoscível, e incognoscível é para nós atualmente; mas sê-lo-á sempre em outras possíveis etapas de existência? Chegamos à impenetrável região; aqui falham nossas faculdades humanas: inclinemos nossa cabeça ante 'o umbral do ignoto' ".

Canta Alfred Tennyson, o poeta da metafísica:

"E o ouvido do homem não pode ouvir e seus olhos não podem ver;
Mas se pudessem ver e ouvir, a visão não seria Ele?"

"Se pudéssemos ver e ouvir" ... Ai! Sempre há um 'se' "![8]

Os dois princípios do ateísmo sustentados pelo Sr. Bradlaugh e por mim eram: recusar a fé sem prova e declarar que havia algo "atrás do fenômeno" incognoscível para o homem, tal como no presente está organizado.

Em1876, o Sr. Bradlaugh confirmou claramente este postulado na sua obra: *Compêndio do Livre-Pensamento*. Dizia na página 118: "Convém determinar sucintamente o ponto de vista do ateu, porque nenhuma atitude é mais contínua e persistentemente tergiversada. O ateísmo carece de Deus; não afirma que Deus *não* existe. Um ateu diz: Não sei o que quereis significar por Deus; não tenho nenhuma ideia de Deus; esta palavra é um som que não me dá clara nem distinta afirmação. Não nego a Deus, porque não posso negar o que não concebi e cujo conceito, pelo afirmante, é tão imperfeito que não mo pode definir".

O ateu não afirma nem nega a possibilidade de fenômenos distintos

---

[8] *On the Nature and Existence of God* - 1874 (*Sobre a Natureza e a Existência de Deus*). (Nota ed. em inglês)

dos que reconhece a experiência humana... Seu conhecimento do Universo é tão extremamente limitado e imperfeito, que se recusa a negar ou afirmar as modalidades de existência do que nada sabe. Além disso, recusa-se a crer em tudo concernente ao que desconhece, e sustenta que o que não pode ser objeto de conhecimento nunca deveria ser matéria de fé. Se bem que o ateu não afirma nem nega o que lhe é desconhecido, nega o que é contrário ao conhecimento já adquirido. Por exemplo: sabe que um é um e que três vezes um são três, e nega que *três vezes um* sejam ou possam ser um. O critério do ateu é claro e razoável: nada sei sobre Deus; portanto, não creio n'Ele; o que de Deus me explicais se contradiz, logo é inacreditável. Não nego a Deus, algo desconhecido para mim; nego o vosso Deus que é impossível. Não tenho Deus."[9]

Até 1887 escrevi também neste sentido: "Ninguém pode racionalmente afirmar: *Não há Deus,* até que esta palavra tenha para seu sustentador significado definido, até que todo o existente lhe seja conhecido, mas conhecido daquele modo que Leibnitz chama "conhecimento perfeito".

"Começa a negação dos deuses por parte do ateu, quando se tenta defini-los ou descrevê-los, porque nunca se definiu Deus em termos que não sejam evidentemente contraditórios e absurdos; nunca o descreveram de maneira que o pensamento humano possa concebê-lo.... Nada se consegue tampouco quando os defensores da Divindade alegam que é incompreensível. Se Deus existe e é incompreensível, Sua incompreensibilidade é admirável razão para não se falar d'Ele; isso não justifica as afirmações contraditórias nem a ameaça de condenação das pessoas que não aceitam."[10].

"A crença do ateu se detém onde se detém o evidente. Crê na existência do Universo porque julga adequadas as provas que dele tem e nele encontra causa suficiente para a ocorrência de todos os fenômenos. Não sente satisfação intelectual colocando atrás do universo um gigantesco enigma que torna ainda mais ininteligível o

[9] *The Gospel of Atheism* - 1876 (*O Evangelho do Ateísmo*). (Nota ed. em inglês)

[10] *Why I do not Believe in God* - 1887 *(Por que não creio em Deus)*. (Nota ed. em inglês)

problema da existência, já de si difícil. Nossos pulmões não estão acostumados a respirar além da atmosfera que circunda nosso globo, e nossas faculdades não podem respirar tampouco fora da atmosfera do fenomênico".[11]

E resumia este ensaio com as palavras: "Não creio em Deus; minha mente não encontra base sobre a qual possa edificar fé raciocinável; meu coração se rebela contra o espectro de uma Onipotente indiferença pela dor dos seres sencientes; minha consciência se rebela também contra a injustiça, a crueldade, a iniquidade que nos rodeiam. Mas creio no Homem; em seu poder redentor, em sua transformadora energia, em seu próximo triunfo por meio do conhecimento, do amor, do trabalho".

Este modo de considerar a vida colore naturalmente todas as ideias sobre ela e a existência da alma, e aqui começa a profunda diferença entre o ateísmo e o panteísmo. Ambos afirmam uma existência atualmente inescrutável pelas faculdades humanas e da qual todos os fenômenos são modalidades. Para o ateu esta Existência se manifesta como inconsciente e cega Força-Matéria, e para o panteísta, como consciente e inteligente Vida-Matéria. Para o primeiro, vida e consciência são atributos, propriedades dependentes das combinações da matéria; para o segundo, são fundamentais, essenciais e tão só limitados em sua manifestação pelas combinações da matéria.

Apesar da atração que em mim exerciam os luminosos argumentos de Spinoza, não pude subtrair-me ao irresistível império da ciência, e isto me levou a buscar entre os biólogos e os químicos a explicação dos problemas da vida e da mente. Eles que tanto haviam feito e explicado, não podiam explicar tudo? Pensei que o único terreno seguro era o da experimentação, e a recordação da angustiosa dúvida que noutro tempo havia eu sofrido me fez cautelosa em crer no que não podia provar. Inclinava-me a considerar a vida como atributo, e isto fortalecia o meu ateísmo. "Observada cientificamente, a vida não é uma entidade, mas uma propriedade; não é um modo de existência, mas uma característica de certas modalidades. A vida é o resultado de uma combinação

[11] *Why I do not Believe in God* - 1887 *(Por que não creio em Deus).* (Nota ed. em inglês)

de matéria, e quando se efetua o reordenamento, o primeiro resultado não pode subsistir; chamamos morte ao resultado das alterações desse ordenamento. Vida e morte são duas adequadas palavras para expressar o resultado de duas combinações de matéria, uma das quais precede sempre a outra."[12]

Depois de haver tomado esse exemplo da química, tomei outro de uma daquelas surpreendentes e facilmente percebidas analogias, com igual facilidade vistas como expostas, o que tem sido sempre um dos segredos de meu êxito como propagandista. Tais analogias se imprimem como quadros na mente dos ouvintes com vivo sentido de realidade. "Todos conhecem a maravilhosa irisação da madrepérola, a delicadeza e suavidade de seus matizes que se entrefundem e resplandecem com branda radiação. Quão diferente é a opaca e mortiça superfície de um pedaço de cera! E, contudo, tomai-a e amoldai-a tão estreitamente à superfície da madrepérola que receba todas as delicadas estrias da concha e o irisado esplendor de sete matizes vos sorrirá da superfície antes incolor. Porque, embora imperceptíveis à simples vista, inumeráveis estrias sulcam a superfície da madrepérola, tanto quanto num campo recentemente arado, e raios de luz chocam-se contra a sua superfície e se quebram como as ondas da encosta alcantilada, e depois retrocedem com as que de novo avançam. Um raio de branca luz se quebra em ondas de sete cores de diferente longitude; separadamente os refletem as miudíssimas estrias e cada raio fere o olho de modo que a cor da madrepérola é um reflexo das ondas luminosas, e se produz por determinada combinação de matéria. Deem-se à opaca e escura cera as mesmas estrias e os mesmos sulcos, que emulará a formosa madrepérola. E aplicando o exemplo, diremos que, do mesmo modo que a cor corresponde a um ordenamento de matéria e a superfície incolor a outro, assim a vida é o resultado de certos ordenamentos e a morte de outros".[13]

Aplicava o mesmo raciocínio à existência do *espírito* no homem e arguia que a atividade mental, o domínio do *espírito* dependia da orga-

[12] *Life, Death, and Immortality* - 1886 *(Vida, Morte e Imortalidade)*. (Nota ed. em inglês)

[13] *Ibidem.*

nização corporal. Quando o menino nasce, não mostra sinal algum de mentalidade; durante certo tempo o apetite e a saciedade, o frio e o calor são suas únicas sensações. Lentamente começam os sentidos a funcionar, e mais lentamente ainda, os movimentos musculares, primeiro por reflexo e sem propósito e depois ordenada e conscientemente dirigidos. Em tudo isto, não se distingue nenhum espírito inteligente que governe um mecanismo; o que vemos é uma inteligência que aprende e se desenvolve paralelamente com o organismo de que é uma função. À medida que cresce o corpo, cresce a mente: a mente infantil do menino se torna a mente impetuosa, meio instruída, precipitada no juízo e pouco equilibrada do adolescente. Com a maturidade dos anos vem a maturidade mental, e corpo e mente chegam a seu completo vigor e plenitude. Advém a velhice e se debilitam as funções corporais, e com elas as da mente, até que na senectude ambos se submergem numa segunda infância. Decaiu com o organismo o imortal espírito ou mora qual doente prisioneiro em sua "casa de argila"? Se é assim, ou o espírito é inconsciente ou está separado da individualidade da que se supõe essência, porque o ancião não sofre quando envelhece sua mente, mas está satisfeito como uma criança.

Não somente no corpo e na mente observamos o constante e simultâneo crescimento e decadência, mas também sabemos que as funções mentais podem desordenar-se e mesmo suspender-se em determinadas condições físicas. O álcool, várias drogas, e a febre perturbam a mente; uma pancada no crânio suspende suas funções e o "espírito" volta com a intervenção do cirurgião. Toma parte o espírito nos sonhos? Está ausente no idiota, no lunático? É culpável de homicídio quando o demente mata ou então vigia impotente seu próprio instrumento quando executa ações que o fazem estremecer? Se tão só pode trabalhar por meio de um organismo, muda sua natureza quando consegue vida independente, separado de tudo aquilo com que se havia identificado? Em seu "estado incorporal" pode ter algo em comum com o seu passado?[14]

---

[14] *Life, Death, and Immortality* - 1886 *(Vida, Morte e Imortalidade)*. (Nota ed. em inglês)

Como se vê, minha incredulidade sobre a existência da "Alma" ou "Espírito" era fruto de um raciocínio frio e sereno. Escrevia em 1885: "Para muitos de nós é preciso que a prova preceda a fé. Muito contente creria, se pudesse, que em 1885 cessaria neste mundo toda miséria, todo crime, toda pobreza. Mas eu não posso ter fé numa improvável proposição, a menos que se apoie em convincente prova. Muito improvável é a imortalidade; não há prova alguma em seu favor, e não me é possível crer tão só porque a desejo".[15]

Esta foi a filosofia que vivi de 1874 a 1886, ano em que algumas investigações, que exporei oportunamente, me conduziram à prova que havia buscado em vão. Então começou a debilitar-se a confiança depositada nas teorias que satisfizeram meu intelecto no período da tempestade, do tumulto e da luta, ao mesmo tempo que ideais superiores de moralidade alimentavam meus sentimentos. Chamei-me, com razão, ateia, porque carecia de Deus e meu horizonte terminava na vida terrena. Sentia então orgulho desta palavra, cara ainda hoje para mim, pelas recordações que com ela se relacionam. "Ateu é um dos elevadíssimos títulos que pode ostentar o homem; é a Ordem de Mérito dos heróis do mundo; ateus têm sido os mais insignes inventores, os mais profundos filósofos, os mais ardentes reformadores, os mais labutadores pioneiros do progresso. Gritou-se esta palavra sobre a tumba de Copérnico, lançou-se na fogueira de Bruno; vociferaram-na contra Vanini, Spinoza, Prieslty, Voltaire, Paine; foi o laurel do herói, a auréola do mártir. Na história do mundo significou vanguarda do progresso, e quando se pronuncia, estai seguros de que se dá um novo passo para a redenção da linhagem humana. Muito amiúde perseguiram-se os salvadores do mundo por ateus, os quais foram, depois, adorados como deuses. Os ateus são a vanguarda do exército do Livre-Pensamento; sobre eles recai o fragor do combate e contra eles se vibram os mais duros golpes; seus pés pisam os abrolhos do caminho para que incolumemente possam outros trilhá-lo depois; seus corpos enchem os abismos para que se convertam em ponte que permita a ou-

[15] *Life, Death, and Immortality* - 1886 *(Vida, Morte e Imortalidade)*. (Nota ed. em inglês)

tros marchar para a vitória. Honra aos sapadores do progresso; honra à vanguarda do exército da Liberdade; honra aos que, para melhorarem a terra, esqueceram o céu e os que, em seus zelos pelo homem, esqueceram a Deus!"[16]

Tal era, brevemente exposto, o conceito do Universo que eu havia adquirido à custa de muito sofrer, e em torno do qual, como íntimo centro, se desenvolveu minha vida durante doze anos. Este bosquejo mostrará, talvez, que a Filosofia ateística está muito mal compreendida, quando a repelem como vil ou a condenam como intelectualmente degradada. Transcende as deidades antropomórficas e nos coloca frente a frente da natureza aberta a todas as suas purificadoras e fortalecedoras inspirações. Diz a Filosofia ateística: "Só há uma oração racional: a profunda e silente adoração da grandiosidade, beleza e harmonia de tudo quanto nos rodeia, reveladas nos reinos da vida irracional e na humanidade. Quando inclinamos nossa cabeça ante as leis universais e modelamos nossa vida obedecendo à sua voz, sentimos que invade nosso coração uma vigorosa e tranquila paz, uma perfeita confiança no póstero triunfo da justiça, uma serena determinação de sublimar nossa vida".

"Ante nossos mais elevados ideais, ante as vidas dos homens ilustres que nos mostram quão alto chega o fluxo da vida divina no mundo humano, permanecemos em silêncio e com a face velada. Deles recebemos forças para emulá-los e ainda nos atrevemos a lutar para superá-los. A contemplação do ideal é verdadeira oração: inspira, fortalece, enobrece; a outra parte da oração é o trabalho; da contemplação para a obra, da floresta para as ruas. Estudar as leis da natureza, conformar-se e trabalhar em harmonia com elas é uma oração e uma ação de graças, uma adoração à sabedoria universal, uma verdadeira obediência à lei universal".[17]

Para uma mulher de meu temperamento, cheia de apaixonado desejo de melhorar o mundo, de elevar a humanidade, um código

---

[16] *The Gospel of Atheism* - 1876 (*O Evangelho do Ateísmo*). (Nota ed. em inglês)

[17] *On the Nature and Existence of God* - 1874 (*Sobre a Natureza e a Existência de Deus*). (Nota ed. em inglês)

superior de moral tinha muito mais valor que um lógico conceito intelectual do universo. A perda de toda fé num Deus justo me afirmou mais extremadamente na obrigatória natureza do dever e na suprema importância da conduta.

Em 1874 esta convicção me induziu a escrever o folheto intitulado: "A Verdadeira Base da Moral", e durante todo o tempo de minha propaganda da tribuna da *National Secular Society*, o tema predominante de minhas conferências era a moral humana e o dever do homem para com o homem. A importância da moral era meu constante pensamento, e assim o proclamei desde o começo de minha carreira pública. Falando do perigo que existia "nesta época de agitada investigação", de prescindir das antigas sanções sobre a reta conduta antes que as novas se estabeleçam solidamente, escrevi: "O dever de quem luta nas fileiras do Livre-Pensamento e se atreve a atacar os dogmas da Igreja e destruir as superstições que escravizam o intelecto humano é não desarraigar as sanções morais se previamente não pôde substituí-las; e não destruir, antes de estar preparado para edificar outras melhores, as barreiras que mais ou menos debilmente evitam o vício e reprimem o crime. O que afeta a moralidade, afeta o coração da sociedade; uma elevada e pura ética é o sangue vital da humanidade; os erros da fé são inevitáveis e momentâneos: mas os erros da conduta despedaçam a felicidade, e suas destrutivas consequências se estendem em todos os sentidos. É, portanto, importantíssimo para nós, que procuramos apartar o mundo da autoridade em que até agora apoia toda sua moralidade, que lhe ofereçamos nova e firme base sobre a qual possamos construir o formoso edifício de uma nobre vida".

Analisava então a revelação e a intuição como base ética, e rejeitando-as, afirmava: "A verdadeira base da moral é a utilidade, isto é, a adaptação de nossas ações ao fomento do bem-estar e felicidade geral, o esforço de regular nossa vida para que sirva e beneficie o gênero humano". E provava minha tese demonstrando que a busca da felicidade implicava no esforço para a virtude. "A virtude é parte indispensável de toda verdadeira e sólida felicidade.... Depois de tudo, se vivemos num reino governado pela lei, é racional que a felicidade seja a pedra de toque do justo e do injusto. Da obediência à lei deve necessariamente resultar harmonia, e da desobediência, discórdia; mas se a obediência à lei produz harmonia, deve também produzir felicidade. Em toda natureza, a obediência à lei motiva felicidade, e por meio dela todo o ser vivente alcançará a perfeição de seu ser, e nesta perfeição encontrará sua verdadeira felicidade".

Pareceu-me indispensável subtrair a moral das controvérsias religiosas e dar-lhe base própria. "Já que o difícil problema da existência de Deus é matéria de contínua discussão, é de suma importância para a sociedade que não se arraste a moral para esse campo de batalha, onde resistiria ou vacilaria ante as diversas hipóteses, que a mente humana às vezes cria e às vezes destrói, sobre a natureza divina. Se conseguirmos fundamentar a ética sobre base distinta da teologia, teremos prestado incalculável serviço à humanidade".

Um estudo dos fenômenos naturais e das consequências da vida do homem na sociedade me pareciam suficientes para assentar tal base. "Nossas faculdades não conseguem explicar-nos Deus, mas bastam-nos para estudar os fenômenos e deduzir leis de fatos correlativos. Seguramente que agiríamos sabiamente concentrando nossa força e nossas energias em descobrir o alcançável em lugar de andar à busca do incognoscível. Se nos dizem que a moral é a obediência à suposta vontade de um ser, imaginando-o moralmente perfeito, porque assim fazendo agradamos a Deus, nos colocamos na região onde são inúteis nossas faculdades e onde falha nosso juízo. Mas se nos dizem que devemos viver nobremente, porque a nobreza de vida é apetecível por si mesma, porque deste modo atuamos em harmonia com as leis da Natureza, porque difundimos a felicidade ao nosso redor e proporcionamos alegria aos nossos companheiros, fazemos vibrar melodiosamente as cordas de nosso coração".

Concentrei todas as minhas energias para estabelecer esta base segura, pois para mim era o supremo momento. "Em meio do febril movimento da sociedade, com suas cruas teorias e suas reformas sociais, com sua justa rebeldia contra a opressão e suas consideradas noções de mais ampla liberdade e de maior bem-estar, é de vital importância que a moralidade se assente sobre inamovível base, a fim de que, através de todas as humanas revoluções políticas e religiosas, possa expandir-se a vida mais pura e mais nobre; possa levantar-se para ordenada liberdade, não submergir-se na anarquia. Tão só a utilidade pode oferecer-nos segura base, base que, por sua racionalidade, tanto a aceitará o estudioso pensador como o ignorante artífice.

A utilidade chama a todos por igual, e desperta os móveis que jazem em todo coração humano. Bom será para a humanidade que se transcendam os credos e dogmas; que se desvaneça a superstição, e que a clara luz da liberdade e da ciência alvoreça sobre a terra regenerada; mas será bom tão só se os homens estreitarem os vínculos da retidão, da honra e da verdade. É necessária e justa a igualdade ante a lei; a liberdade é direito de todo ser humano; o livre desenvolvimento individual elevará e glorificará a raça; mas pouco valerão estas inestimáveis joias, pouco valerão a liberdade e a igualdade com todas as suas promessas para o gênero humano, pouco valerá também a maior felicidade se é egoísta, se a verdadeira solidariedade, a verdadeira fraternidade, não unir o homem ao homem, o coração ao coração no leal serviço à necessidade comum, em generoso sacrifício ao bem comum".[18]

Duas coisas me pareciam necessárias para promover o desenvolvimento moral do homem: um Ideal que avivasse seus sentimentos e o impelisse à ação, e uma clara compreensão das fontes do mal e dos métodos de fazê-las secar.

Para traçar o primeiro, lancei-me com toda a paixão de meu ardente caráter, e procurei mostrar com dominantes e fascinadoras cores, a fim de que o amor e o desejo de realizá-lo impulsionassem o homem. Se a moral inspirada pelo sentimento constitui a religião, fui, em verdade, a mais religiosa das ateias, de vez que, vivendo e glorificando esse

---

[18] *The True Basis of Morality* - 1874 *(A Verdadeira Base da Moralidade)*. (Nota ed. em inglês)

Ideal, encontrei plena satisfação dos meus mais elevados sentimentos. Com o afã de dissipar a fascinação que sobre o coração humano exerce o *Man of Sorrows (Homem das Angústias),* exaltava a imagem do homem triunfante, do homem perfeito. "Com um corpo cansado e consumido, com lábios tristemente pregados em melancólica aflição pela penitência do pecado humano; com fatigados olhos fixos no céu porque desconfiava da Terra; encurvado e envelhecido pelo sofrimento e pela dor; lacerado o coração por longa angústia; decaído seu espírito sem rebeldia contra os maus-tratos: Jesus era o mais apropriado homem ideal do credo cristão. Formoso, sem dúvida, com certa patética beleza que mostra o árido trabalho terreno, eloquente expressão do sofrimento humano, mas não o modelo ao qual têm os homens de conformar sua vida se querem glorificar a humanidade.

No esplêndido contraste se eleva, beijado pelo sol e debaixo do azulado céu de estio, longe do cemitério e da torturante agonia mortal, o formoso ideal humano do ateu. De vigorosa e bela forma, perfeito o seu desenvolvimento físico como o Hércules da arte grega, radiante de amor, fero e confiado em seu próprio poder, com lábios firmemente pregados para resistir à opressão, mas terno às suaves manifestações do afeto e piedade, com profunda e aguda vista que penetra os segredos do ignoto e que repousa amorosamente sobre as belezas circundantes; com mão apta para o trabalho presente e com o coração cheio de esperança sobre as realidades futuras; fazendo a Terra feliz com a sua obra e bela com sua habilidade; este, este é o homem ideal que, como relíquia, guarda o coração do ateu. A humanidade ideal do cristão é uma humanidade escrava, pobre, mansa, decaída, humilde, submissa à autoridade apesar da opressão e da injustiça; o ideal humano do ateu é a humanidade do homem livre que não conhece senhor, que não suporta a tirania, que confia em sua própria fortaleza, que faz sua a contenda de seu irmão; altivo, sincero, leal, valente.[19]

Meu ponto de vista era unilateral; mas foi o legítimo resultado de um jubiloso temperamento oprimido durante anos pela infelicidade

[19] *The Gospel of Atheism* - 1876 (*O Evangelho do Ateísmo*). (Nota ed. em inglês)

e aspereza de uma vetusta fé; foi a reação experimentada ao sentir-me subitamente livre, satisfeita de minha liberdade, consciente de minha fortaleza e com poder para suscitar simpático entusiasmo entre aqueles que fossem conscientes de seus próprios anelos e restrições; foi o clamor da alma libertada ao encontrar apropriada expressão, e a ela responderam tumultuosamente milhares de almas prisioneiras, batendo suas asas contra as barras de suas jaulas.

Com ardente insistência lutei para que se buscasse toda inspiração na beleza e grandiosidade de que é capaz a vida humana, e com este objetivo escrevia: "Alguém dirá: vós tirais à vida toda beleza, toda esperança, todo entusiasmo, toda inspiração, e nos ofereceis o frio dever em lugar da obediência filial, inexorável lei em vez de Deus. Toda beleza da vida? Acaso, ela não existe na ideia de formar parte de uma magna vida do universo, na consciente harmonia com a natureza, no serviço fiel, nos ideais de toda virtude? Toda esperança? Eu vos ofereço mais que esperança, dou-vos certeza, e se vos exorto a que trabalheis por este mundo, é porque sei que vos recompensará com acréscimos, a sociedade será mais pura, a liberdade mais segura, a lei mais respeitada, a vida mais alegre e cheia. Que são vossos céus? Um paraíso nas nuvens! Eu vos mostro um paraíso alcançável na Terra. Todo entusiasmo? Como? Servis ardentemente um Deus desconhecido e invisível, projetada sombra de vossa imaginação, e podeis servir friamente vosso irmão, que vedes e está ao vosso lado? Não sentis entusiasmo por melhorar a sorte do infeliz, por reprimir os abusos, por estabelecer a igualdade entre o rico e o pobre? Entusiasmais-vos na igreja e não em casa, imaginando as nebulosas glórias de um céu e não criando glórias substanciais na Terra? Toda inspiração? Se só quereis inspirar-vos para sentir, será melhor que vos limiteis à vossa Bíblia e ao vosso credo; mas se quereis inspirar-vos para trabalhar, passai pela parte oriental de Londres ou pelo bairro baixo de Manchester. Sentis-vos invadido de ternura quando olhais as feridas de Jesus, morto na Judeia há tanto tempo, e não vos comovem as feridas de vosso próximo, que morre hoje em dia ao vosso redor? Derramais lágrimas por Ele e não pelos que sofrem à vossa porta? Sua paixão provoca vossa simpatia, mas não vos comoveis pelo padecimento do pobre? Dizeis que o poder é mais frio que a obediência filial; mas que entendeis por obediência filial? Não se trata da obediência ao vosso ideal de bondade e amor? Como pode, então, ser frio o dever?

Eis aqui os ideais que vos ofereço; eis aqui a Verdade, vossa Dama, a que devereis consagrar vosso intelecto; eis aqui a Liberdade, vosso Chefe, por cujo triunfo devereis lutar; eis aqui o Amor, vosso Inspirador, que influirá em todos os vossos pensamentos; eis aqui o Homem, vosso Mestre, não no Céu, mas na Terra a cujo serviço tereis que dedicar todas as faculdades de vosso ser. Falamos-vos de inexorável lei em lugar de Deus, porque temos a vigorosa certeza de que não se perde vossa vida, senão que, afinal, obtereis apreciada recompensa; que não semeareis dores, mas recolhereis felicidade; que não sereis egoístas, mas coroados de amor; que não pecareis, mas encontrareis a salvação no arrependimento. Em verdade nosso credo é austero, mas possui a formosa austeridade da Natureza. Esquadrinhai-vos e vereis que temos razão. As leis não evitam sua ação por vossa ignorância; o fogo não deixa de destruir por ignorardes seus efeitos."[20]

Com igual vigor sustentava que "a virtude leva em si a sua recompensa", e que a remuneração do além da morte era desnecessário incentivo para viver retamente. Arguiam-me: "Que poderemos responder a Srta. Cobbe, quando nos disser que o dever sem Deus e a imortalidade é sombrio e frio?" Isto é verdade para aqueles que consideram o dever como matéria de cálculo egoísta, e que são virtuosos porque esperam como recompensa uma coroa de ouro depois da tumba; mas para aqueles que, como nós, sentem o gozo do bem agir, esses trabalham porque o trabalho é útil aos nossos semelhantes; vivem honestamente porque assim contribuem para a riqueza do mundo, deixando a terra mais rica que a que encontramos; não necessitam de uma paga mesquinha após a morte, por nosso traba-

[20] *On the Nature and Existence of God* - 1874 (*Sobre a Natureza e a Existência de Deus*). (Nota ed. em inglês)

lho durante a vida, já que nele está "de sobejo contida a suprema recompensa".[21]

Mas se alguém ansioso de imortalidade me diz que nem tudo nele morre, lhe respondo: – "É verdade que o ateísmo carece de imortalidade? Que é a verdadeira imortalidade? Consiste a imortalidade de Beethoven na continuidade de sua consciência pessoal ou na sua gloriosa música, que perdurará enquanto perdurará o mundo? Havemos de buscar a verdadeira vida de Shelley na sua existência em longínquo céu, ou na palpitante aspiração à liberdade que seu lirismo suscita no coração humano, quando responde aos acordes de sua lira? A música não morre, ainda que se quebre o instrumento; o pensamento não morre, ainda que se dilacerem as fibras de seu coração, e não morre nenhum pensador insigne enquanto suas ideias ressoarem através das idades; que quanto mais potente for sua melodia, maior número de cérebros humanos a transmitirão. A imortalidade não é privativa do sábio ou do herói; é de todos, segundo a medida de seus atos; ampla vida para quem haja realizado amplo serviço; estreita vida para quem execute mísero labor; cada qual recolherá o que semear, e obterá a colheita que de justiça lhe pertencer".[22]

Este anelo de deixar atrás de si um nome que perdurasse entre os homens pelo direito adquirido ao servi-los, esta aspiração de amor e de aprovação humanos, nascida naturalmente da prática e intensa compreensão da fraternidade humana, eram os poderosos motivos que impulsionavam os mais zelosos homens de nossa geração, e que se identificaram com a causa do Livre-Pensamento. Resplandeciam nas palavras escritas e faladas do Sr. Charles Bradlaugh durante a sua vida, e amiúde havia expressado a seus amigos seu anelo de que "quando a verde relva crescesse sobre sua tumba, os homens o amassem um pouco pela obra que havia se esforçado por realizar".

Folgo em dizer que, em muitas controvérsias em que tomei parte, arguiram-se que tais motivos eram insuficientes porque se dirigiam a

---

[21] *A World without God* - 1885 *(Um Mundo Sem Deus)*. (Nota ed. em inglês)

[22] *The Gospel of Atheism* - 1876 (*O Evangelho do Ateísmo*). (Nota ed. em inglês)

naturezas eticamente evolucionadas, com exclusão do homem comum, e acima de tudo, do homem rude, carente de incentivo suficiente para agir retamente. Era muito estranha, penso agora, a instintiva certeza que dominava meu pensamento sobre a inata grandeza do homem, e que não concordava com a minha crença na sua ascendência puramente animal. Quando premida pelas argumentações de outros, retraía-me em apaixonado desdém para com aqueles que não escutassem a penetrante voz da Virtude e não a amasse por si mesma.

Formularam-me, um dia, a seguinte pergunta: "Por que devemos buscar a verdade e levar uma vida virtuosa, se não existe a imortalidade para obtermos a recompensa?" Ao que o livre-pensador respondia clara e conscienciosamente: "Não há razão para buscardes a Verdade se esta busca não vos atrai, como não há razão para viverdes nobremente se encontrais a felicidade noutra vida mais mesquinha ou vil". Ninguém pode gozar uma felicidade superior às suas capacidades: um livro pode ser de valioso interesse, mas o cão preferirá um osso. O Livre-Pensamento não tem atrativo algum para o que concentrou seu interesse no seu miserável eu, para o que só se ocupa de seus próprios fins, para o que só busca seu próprio bem-estar. Um homem semelhante será religioso com a esperança de um céu, buscará a verdade porque confiará em obter o ganho em seguida; mas a Verdade desdenha o serviço do investigador egoísta, não se deixa alcançar pela mão que apetece a recompensa. Se amar a Verdade puramente por si mesma, se viver uma vida nobre, se aumentar a felicidade dos homens, se irradiar a luz ao nosso redor, se deixar o mundo melhor que o que encontramos, não são objetivos que vos atraiam nem inspirem, não sois "dignos de ser secularistas, não tendes direito de ostentar o honroso título de livres-pensadores.

Se necessitais que vos paguem por vossa reta conduta com uma eterna vida de ócio em inútil paraíso; se necessitais que vos estimulem para viverdes nobremente; se, como cândidos meninos, aprendeis vossa lição, não para aumentardes vosso conhecimento, mas para obterdes guloseimas, é melhor que volteis para o vosso credo e para vossa igreja, que foram feitos para vós: não sois dignos de ser livres. Mas os que, havendo percebido uma réstea da beleza da Verdade, a consideram como o mais apreciado de tudo o que pode oferecer-nos o mundo; os que se dispuseram a realizar sua obra pacientemente, sem pedir outro prêmio que seu resultado, difundirão o Evangelho do Livre-Pensamento entre os homens, até que as tristes melodias em tom menor do Cristianismo hajam suspirado sua última nota na brisa do evanescente crepúsculo, e até que na aura fresca da alvorada ressoe o coro de esperança e gozo dos alegres lábios dos homens a quem, por fim, a Verdade tenha libertado".[23]

A compreensão intelectual das fontes do mal e o método de extingui-las foi a segunda pedra angular do meu sistema ético. O estudo de Darwin e Herbert Spencer, de Huxley, Buchner e Haeckel, não só me haviam convencido da verdade da teoria evolutiva, como também com a ajuda de W. H. Clifford, Lubbock, Buckle, Lecky e muitos outros, pude ver na evolução do instinto social a explicação da expansão da consciência e do fortalecimento da natureza mental e moral do homem. Se estudando as condições ambientes e aplicando a inteligência no domínio da natureza externa, havia o homem feito tantos progressos, por que não persistir nesta mesma direção até a sua completa emancipação? Tudo o que a natureza tem de mau, de antissocial, é a herança legada pelo bruto, seu antecessor, e pode eliminar-se pouco a pouco. Não deve contentar-se, no entanto, em 'deixar que o mono e o tigre morram', mas matá-los. "Devemos reconhecer francamente que o homem herda do bruto, seu progenitor, as diversas tendências bestiais que se acham em vias de eliminação. Uma delas é o selvagem desejo de combater, que tem sido estimulado, não reprimido, pela religião. Outra tendência bestial é o sensualismo do macho sobre a fêmea, sem amor, dever ou fidelidade, que também tem sido estimulada pela religião, como o provam a poligamia e o concubinato dos hebreus. Veja-se Abraão, Davi, Salomão, sem mencionar os preceitos da lei mosaica, o tropel de homens e mulheres prostituídos nos templos pagãos, e as estranhas explosões de paixão

[23] *The Gospels of Christianity and Freethought* - 1874 *(Os Evangelhos do Cristianismo e do Livre-Pensamento.* (Nota ed. em inglês)

sexual relacionadas com as missões e os movimentos religiosos. Ainda outra tendência bestial é a cobiça com o mais forte apoderando-se de tudo o que pode e atropelando o mais débil, na insana luta pela riqueza.

Como e quando modificou a religião essa tendência, quase santificada em nossa atual civilização? Todas essas tendências podem desarraigar-se no reconhecimento do dever humano, dos vínculos sociais; nada tem feito a religião neste sentido, mas a ciência, buscando sua origem em nossa bruta ancestralidade, as tem explicado, e as apresenta sua luz verdadeira. Todos nós reconhecemos que as tendências antissociais provêm das bestiais, e que o homem tem de transcendê-las para desenvolver-se; todos nós sentimos como um dever pessoal a necessidade de dominá-las para elevar-nos acima do bruto. A 'cooperação racional com a Natureza' distingue o cientista do religioso, e este coercitivo sentimento de obrigação se fortalece cada dia mais entre os que, tendo perdido sua fé em Deus, conquistaram a esperança no homem".[24]

A aceitação racional de forças que tendem para o aperfeiçoamento implicava numa ativa cooperação por meio da pureza e nobreza pessoal. Crê o ateu que o motivo mais poderoso para lutar pela perfeição pessoal é saber que o aperfeiçoamento da raça depende do esforço individual. O teísta deseja esta perfeição, mas limitada a si mesmo; se é virtuoso, sua virtude só beneficia a seus semelhantes quando o torna amável e consolador em seu trato com eles. O ateu deseja perfeição pessoal, não só pelo júbilo, perfeição e beleza que nela existem, senão porque a ciência lhe tem ensinado a unidade da raça e sabe que toda conquista sobre a parte inferior de sua natureza, todo fortalecimento do superior é uma vitória para todos e não somente para si mesmo.

Além disto, a luta contra o mal, se considerado como transitório e como necessário companheiro da evolução, perde a sua acrimônia. "O ateísmo está cheio de esperança em lugar de desesperação no que se refere ao mal. Para o Cristianismo o mal é tão permanente como o bem: existe porque Deus o permite e, portanto, por Sua vontade. A natureza humana é corruptível, inclinada ao mal, e o demônio, sem-

---

[24] *A World without God* - 1885 *(Um Mundo sem Deus)*. (Nota ed. em inglês)

pre ao nosso lado, é o causador de todo pecado e toda dor. Que esperança pode ter o cristão frente a frente com a perversidade do mundo? Como responde à pergunta: Qual é a origem do pecado? Para o ateu este terrível problema não é causa de desesperação: – o mal provém da ignorância dos fatos físicos e morais.

Primeiramente foi a ignorância das leis físicas. Os pais que vivem em casas infectas e sem ventilação, cuja nutrição é insuficiente e mal-sã, carecerão naturalmente de saúde e vitalidade; terão latente alguma doença, e é lógico que deem ao mundo filhos desnutridos, nos quais o cérebro seja a parte menos desenvolvida de seu corpo, inclinados por sua constituição aos instintos animais, mais que às faculdades humanas, e deficientes nas qualidades necessárias à vida social. O meio em que se desenvolvem, a casa, a nutrição, os companheiros, tudo é mau porque tudo tende para o vício e a criminalidade, e do mesmo modo que do campo semeado de trigo nasce a espiga, assim da semente da miséria e corrupção nasce o delito.

A origem de tudo é a pobreza e a ignorância. Educai as crianças, dai aos adultos digna compensação pelo seu honrado trabalho, e o delito diminuirá gradualmente até desaparecer. Diz o Teísmo que Deus fez o homem, e o Ateísmo declara que são as circunstâncias que o fazem, porque é o resultado do que foram os seus antecessores, do que foi e é o seu meio ambiente. Produto do passado modifica o presente, e assim, em eterna ação e reação, o efeito do passado é uma das causas do futuro. Melhorai as circunstâncias, e melhorarão os resultados, porque se formarão corpos sãos e mentes sãs, que de uma sociedade assim composta desaparecerá a enfermidade e o delito.

Nosso trabalho está repleto de esperança; não temos que lutar contra a terrível vontade de Deus; não se apresenta ante nós o desesperante futuro de um mundo cada dia mais malvado, até que chegue a hora de sua destruição, senão que confiamos no formoso e prometedor futuro de uma raça em perpétua evolução, em que leis mais justas, mais educação, mais equitativa divisão erradicarão a pobreza, destruirão a ignorância, fomentarão a independência; um futuro que será melhor por nosso esforço, mais próximo por nossa dedicação".[25]

A firme determinação de afrontar o mundo com ânimo resoluto e alegre, confiando nas próprias forças para melhorá-lo, era a característica do mais nobre Ateísmo daquela época. E, por esta razão, não somente era distinto fator em meio do egoísmo, da ostentação e da cobiça da civilização moderna, mas também esplêndida escola de altruísmo e virtude viril em meio do astuto e indolente espírito que tão amiúde se esconde debaixo do pretexto da religião.

O Ateísmo não espera que se realize a justiça num distante dia do julgamento; sente-se continuamente estimulado pelo sentimento: "Vem a noite em que ninguém poderá trabalhar". O ateu não espera um futuro pessoal, e, por isso, soma todas as suas aspirações com as da raça; incrédulo na assistência divina, luta mais intensamente pela salvação do homem. "Para nós são pouco consoladoras as afirmações da Srta. Cobbe, de que as injustiças e angústias da Terra serão depois recompensadas. Aceitando por um momento que o homem sobreviva à morte, que certeza temos de que 'o outro mundo' seja melhor que este? Assegura a Srta. Cobbe que nosso mundo é de Deus.... De quem será o outro se não também Seu? Seria Ele melhor ou mais forte lá de forma a corrigir os erros que permite aqui? Terá mudado de opinião ou terá se cansado de contemplar tanta dor?

A ideia de que o mundo esteja em mãos de um Deus que permite as atuais injustiças e misérias é para mim intolerável e enlouquecedora ante o irremediável. Se o progresso até agora conseguido é fruto da inteligência e habilidade do homem, confiamos em remediar as injustiças e dores da Terra; mas se devemos lutar contra a onipotência, o futuro do mundo se apresenta desesperador. Neste sentido, o ateu considera o bem como a meta final do mal; e crendo que o alcançá-lo depende do esforço de cada indivíduo, trabalha com a alegre certeza de que ajuda o progresso do mundo; não aspira a uma recompensa pessoal depois de sua morte, não apetece o pagamento do tesouro celeste; trabalha e ama, contente

[25] *The Gospel of Atheism* - 1876 (*O Evangelho do Ateísmo*). (Nota ed. em inglês)

de concorrer para a edificação de um futuro melhor que seu presente, satisfeito de criar uma nova Terra para uma raça mais feliz". [26]

Tal foi o credo, tal o código moral que governou meu pensamento e minha conduta desde 1874 até 1886. Em 1889 surgiram alguns receios dos quais tirei a força e a felicidade necessárias para sustentar a luta e as angústias da vida externa. Fico eternamente agradecida às teorias que me depararam tal disciplina moral e intelectual, que alimentaram minha confiança, que me inculcaram o altruísmo, que despertaram meu profundo sentimento da unidade humana, a inspiração no trabalho; mas talvez a maior gratidão que devo ao Livre-Pensamento é que predispôs minha mente para que sempre estivesse aberta às novas verdades, estimulando-me a interrogar firmemente a Natureza e a não recusar nenhuma de suas conclusões, se se fundamentam em sólidas provas, embora sejam contrárias às anteriores. Tristemente reconheço que nem todos os livres-pensadores aprenderam esta lição, mas eu trabalhei junto com o Sr. Charles Bradlaugh, e o Livre-Pensamento que nos esforçávamos por difundir era de uma inteligência sólida e um coração aberto.

O antagonismo, como veremos mais adiante, que se suscitou contra mim, desde o começo de meu trabalho de propaganda, era motivado em parte pela ignorância, em parte pelos meus diretos ataques ao Cristianismo e ao espírito combativo que eu demonstrava neles, e sobretudo por meu extremado radicalismo em política. Tive contra mim todas as crenças convencionais e todas as tradições da sociedade, e as atacava, não com débil voz e profusas escusas, mas pública e ousadamente, com o supremo deleite da luta intelectual. Sentia-me cheia de apaixonada simpatia pelos sofrimentos do pobre, pelos explorados, pelas massas fatigadas não só de meu país, mas de todas as partes, e onde quer que se atacasse a liberdade ou a justiça, ali minha pena ou minha língua rompia o silêncio. O pobre leva sempre uma cruz ígnea sobre seus ombros, e certamente que as classes acomodadas não me agradeciam que as molestasse em seu suave repouso.

---

[26] *A World without God* - 1885 *(Um Mundo sem Deus)*. (Nota ed. em inglês)

O antagonismo nascido da ignorância acreditava que o ateísmo significava degradada moralidade e vida bestial, e atacou minha conduta, não porque fosse indigna, mas pelo preconceito de que um ateu devia ser imoral. Assim um adversário cristão me acusou, em Leicester, de ensinar o amor livre, atribuindo-me a paternidade dos princípios de um livro que eu nem havia lido, pelo único fato de haver-se publicado no *National Reformer*, como em outros jornais londrinos, antes que eu houvesse visto aquela revista. Elogiou-se essa obra por sua clara exposição da teoria malthusiana, não pelo que dizia sobre o amor livre, a que o Sr. Bradlaugh era completamente contrário.

Mas não se limitaram os meus adversários a atacar-me por teorias que nunca havia sustentado, senão que, em suas pregações, os agentes da Sociedade Apologética Cristã lançaram contra mim a mais baixa acusação de imoralidade pessoal. As recriminações que se fizeram ao Reverendo Engstrom, Secretário da sociedade, motivaram vários protestos de desaprovação, mas como os culpáveis agentes continuaram em seu cargo, as escusas foram de pouco valor. Nenhuma acusação pode ser mais grosseira, nenhuma calúnia mais infundada que as divulgadas por esses homens, amargurando minha vida durante longo tempo, ofendendo minha dignidade, manchando meu bom nome. Realmente havia de chegar o dia em que, sem preocupação alguma e por meu amor ao mísero, eu lançaria à rua a minha reputação, mas então nada havia feito para merecer tais ataques.

Mesmo escritores eruditos, que tinham a obrigação de conhecer o assunto mais profundamente, lançaram acusações violentas e destrutivas contra o ateísmo. Assim, a Srta. Frances Power Cobbe escrevia na *Contemporary Review* que a perda da fé em Deus ocasionaria a secularização ou *destruição* de todas as catedrais, igrejas e capelas. "Por que – escrevi em resposta – têm de ser destruídas as catedrais, igrejas e capelas? O ateísmo utilizaria, não destruiria, os formosos edifícios que, dedicados um dia a Deus, poderiam depois ser consagrados ao homem. Por que destruir a Abadia de Westminster com seus extraordinários arcos, suas esplêndidas tonalidades de suaves e ricas cores, com sua leve escultura, e que parece feita de nuvens, com sua penumbra sonhadora e sugestiva como 'a úmbria da rocha em terra árida'? Não deve destruir-se, mas consagrar-se ao homem. Certamente será melhor trasladar para outro lugar os rechonchudos querubins que revoluteiam sobre as tumbas dos guerreiros, ao redor dos canhões e das bandeiras, onde suas desajeitadas formas não estraguem a graça das colunas e arcadas. Mas o esplêndido edifício em que até agora ressoaram os cânticos dos exóticos salmos e as prédicas das loucuras orientais, se fará depois eco da majestosa música de Wagner e Beethoven, e os futuros maestros poderão desvendar ali, ante as apinhadas multidões, as belezas e maravilhas do mundo. As torres e os ápices não devem ser demolidos, mas não serão já símbolos de uma religião que sacrifica a Terra ao Céu, o Homem a Deus".[27]

Muito mal julgados saímos das burlas e dos ataques que doutos e ignorantes fizeram ao ateísmo, chegando a ser considerados, como disse o cardeal Manning, como um simples rebanho.

A pureza moral e a elevação do ensinamento ateísta foram negligenciadas por aqueles que escutaram apenas os duros ataques que lancei contra a teologia cristã. Certo é que concentrei todas as energias de meu cérebro e de minha palavra em desacreditar as doutrinas da eterna tortura, da redenção expiatória, da infalibilidade da Bíblia, e que expliquei cruamente a história da igreja cristã, suas perseguições, suas guerras religiosas, suas crueldades, suas opressões. Dolorida pela mortificação que me infligiam, indignada pela cruel opressão continuamente infligida pelos cristãos aos livres-pensadores, e ameaçada continuamente de processo, identificava o Cristianismo com a tirania política e social do clericalismo, esgrimi contra a igreja todas as armas que a história, a ciência, a crítica e a erudição podiam proporcionar-me. Eloquência, sarcasmo, chacota, de tudo me servi para abrir brecha no muro da crença tradicional e da crassa superstição.

Sempre disposta a discutir e a raciocinar, me opunha sempre a toda tentativa de se aceitarem os dogmas cristãos por coação. "A ameaça de

[27] *A World without God* - 1885 *(Um Mundo sem Deus)*. (Nota ed. em inglês)

coação e as penas legais e sociais contra o incrédulo, nunca darão nascimento à fé, virtude que tem de ser conquistada pelo raciocínio, e nunca impor-se por castigo: a perseguição que amarga o forte e torna hipócrita o débil, jamais conseguiu nem conseguirá sincera conversão".[28]

Se em nosso país se pode agora pensar e falar abertamente, se na igreja se tem difundido um espírito mais amplo, se a heresia não é considerada moralmente desonrosa, deve-se em grande parte à ativa e militante propaganda levada a cabo, sob a direção do Sr. Charles Bradlaugh, de quem fui a mais íntima e fiel amiga. Reconheço que minha palavra foi, naquela época, excessivamente mordaz; que ignorei os serviços prestados pelo Cristianismo, e somente pus em evidência os seus crimes, cometendo assim uma injustiça. Mas destes erros me corrigi tão pronto abandonei o campo ateu, e eram defeitos pessoais, não da filosofia que sustentava. Minhas lutas principais eram justas e necessárias; convinha que de muitos púlpitos cristãos se ouvisse o eco dos ensinamentos dos livres-pensadores; que se despertasse a mente do homem; que se ampliasse seu conhecimento, e ainda que eu condene a desnecessária causticidade de minha linguagem, alegro-me de haver participado da educação da Inglaterra, tornando impossíveis para o futuro as grosseiras superstições do passado e a repetição das crueldades e injustiças que os antigos hereges sofreram.

Meus extremados pontos de vista em política eram a causa principal do ódio que se suscitou contra mim. Não me ocupei da política como tal, pois não podia tolerar seus inevitáveis compromissos; mas me interessava ardentemente tudo quanto se referia à vida do povo. A questão agrária e do imposto, o custo da Casa Real, o obstrutivo poder da Câmara dos Lordes foram as campanhas em que intervim. Sustentava naturalmente a autonomia dos povos e era apaixonada adversária de toda injustiça cometida às nações mais débeis, de maneira que fui sempre contrária ao sistema governamental daquela época. Levantei minha voz em todos os bairros populosos londrinos, contra nossa agressiva e oprimente política na Irlanda, Transvaal, Índia, Afeganistão, Birmânia

[28] *The Christian Creed* - 1884 *(O Credo Cristão).* (Nota ed. em inglês)

e Egito, a fim de despertar a consciência do povo e fazer-lhe sentir a imoralidade de uma política de piratas e usurpadores. Lutei contra a guerra, a pena capital, a de açoites; pedi educação nacional em lugar de canhões, bibliotecas públicas em vez de navios de guerra, e não é de estranhar que me denunciassem como agitadora e incendiária, e que a ortodoxa sociedade me volvesse com desdém suas costas respeitáveis.

Capítulo VIII

Na obra

Depois de haver estudado as ações internas, retornemos à própria ação, e vejamos qual foi a vida externa que se nutria de tais fontes.

Eu disse antes que minha amizade com o Sr. Charles Bradlaugh havia começado na primeira entrevista. Depois de nossa conversação na rua Turner, veio visitar-me em Norwood. É digno de mencionar que recusou meu primeiro convite, advertindo-me que pensasse detidamente antes de recebê-lo em minha casa. Segundo me explicou, a sociedade inglesa o odiava de tal modo que todos os seus amigos sofriam por isso, e que por esta razão eu também pagaria alto preço por nossa amizade. Ele veio ver-me, quando respondi-lhe reiterando meu convite e dizendo que estava disposta a pagar o preço. Sua profecia se cumpriu, pois até se afastaram alguns dos que se manifestavam livres-pensadores. Contudo, a fortaleza e felicidade que encontrei em sua companhia compensaram mil vezes as perdas ocasionadas, e nunca me assaltou a mais leve sombra de arrependimento por lhe haver estreitado a mão em 1874 e conquistado o mais nobre amigo que jamais poderia uma mulher encontrar.

Nunca me falou duramente; nunca, nas discrepâncias, jamais tentou destruir meu julgamento, nem impor-me seu ponto de vista. Discutimos todos os pontos de divergência como iguais amigos, procurava preservar-me de todo sofrimento, e compartilhava aqueles de que não se podia desviar. De suas ternuras, de sua simpatia, de seu generoso amor procede toda a felicidade que desfrutei durante minha tormentosa vida. Foi o homem mais altruísta que conheci, e tão paciente como forte. Minha viva e impulsiva natureza encontrou nele a força moderadora de que necessitava, o domínio que não tinha.

Em nossos raros momentos de folga era a mais jovial das companhias. Durante muitos anos me visitou habitualmente todas as manhãs, depois de haver passado horas inteiras recebendo os necessitados que precisavam de conselhos sobre questões legais ou de outra natureza, pois era o verdadeiro advogado dos pobres, sempre disposto a socorrê-los e aconselhá-los. Trazia seus livros e manuscritos, e se punha a escrever, horas a fio, enquanto eu igualmente me concentrava em meu trabalho, trocando, de vez em quando, algumas palavras. Não se interrompia até a hora de comer ou de cear, e ainda depois o reatávamos até às 22 horas (deitava-se sempre cedo quando podia), regressando essa hora a sua casa, a uns três quartos de milha de distância da minha. Às vezes jogávamos naipe, nosso jogo favorito, e quando nosso trabalho era mais grave e intenso, reservávamos um dia para folga, e então se convertia numa criancinha transbordante de alegria e cheia de agudezas de pensamento e palavra.

Todos os arredores de Londres guardam gratíssima memória de nossas excursões. Richmond, onde atravessávamos a pé seu vasto parque e nos sentávamos à sombra de suas frondosas árvores; Windsor, com seus bosques de samambaias; Kew, onde tomávamos o chá em um exótico aposento; Hampton Court, com sua beleza selvagem; Maidenhead e Taplow, com seu rio encantador, e, sobretudo, Broxmourne, onde o Sr. Bradlaugh se deleitava passando o dia com sua vara de pescar, vagando ao longo do rio, de que conhecia todos os remansos. Ele era hábil pescador e me iniciava nos mistérios da arte, tranquilamente desdenhoso ante minha aversão pelo peixe, uma vez feito prisioneiro.

Naqueles dias me falava de suas esperanças no futuro, de seu trabalho, de seu dever para com os milhares de indivíduos que o consideravam seu guia, de quando se sentaria no Parlamento como deputado por Northampton, e poderia conseguir que se transformassem em leis os projetos de reforma pelos quais lutava então com sua pena e sua palavra. Quão amiúde manifestava seu amor pela Inglaterra, sua admiração pelo seu Parlamento, seu orgulho por sua história! Vivamente sensível pelas negras manchas que havia nela por causa das iníquas guerras de conquista, dos cruéis danos infligidos aos povos dominados, era, não obstante, inglês de todo coração, mas sentindo antes de tudo que o inglês, pelo seu mesmo poder, tinha o dever de compreender as necessidades dos povos dominados e de fazer-lhe voluntariamente justiça, pois não tinha valor algum se a isso fosse obrigado. Não foi súbito seu serviço à Índia nos últimos anos de sua vida; havia falado dela e a havia defendido durante mais de um ano, na imprensa e na tribuna, antes de ser deputado no Parlamento.

Poucos dias depois de nossa entrevista, o Sr. Bradlaugh me ofereceu um lugar na redação do *National Reformer,* e o que assim ganhava semanalmente – um guinéu tão somente, pois os reformadores nacionais são sempre pobres – era um bem-vindo aumento aos meus modestos recursos. Meu primeiro artigo apareceu no número de 30 de agosto de 1874, com o pseudônimo de "Ajax", e escrevi na revista regularmente até a morte do Sr. Bradlaugh. De 1877 em diante fui Subdiretora para evitar-lhe o aborrecimento do trabalho material e a fadiga de ler as provas, e durante uma parte deste tempo também fui Codiretora. Escrevi primeiro com pseudônimo, porque a publicação de meu nome nas colunas do terrível *National Reformer* poderia prejudicar o trabalho que eu estava fazendo para Scott, e até que estivesse terminado não me senti livre para usar meu próprio nome. Desde então assinei todos os meus artigos no *National Reformer* e publiquei anonimamente os que eu escrevia para o Sr. Scott.

O nome de Ajax me foi sugerido pela famosa estátua de "Ajax implorando a luz", da qual se admira uma reprodução no passeio central do Palácio de Cristal de Sydenham. O clamor pela luz em meio da obscuridade, ainda que a luz fosse destrutiva, suscitou vivíssima simpatia em meu coração:

> "Se nosso fado é morrer,
> Dai-nos luz e morramos".

Ver, conhecer, compreender, ainda que a visão nos cegue, o conhecimento nos entristeça, a compreensão dissipe nossas mais caras esperanças, tal tem sido o anelo da mente lutadora! Alguns consideram esta aspiração como sinal de debilidade ou loucura; eu estou convencida de que ela existe potentíssima em alguns dos mais nobres de nossa raça, e de que tem brotado muito amiúde dos lábios daqueles que mais se sacrificaram para aliviar o peso da ignorância dos sobrecarregados e encurvados ombros do mundo. Surge da escuridão vazia como um grito suplicamente e apaixonado:

> "Dê luz"!

Havia chegado o momento de utilizar o dom de palavra que possuía, descoberto na Igreja de Sibsey, e de comover com ele corações e cérebros de toda terra inglesa. Em 1874 fiz minha primeira tentativa e desde 1875 empunhei definitivamente esta valiosa arma, e continuei usando-a desde então. Falei pela primeira vez durante uma festa, intervindo numa discussão privada, e percebi que minhas palavras fluíam fácil e suavemente. A segunda vez foi durante uma discussão na abertura dominical do museu e galeria de arte da *Liberal Social Union.* Realizei minha primeira conferência no Instituto Cooperativo a 25 de agosto de 1874. O Sr. Greening, Secretário da sociedade então, segundo me parece, me havia convidado a ler um artigo, deixando-me escolher o assunto. Decidi que minha primeira conferência pública fosse em benefício de meu sexo, e escolhi o tema: "Condição política da mulher", e depois o escrevi.

Mas foi uma pessoa muito nervosa que se apresentou ante o público da Cooperativa naquela tarde de agosto. Quando se visita o dentista, ao chegar ao último degrau, sente-se um irresistível desejo de escapar dali, antes que ele abra a porta e olhe o visitante com um sorriso de piedosa superioridade e perverso triunfo; naqueles momentos o mundo se obscurece e a vida parece um enorme despropósito. Pois bem, tudo isso é nada comparado com o estado de ânimo, as palpitações de coração, o tremor das pernas que se apossa da infeliz conferencista quando avança para o seu primeiro auditório e percebe diante de si a terrível visão de um mudo orador em frente das figuras atentas que escutam... a voz que não sai!

Porém, para a minha grande surpresa, estes sentimentos de angústia desapareceram tão logo me pus de pé e contemplei o auditório. Desde a primeira palavra até a última, não senti tremor nem nervosismo, e ao ouvir minha voz ressoando sobre o atento auditório experimentava um sentimento de potência e prazer, não de temor. Desde aquele dia até hoje, minha experiência tem sido sempre a mesma: antes da conferência estou terrivelmente nervosa, desejando encontrar-me nos confins do mundo. Bate meu coração violentamente e, às vezes, me assalta mortal enjoo; mas, ao pôr-me de pé, me sinto perfeitamente tranquila, domino a massa e a mim mesma. Amiúde zombo mentalmente de meus temores, porque sei que hei de recobrar a serenidade ao começar a falar, mas não posso evitá-los, embora sabendo que são passageiros, o tremor e o terror físico. Dizem-me às vezes: "Estais enferma para subir o estrado", e sorrio debilmente, afirmando que estou muito bem, e tenho observado que quanto mais nervosa me sinto na antessala, melhor falo ao subir no tablado.

Realizei minha segunda conferência na capela de Sr. Moncure D. Conway, a 27 de setembro, e a repeti semanas depois na Capela Unitária, da qual era ministro o Reverendo Peter Dean. Ocupei-me nela da "Verdadeira base da moral". Posteriormente foi publicada num folheto e obteve profusa circulação.

Isto foi tudo o que fiz como conferencista em 1874, se bem que trabalhei silenciosamente nas lutas eleitorais de Northampton, por onde havia se vagado um lugar na Câmara dos Comuns, por morte de Charles Gilpin. O Sr. Bradlaugh havia disputado aquele distrito como radical em 1868, obtendo 1.086 votos, e de novo em fevereiro de 1874, com 1.653, dos quais, pelo menos, 1.060 eram duplos votos, enquanto que os seus quatro oponentes tiveram só 113, 64, 21 e 12 duplos votos, respectivamente. Este partido formou a compacta massa dos sequazes fiéis e leais que deviam conquistar a cadeira para seu chefe em 1880, depois de doze anos de acérrima luta para conseguir sua reeleição até chegar ao triunfo final.

A confiança destes sequazes para com aquele a quem chamavam "nosso Charles", não vacilou um instante, e a mantiveram firme tanto nas situações adversas como nas favoráveis, quando foi proscrito e quando triunfou. Seu amor era profunda e ardente adoração, tanto honrosa para eles como preciosa para ele.

Vi o Sr. Bradlaugh chorar como um menino diante de suas manifestações de afeto; ele, a quem nenhum perigo intimidava, que não retrocedia ante o ódio, nem alterava a austera imobilidade de seu rosto frente ao inimigo. Férreo ante a inimizade, era doce como uma mulher ante a amabilidade; inflexível como ferro na pressão, era flexível como cera no amor. John Stuart Mill teve a perspicácia de compreender seu valor e a ousadia de reconhecê-lo publicamente, sustentando sua candidatura e contribuindo com dinheiro para os gastos de sua eleição. Em sua autobiografia, escreve: "O Sr. Bradlaugh foi o sustentáculo da classe operária; ouvindo-o falar, compreendi que era um homem de capacidade, e demonstrou ser o reverso do demagogo ao opor-se abertamente à prevalecente opinião do partido democrático em dois importantes pontos: o malthusianismo e a representação proporcional. São homens desta classe que, participando do sentimento democrático da classe operária, julgam por si mesmos os assuntos políticos e têm o valor de sustentar suas convicções individuais contra a oposição popular; segundo me parece, são necessários no Parlamento; e não creio que as opiniões antirreligiosas do Sr. Bradlaugh, embora as expressasse de um modo imoderado, devam excluí-lo dele".

Diz-se que o apoio prestado pelo Sr. Mill à candidatura do Sr. Bradlaugh por Northampton lhe havia custado sua própria cadeira por Westminster, e pode ser bem verdade, tão dura era a intolerância naqueles tempos. Sobre isto dizia o próprio Sr. Mill: "Fiz o que devia, e se ainda estivesse pendente a eleição, agiria do mesmo modo".

Nas eleições de setembro de 1874, as segundas daquele ano, pois as gerais haviam sido realizadas em fevereiro, e nelas o Sr. Bradlaugh, que então se achava na América, foi apresentado e vencido, fui a Northampton para narrar na *National Reformer* os incidentes eleitorais, e no fragor da luta passei alguns dias.

O partido liberal era mais implacável contra o Sr. Bradlaugh que o conservador, e fez esforços sobre-humanos para encontrar um candidato que impedisse, quando menos, o retorno do Sr. Bradlaugh, e que dividindo os votos dos liberais e radicais permitisse a vitória de um conservador em vez de um detestado radical. Os Srs. Bell, James e Dr. Pearce se apresentaram em cena para desaparecer em seguida; os nomes de Jacob Bright e Arnold Morley se insinuaram inutilmente; sussurrou-se o de Ayrton; Bernal Osborne recomendou o Major Lumley; o Dr. Keanealy se autoproclamou, disposto a salvar os liberais. Convidou-se o Sr. Tillet, de Norwich, e o Sr. Cox, de Belper, mas nenhum consentiu em opor-se a um bom radical que havia lutado nas eleições de Northampton e que havia sido escolhido pelos operários radicais durante seis anos. Finalmente, o banqueiro William Fowler aceitou o encargo de entregar a representação do distrito liberal e radical a um conservador, e nisso teve êxito, dando a candidatura ao Sr. Mereweather, reputadíssimo advogado conservador. O Sr. Bradlaugh teve 1.766 votos, aos quais se acrescentaram 133 obtidos nas eleições anteriores de fevereiro.

Estas eleições me ofereceram a primeira experiência de algo parecido a uma revolta. Os violentos ataques que os liberais lançaram contra o Sr. Bradlaugh e as perversas calúnias propaladas contra ele, referentes à sua vida privada e a relações familiares, haviam quase enlouquecido de raiva a nós, que o conhecíamos e amávamos. E quando se soube que os artifícios inescrupulosos dos liberais triunfaram, entregando o distrito a um conservador, a exasperação eclodiu numa aberta violência.

Um exemplo bastará para mostrar a crueldade das calúnias de que foi vítima o Sr. Bradlaugh. Sabia-se que estava separado de sua esposa, e seis adversários se aproveitaram desta circunstância para dizer que, sendo ateu e, portanto, oposto ao matrimônio, havia abandonado sua mulher e filhos, e deixado estes num asilo. Poucos conheciam a causa da separação, porque o Sr. Bradlaugh, honradamente cavalheiresco para com a mulher, não havia intentado nunca salvar sua própria reputação à custa da que foi sua esposa na juventude e mãe de seus filhos. Mas em sua morte, seu único filho manifestou, por devoção à memória de seu pai, a dolorosa verdade: que a Sra. Bradlaugh se entregava à bebida; que durante muitos anos ele a suportou e fez o que pôde para salvá-la, mas que, finalmente, sem esperança de remédio, desfez seu lar, deixando sua esposa sob o cuidado de seus pais no campo, juntamente com seus filhos, ao passo que ele trabalhava para sustentá-los. Ninguém teria agido mais generosa e prudentemente em tão penosas circunstâncias, caindo talvez em extremado quixotismo ao ocultar o real estado do caso e deixar que o público manchasse seu nome.

Seus partidários de Northampton desconheciam os fatos, mas estavam convencidos de sua retidão e nobreza, e os ferozes ataques contra o seu caráter pessoal os incendiaram de cólera.

Durante a eleição houve violentas lutas por causa das calúnias, e o povo transbordou suas paixões ao vê-lo derrotado por tão insensatas armas. Hospedava-se o Sr. Bradlaugh num hotel, depois do escrutínio, quase exausto, quando se precipitou para ele o proprietário, rogando-lhe que saísse para acalmar a multidão, pois do contrário se cometeria um assassinato no Palmerston, quartel-general de Fowler. A populaça forçava já a porta e os vidros das janelas haviam sido quebrados por uma chuva de pedras. Prostrado como estava, levantou-se e correu velozmente para salvar os que o haviam caluniado e vencido. Pôs-se diante da porta derrubada então, separou dela os mais violentos, afastou a multidão, exortou-a à calma e, finalmente, a dispersou. Mas às nove horas tinha que sair de Northampton para tomar em Queenston o vapor de passageiros para os Estados Unidos, e após sua partida, a multidão se amotinou de novo. Leu-se no pregão de ordem pública que se reclamou o auxílio das tropas e voaram as pedras quebrando janelas e cabeças, se bem que não com graves danos. Os principais prejudicados foram "Palmerston" e a redação do *Mercúrio,* órgão dos liberais, pois suas portas e janelas desapareceram completamente.

No dia seguinte regressei a minha casa, e, em seguida, adoeci de grave congestão pulmonar. Apenas restabelecida, saí de Norwood para estabelecer-me em Westbourne Terrace, Bayswater, onde permaneci até 1876.

No mês seguinte, janeiro de 1875, depois de haver pensado seriamente e perscrutado meu ânimo, decidi consagrar-me ao trabalho de propaganda como livre-pensadora e reformadora social, servindo-me, na luta, de minha palavra e de minha pena. Pensei antes no que podia custar-me a resolução, sabendo que não somente feriria os sentimentos dos novos amigos que eu havia conquistado, mas também me expunha a perder a custódia de minha filhinha. Um ateu era considerado como fora da lei, sujeito aos seus castigos, mas privado de sua proteção, e pensei que minha atitude podia acarretar-me uma série de conflitos onde perderia e nada ganharia. Mas o anelo de difundir maior liberdade e pensamento mais lógico, de lutar contra a intolerância e a superstição, de tornar o mundo mais livre e melhor que o que encontrei, me impeliram com irresistível força. Parecia-me ouvir a voz da Verdade ressoante no campo de batalha: "Quem se erguerá por mim? Quem me proclamará?" E me lancei com ardente entusiasmo e gritei resolutamente: "Aqui estou; enviai-me!"

Nunca me arrependi da decisão, tomada na soledade e mantida entre o fragor da vida do mundo, de consagrar-me à sagrada causa da liberdade com toda a força de minha mente e de minha palavra.

A responsabilidade do orador público, que luta na imprensa e na tribuna para modificar um tanto a mentalidade de sua época, que influi no ânimo de milhares de leitores e ouvintes anos após anos, é solene para mim. Creio que não pode haver outra missão maior nem mais sagrada. A palavra escrita e falada suscita forças cujo alcance ninguém pode calcular; influi no cérebro de inumeráveis indivíduos desconhecidos para quem a escreve ou a pronuncia, e trabalha para o bem ou para o mal no transcurso do tempo. Consciente da grandeza da missão e da solenidade do dever que assumia, jurei a mim mesma e à causa que tanto amava, não poupar nenhum esforço necessário para tornar-me digna do benefício de servi-la; de ler, estudar e educar minhas faculdades, polir minha linguagem, disciplinar meu pensamento, ampliar meus conhecimentos. Posso dizer que, embora muito tenha escrito e falado, muito mais estudei e pensei, e que não ofereci à minha Senhora, a Verdade, o que nada teria me custado.

No mesmo ano de 1875, em que me lançava ao mundo como paladino público do Livre-Pensamento, fundou-se a Sociedade Teosófica, à qual o meu pensamento livre devia conduzir-me. Pensei amiúde, com satisfação, que ao mesmo tempo que comecei a proferir minhas conferências na Inglaterra, H. P. Blavatsky trabalhava nos Estados Unidos, preparando as bases sobre as quais, em 1875, se ergueria a Sociedade Teosófica. Com mais profundo regozijo ainda li seus escritos nos quais afirmava que o nobre trabalho realizado pelo Sr. Charles Bradlaugh e por mim havia facilitado o caminho da Teosofia na Inglaterra.

A luta não tardou a começar com algumas estranhas escaramuças. Eu era membro da *Liberal Social Union,* e uma noite se levantou uma discussão sobre a admissibilidade de ateus na Sociedade. O Dr. Zerffi declarou que não pertenceria a ela se se admitissem ateus, eu imediatamente declarei meu ateísmo e que a base da *Union* era a liberdade de pensamento. Como resultado, me senti isolada, e aqueles que me haviam demonstrado calorosa cordialidade só porque não era cristã, começaram a olhar-me com desdém porque meu ceticismo ultrapassava os 'limites do pensamento religioso'. Logo a *Liberal Social Union* não quis me reconhecer, mas pouco me importei com a estreiteza mental daquele núcleo mesquinho, tendo diante de mim maior campo de atividade.

Comecei definitivamente meu trabalho de conferencista em janeiro de 1875, em *South Place Chapel,* sob a Presidência do Sr. Moncure D. Conway, tendo aparecido no *National Reformer* o seguinte anúncio: "A Sra. Annie Besant (Ajax) fará uma conferência em *South Place Chapel,* Finsbury, sobre *A Liberdade Civil e Religiosa".* Assim deixava meu pseudônimo e me apresentava à peleja com viseira erguida, o que havia de provocar uma ridícula manifestação de intolerância. Naquele mesmo tempo a Sociedade Dialética me convidou para realizar uma conferência e escolhi o tema "A Existência de Deus". Faço notar, de passagem, que os jovens estudantes e oradores escolhem sempre os mais árduos temas para seus discursos; mas à medida que aumenta seu conhecimento, aumenta sua modéstia; e atualmente, depois de 18 anos de trabalho na tribuna, me sinto mais duvidosa do que o era no princípio, a respeito de minha capacidade para tratar adequadamente dos problemas da vida.

Fazia alguns anos que a Sociedade Dialética celebrava suas reuniões numa sala que lhe alugava a *Social Science Association.* Quando os seus membros foram reunir-se como de costume, em 17 de fevereiro, encontraram a porta trancada e tiveram que parar na escada. A *Social Science* considerou que a conferência de Ajax era demasiado forte para seus nervos e negou acesso à sala de reuniões. E assim eles e Ajax se refugiaram no Hotel Charny Cross, comentando alegremente as esquisitices da intolerância religiosa.

Em 12 de fevereiro comecei minha turnê de conferências pelas províncias, e depois de falar em Birkenhead, tomei o último trem da noite para Gasglow. Naquele dia houve corrida de cães, creio eu, e os viajantes que, como eu, aguardavam o trem, eram muito desagradáveis. Alguns amigos de Birkenhead me haviam reservado um compartimento e estiveram comigo até a saída do trem; mas apenas haviam saído, a porta foi aberta por um porteiro e um homem empurrado para o assento. Pouco a pouco se pôs em pé, e enquanto olhava vagamente para o dinheiro que lhe escapava da mão e rolava pelo solo, notei com horror que estava embriagado. A situação não me foi muito agradável, pois o trem era expresso e demoraria a parar. Meu repugnante companheiro de viagem demorou-se algum tempo no chão procurando suas moedas espalhadas; em seguida, levantou-se lentamente e então notou minha presença. Observou-me por algum tempo e depois propôs que se fechasse a janela, ao que assenti, querendo evitar a menor discussão, presa como estava de mortal terror. Encontrava-me sozinha, de noite, com um homem não bastante ébrio para perder o conhecimento, mas o suficiente para não se dominar. Nunca me senti tão atemorizada. Vejo-o ainda cambaleando diante de mim, ofuscados os olhos e caídos os lábios, mas permaneci sentada e aparentemente tranquila, como é meu instinto em ocasiões de perigo, até encontrar a porta de escape; apenas segurava fortemente o canivete que tinha em meu bolso, desesperadamente resolvida a usar minha frágil arma assim que surgisse a necessidade. Aproximava-se de mim com olhar malicioso, quando ouvimos um rumor estridente, e o trem reduziu sua velocidade.

Que é isso? – balbuciou o bêbado.

Freiam o trem a fim de parar – respondi lenta e distintamente, apesar de que me era difícil pronunciar com calma minhas medidas palavras, por causa da impressão recebida.

O homem se sentou estupidamente e me contemplou atônito. Um minuto depois parava o trem na estação e então desapareceu minha impassibilidade; de um salto fui à janelinha, chamei o guarda e lhe expliquei que viajava sozinha e que um homem meio ébrio estava em meu compartimento. Com a habitual amabilidade do empregado ferroviário, o guarda me fez mudar minha bagagem para outro carro, e ali me encerrou, vigiando-me cuidadosamente em cada estação, até deixar-me sã e salva em Glasgow.

Ali me reservaram a aposento num hotel *temperance* [29], e, pareceu-me algo tão novo e solitário estar "tudo por minha conta" em um hotel estranho numa cidade estranha, que precisei sentar-me e chorar. Este sentimento, ao qual não cedi orgulho, foi provavelmente motivado pela melancolia e sujeira do ambiente que me rodeava. As circunstâncias melhoraram em nossos dias, mas naquela época os hotéis

[29] Hotel em que não há bebidas alcoólicas. (Nota ed. brasileira)

temperance careciam de limpeza. A abstinência de bebidas alcoólicas e a sujeira não parecem correlativos necessários, ainda que raramente tenha encontrado um desses hotéis em que a água fosse empregada abundantemente para outro fim a não ser como bebida.

De Glasgow fui para o Norte, Aberdeen, onde encontrei severíssimo e esclarecido auditório. Nenhuma voz rompeu o silêncio da sala quando eu entrei; nenhum murmúrio quando subi ao estrado e encarei o público. Os prudentes escoceses não estavam dispostos a aplaudir à primeira vista um estranho; queriam saber primeiro de que trataria. Escutaram-me em mortal silêncio; eu não conseguia comovê-los; eram de granito como a sua cidade, e até me agradaria arrojar-lhes minha cabeça, se com isso pudesse quebrar a dura muralha. Passados vinte minutos, uma frase feliz provocou a manifestação de um filho dos *Covenanters*[30]; rebati-o prontamente, explodiram os aplausos, quebrou-se o gelo e nunca mais tive que me queixar da frieza do auditório de Aberdeen.

Voltei a Londres. Longa e árdua era a viagem num compartimento de terceira classe, no frio mês de fevereiro; mas a obra envolvia tal prazer que compensava em excesso a falta de comodidade física, e minha vida descobria uma nova felicidade ao encontrar sua missão no mundo.

Em 28 de fevereiro, ocupei pela primeira vez a tribuna do Salão da Ciência, e os secularistas me receberam com as calorosas boas-vindas com que sempre distinguiram aqueles que algo sacrificam para ingressar em suas fileiras. Aquela sala me recorda amarguíssimas lutas, muitas vitórias e não poucas derrotas, mas em todas elas me senti afetuosamente acolhida. O amor e a valentia com que me sustentaram compensou mil vezes os humildes serviços que tive a fortuna de prestar à causa da liberdade, enquanto permaneci em suas fileiras, e eu não quero que em mim se manifeste a menor amargura pela hostilidade que me demonstraram quando a dor e a cólera pela minha renúncia ao materialismo e ateísmo os levou a faltar à justiça e à cortesia.

No que se refere à minha saúde, devo dizer que as conferências atuaram como um tônico. Sempre havia sido delicado o estado de

[30] Reformistas. (Nota ed. brasileira)

meus pulmões, e quando consultei o médico sobre a possibilidade de um trabalho da tribuna, me respondeu: "Pode matá-la ou curá-la", e curou completamente meus débeis pulmões, que se fortaleceram e vigorizaram.

Seria fastidioso seguir passo a passo o trabalho de dezoito anos. Selecionarei somente, aqui e ali, os incidentes que sirvam para ilustrar o conjunto, se bem que antes quero observar que as frequentes acusações, de que fomos vítimas eu e outros, de aderirmos à propaganda do Livre-Pensamento pelas vantagens que oferecia, contrastavam grotescamente com os fatos. Certa vez estive oito dias em Northumberland e Durham, pronunciei doze conferências e saí com um déficit de onze *shillings*. Naturalmente que isso não aconteceu quando meu nome, mercê de duríssimo trabalho, começou a granjear fama, mas imagino que todo conferencista secularista vos falaria de modo semelhante ao referir-se à primeira época de sua atividade. O certo é que, desde o Sr. Bradlaugh até o último de nós, poderíamos ter sido competentes em qualquer outra espécie de trabalho com relativa facilidade, contando ao mesmo tempo com a aprovação do público em vez da sua geral oposição.

No princípio, quase todas as minhas conferências foram realizadas entre Northumberland e Durham, onde ministrava conferências aos mineiros, gente astuta e de mente obtusa, mas cordialíssima para com aqueles que lhes inspiram confiança. Em Seghill e Bedlington, dormi em suas choupanas e me acolheram carinhosamente em sua mesa. Recordo-me vivamente de uma tarde, em Seghill, depois de minha conferência, em que meu hospedeiro, mineiro também, convidou uns doze camaradas seus para cear comigo. A conversação girou sobre política, e logo percebi que meus companheiros conheciam mais a fundo a política inglesa, julgavam com maior sagacidade os sistemas governamentais; numa palavra, estavam mais capacitados para falar em política que muitos dos homens que se encontram "na *sociedade*". Pertenciam à classe *"inculta"* que os *"senhores"* desprezam, e careciam, portanto, do direito ao voto, mas politicamente eram mais cultos e mais aptos para cumprir os deveres do cidadão do que os seus superiores em escala social. Quão bem me recordo de uma viagem de dez milhas[31] no carro de um açougueiro para pronunciar uma conferência num povoado afastado da estação ferroviária. Foram tantas as sacudidas que sofremos naquela rota pedregosa, que, na chegada, me parecia ter os ossos quebrados, e temia desabar como um saco de pedras ao encontrar-me na tribuna. Quão amáveis foram, então, aqueles valentes e cordialíssimos mineiros! Como se interessaram por meu bem-estar! Quão maternais foram as mulheres! Ah! Se os adversários que não me conheciam foram amiúde cruéis e malignos, tive, como recompensa, o amor e o respeito dos humildes; sua devoção superou o ódio de outros e, em muitos momentos, foi bálsamo para meu fatigado e dolorido coração.

No mês de junho de 1875, ao proferir uma conferência em Leicester, deparei-me pela primeira vez com uma falsa acusação que trouxe-me dolorosa aflição e mais sofrimento do que eu gostaria de narrar. Na discussão que se seguiu à conferência, um cristão enfurecido acusou-me de ser a responsável por um livro intitulado *The Elements of Social Science (Elementos da Ciência Social)*, segundo ele *The Bible of Secularists (A Bíblia dos Secularistas)*. Nunca havia ouvido citar esse livro, mas tendo o interlocutor declarado que favorecia a abolição do matrimônio, e que o Sr. Bradlaugh professava as mesmas ideias, desmenti-o imediatamente, porque, embora ignorasse o conteúdo da citada obra, eu sabia muito bem que o Sr. Bradlaugh era, em matéria de matrimônio, mais bem conservador que revolucionário. Detestava a doutrina do amor livre e tomou parte ativíssima na agitação que dirigiu Josephine Butler tão heroicamente, durante anos.

De regresso a Londres, procurei naturalmente o livro e me inteirei do seu conteúdo. Soube que o havia escrito um doutor em medicina, fazia anos, tendo seu autor enviado um exemplar ao *National Reformer*, como a outras revistas, para crítica, segundo o costume do comércio editorial. Constava de três partes: a primeira defendia, do ponto de vista da ciência médica, o que vulgarmente se chama amor livre; a segunda era puramente médica; a terceira era uma clara e hábil

[31] 16 km. (Nota ed. brasileira)

exposição da lei de povoação de Malthus, e seguindo as orientações de John Stuart Mill, insistia sobre o dever dos matrimônios de limitar voluntariamente o número de filhos de acordo com os seus meios de subsistência. O Sr. Bradlaugh, ao fazer-lhe a crítica, disse que o livro fora escrito "com honrado e puro propósito", e recomendava aos operários o conhecimento da lei de povoação. Seus inimigos se apegaram a esta recomendação para afirmar que ele participava dos pontos de vista do autor sobre a dissolubilidade do laço matrimonial, e apesar de suas reiteradas negativas, aludiam a essa obra contrária ao matrimônio, como se fossem suas as ideias que ela continha.

Era difícil conceber algo mais mesquinho e abjeto, mas estas foram as armas que contra ele empregaram durante toda a sua vida indivíduos cuja conduta contrastava tão desfavoravelmente com a sua. Não podendo encontrar nos escritos do Sr. Bradlaugh nada que servisse a seus propósitos, lançaram mão dessa obra para prejudicá-lo ante os que não conheciam diretamente a sua opinião. No fundo, o que temiam não eram as suas ideias sobre o matrimônio, conservadoras, como disse antes, mas seu radicalismo e ateísmo. Para desacreditá-lo como político, o caluniaram socialmente, e o mais conveniente e certeiro punhal era declará-lo partidário da abolição do matrimônio e do lar. Estas vis insinuações originaram penosíssimas dificuldades em sua vida, intensificadas, pouco depois, pela sua defesa da malthusianismo. Como é fácil compreender, sobre mim caiu a mesma acusação, e muitos me odiaram como defensora de ideias que eu mesma abominava.

Devo acrescentar que não foi o Sr. Bradlaugh o único que elogiou este livro; também o fizeram mais veementemente outros escritores, mas ninguém pensou em atacá-los. No *Reasoner,* dirigido por George Jacob Holyoake, li um elogio muito mais caloroso que o do *National Reformer.* Dizia: "Em muitos aspectos são maus os livros desta espécie, mas seria débil e criminoso fingimento, tão criminoso como o próprio vício, não dizer que esta obra, em seu gênero, não é somente um mal muito menor que o que combate, senão, em certo sentido, um livro para cuja benéfica publicação se requer muita coragem". O *Examiner* declarou que era: "uma obra valiosa, se bem que heterogênea... Cremos que é o único livro que plenamente, honradamente e com espírito científico tem em conta todos os elementos do problema – Como triunfará o gênero humano sobre a pobreza e seu cortejo de males inerentes? – e ousadamente esforçou-se para encontrar solução prática".

A Revista Inglesa de Homeopatia escreveu: "Se bem que o assunto não tenha relação com nosso órgão, devemos afirmar que esta obra é, sem dúvida alguma, a mais notável, em muitos aspectos, das que já tivemos em mãos. Embora divirjamos completamente dos pontos de vista do autor quanto à religião e à moral, opinando que alguns dos remédios que propõe tendem mais à dissolução social que a uma reconstrução, ainda assim reconhecemos a bondade e a filantropia que o inspiraram. O tema deste livro abrange nada menos que todo o campo da economia política".

Ernest Jones e outros o julgaram com entusiasmo ainda maior, mas somente ao Sr. Bradlaugh se reprovou e se lhe atribuiu a paternidade das opiniões de autor anônimo.

Alguns dos trabalhos como conferencista realizados nesta época foram muito duros. Em Darwen, Lancashire, junho de 1875, se considerou bom argumento apedrejar a conferencista ateia; em Swansea, março de 1876, foi tal o temor da possível violência, que o proprietário da sala exigia uma garantia pelos danos que lhe poderiam ser ocasionados, e nenhum amigo teve a coragem de me apresentar ao público. Em setembro de 1876, em Hoyland, graças aos esforços de um sacerdote metodista primitivo, Hebblethwaite, e dois missionários protestantes, encontrei numa sala uma multidão que vociferava de pé sobre os bancos, agitava ameaçadora seus punhos e energicamente manifestava seus pouco amistosos sentimentos. Aproveitando um momento de calma, comecei a falar e apaziguou-se o tumulto, mas quando, terminada a conferência, saí da sala, agitou-se de novo e atravessei uma multidão que gritava, blasfemava e ameaçava; mas, bem ou mal, os que estavam mais próximos de mim deixaram-me passar. Fora da sala, na escuridão,

Francesa se tornasse para mim um drama em que eu própria tomara parte, e seus autores foram meus amigos e inimigos pessoais. Neste caso, como em muitos outros de minha atividade pública, cabe-me agradecer a influência do Sr. Bradlaugh, que me induziu a estudar todos os aspectos da questão e a ler atentamente as opiniões que mais diferiam da minha, antes de me considerar em condições para escrever ou falar sobre elas.

De 1875 em diante ocupei o cargo de Vice-Presidente da *National Secular Society,* fundada sobre uma ampla base de liberdade e com o sugestivo lema: "Nós buscamos a verdade". O Sr. Bradlaugh era seu Presidente, e eu desempenhei a Vice-Presidência até que ele se demitiu em 1890, nove meses depois de meu ingresso na Sociedade Teosófica. A *N. S. S.* se converteu, sob sua prudente e intuitiva direção, numa verdadeira força teológica e política do país. Abarcava crescido número de indivíduos, livres-pensadores e radicais, que constituíam um núcleo de abnegados obreiros capazes de atrair muitos outros, e assim influir poderosamente na opinião pública.

Uma vez por ano a Sociedade celebrava uma assembleia, e datam de então as firmes e duradouras amizades dos afeiçoados seguidores de 'nosso Charles', e que sobre o país estenderam uma rede de camaradagem. Foram eles que, por várias vezes, financiaram os gastos da sua eleição, o sustentaram nas lutas parlamentares e vieram a Londres engrossar as manifestações que se faziam a seu favor. Em torno deles cresceu numeroso partido, "o mais nutrido séquito pessoal que pôde conseguir um homem público depois de Gladstone", como disse um personagem eminente; partido formado por indivíduos que dissentiam dele em teologia, mas que apaixonadamente o apoiavam em política. Integravam-no mineiros, cuteleiros, tecelões, fiandeiros, sapateiros, isto é, operários de todos os ofícios, homens firmes, valentes, confiantes que o amaram até o fim.

Capítulo IX

O folheto do Dr. Knowlton

Em princípios de 1877, começou a luta que, apesar de terminar em vitória, foi motivo de uma angústia de recordação dolorosíssima.

Um médico americano, o Dr. Charles Knowlton, convencido da verdade da doutrina malthusiana, e considerando que ou bem carecia ela de valor prático, ou se tendia para o aumento da prostituição se não se ensinassem os matrimônios a reduzir a família segundo seus meios de subsistência, escreveu um folheto sobre a voluntária limitação da prole. Publicou-o pelo ano de 1835, parece-me, e vendeu-o publicamente na Inglaterra e na América por espaço de quarenta anos.

Filósofos da escola de Bentham, como John Stuart Mill, endossavam seus ensinos, e a relação entre crescimento populacional e pobreza chegou a ser um axioma na economia política. A obra do Dr. Knowlton era um tratado fisiológico que sustentava a necessidade da precaução conjugal e a responsabilidade dos progenitores, e defendia o matrimônio entre gente jovem visando a maior pureza social. Mas a fim de evitar que entre pessoas de poucos recursos isto implicasse, como geralmente sucede, numerosa família, o que é causa de pauperismo, da falta de alimento necessário, de vestuário, educação e orientação profissional para as crianças, ele advogava a restrição do número de filhos, consoante os seus meios de subsistência e indicava os métodos pelos quais isso era possível.

O folheto circulou livremente, até que um livreiro pouco escrupuloso de Bristol pôs à venda alguns exemplares, acompanhados de gravuras obscenas, pelo que o processaram e condenaram. O Editor do *National Reformer*, bem como dos livros e panfletos do Sr. Bradlaugh e meus, foi também processado por ter um estoque dessa obra e, para nossa grande consternação, condenado. Retiramos em seguida nossas publicações de suas mãos, e depois de cuidadosa deliberação, decidimos publicar nós mesmos o folheto a fim de demonstrar e afirmar o direito de discutir o problema de povoação quando com o conselho de limitar a família se ensinava o meio de consegui-lo. Alugamos uma lojinha para esse fim, imprimimos o folheto e anunciamos à polícia que em tal dia e a tal hora começaríamos a vendê-lo nós mesmos, para evitar que nossa ação viesse prejudicar outras pessoas. Previamente nos demitimos de nossos cargos na *National Secular Society*, com o objetivo de que ninguém molestasse a sociedade, mas o comitê executivo primeiro e a Assembleia anual depois recusaram nossas demissões.

Nossa atitude respeitante ao folheto era clara e definida: havia sido enviado para ser publicado, e não o teríamos feito por não considerá-lo de grande mérito; mas que fosse considerado imoral pelo simples fato de ocupar-se da limitação da família, nos pareceu uma ofensa ao direito de imprensa. Assim, no prefácio da nova edição, escrevemos:

> "Publicamos de novo este folheto, crendo honradamente que se deve manter contra ventos e tempestades o pleno direito de discutir todos os problemas que afetam a felicidade do povo, sejam teológicos, políticos ou sociais. Não sancionamos pessoalmente tudo o que diz o Doutor Knowlton; seu proêmio filosófico nos parece cheio de erros filosóficos, e não sendo, além do mais, médicos, não estamos em condições de controlar suas opiniões médicas. Mas já que o progresso não pode existir sem a discussão, e esta não é possível onde não se admitem os diversos pontos de vista, reclamamos o direito de publicá-los todos a fim de que o público se inteire dos distintos aspectos de um problema e conte com elementos suficientes para formar um juízo são".

ANNIE BESANT EM 1878

Não desconhecíamos o perigo a que nos expunha esta provocação às autoridades, mas não hesitamos por temor à perseguição e encarceramento, senão pelas funestas tergiversações que provavelmente suscitaria, pelas odiosas calúnias que cairiam sobre nossa honra e nossa pureza. Podíamos nós, os pregadores de uma elevada moralidade, aventurar-nos a arrostar um processo por havermos publicado um livro tecnicamente julgado obsceno e arriscar a ruína de nosso futuro, dependente de nossa boa reputação? Para o Sr. Bradlaugh significava, como ele sentiu, a quase segura ruína de sua posição parlamentar, o forjamento da arma que, nas mãos de seus inimigos, poderia ser-lhe fatal. Para mim representava a perda da estima pública, tão preciosa; de meu bom nome, tão zelosamente preservado; poderia ocasionar o mais terrível escândalo que pode sofrer uma mulher. Mas eu havia visto a miséria do pobre, havia contemplado as mulheres, minhas irmãs, rodeadas de filhinhos que pediam pão. Os salários dos operários bastavam às vezes para quatro pessoas, mas eram insuficientes para oito ou dez.

Devia preferir minha reputação, meu bom nome, à possibilidade de ajudar os infelizes? De que serviam meus discursos sobre o sacrifício e a abnegação, se eu falhava no momento da prova? Com o coração lacerado, mas com o ânimo firme, me decidi, e embora eu agora reconheça meu erro intelectual, e que me equivoquei no remédio, vejo que então tinha moralmente razão ao querer sacrificar-me para ajudar os pobres, e posso regozijar-me de haver afrontado a tempestade da difamação, mais difícil e dura de suportar do que nenhuma outra. Aprendi então a austera indiferença pelos juízos externos quando minha consciência não os endossava, e o sofrimento que isso produziu foi a melhor escola de resistência.

No dia anterior à venda do folheto, enviamos vários exemplares ao Chefe do Tribunal de Guidhall, ao oficial encarregado da Delegacia de Polícia da cidade em Old Jewry e ao Procurador de Londres. Em todos os folhetos pusemos uma nota dizendo que venderíamos o livro no dia seguinte, sábado, 24 de março, das 16 às 17 horas. Assim o fizemos, e, a fim de evitar qualquer distúrbio e facilitar nossa prisão, se as autoridades tal decidissem, nos oferecemos a permanecer diariamente na loja das 10 às 11 horas. Aceitou-se em seguida nossa oferta, e depois de pouco tempo, durante o qual uma comissão da *Christian Evidence Society* se valeu do Sr. Cross para que induzisse o governo conservador a processar-nos, choveram sobre nós mandados, até que, por fim, fomos presos em 6 de abril.

Recebemos, por outro lado, uma multidão de cartas de aprovação e estímulo de longínquos países e de todos os partidos, entre os quais havia uma do General Garibaldi, outra do famoso economista Yves Guyot, outra do eminente jurista constitucional francês Emile Collas, e de centenas de pobres, homens e mulheres que nos agradeciam e bendiziam pela posição tomada. São dignas de notar as cartas assinadas por esposas de clérigos de todas as igrejas.

Depois da prisão nos transferiram para o quartel de polícia de Bridewell Place, e dali para Guildhall, o município presidido então pelo vereador Figgins, ante o qual comparecemos em seguida, enquanto no fundo da sala esperava uma multidão que um funcionário definiu como: "uma onda de gente disposta a prestar fiança".

As investigações preliminares foram marcadas para dez dias mais tarde, a 17 de abril, e ao terminar o dia nos deixaram em liberdade sob palavra de honra, e uma vez que era tão evidente para todos que lutávamos por uma ideia, nenhuma fiança foi solicitada durante as diversas etapas do processo. Dois dias depois fomos levados a julgamento no Tribunal da Audiência, mas o Sr. Bradlaugh formulou um mandado de *certiorari* (carta requisitória) para que se transferisse o processo para o Supremo Tribunal. Contestou-o o Presidente do Tribunal, Cockburn, dizendo que acederia à requisição se, examinando o livro em questão, se convencesse de que seu tema era legítimo para promover o conhecimento de um assunto de interesse humano, mas que se negaria se a ciência fosse um pretexto para ocultar a obscenidade. Com esse objetivo ordenou que se mandassem alguns exemplares do livro para análise dele e do Juiz Mellor e, uma vez lido o livro, concedeu o mandado.

Começou o julgamento no dia 18 de junho, perante o Juiz da Inglaterra e um jurado especial, em que Hardenge Giffard, Procurador-Geral do governo conservador, era o principal representante da parte acusadora. Nós nos defendemos pessoalmente. O Juiz, em seu sumário, "esforçou-se por conseguir a absolvição", segundo referiu um jornal matutino; declarou que seguramente "nunca se havia apresentado diante do tribunal processo mais inoportuno e injusto". Designou-nos como "dois entusiastas movidos pelo desejo de fazer o bem num aspecto social particular", e depois expôs esplendidamente a lei de povoação, louvando nossa retidão e afirmando a honestidade do Dr. Knowlton ao escrever o folheto.

Todo o auditório acreditou que havíamos vencido a causa, porque não tinha em conta os ódios políticos e religiosos que existiam contra nós, como tampouco a presença, no júri, de homens como Walter, do *Times.* Depois de uma hora e trinta e cinco minutos emitiu-se o seguinte veredicto: "Unanimemente opinamos que o livro tende a corromper a moralidade pública, mas ao mesmo tempo excluímos os acusados de qualquer intenção corruptora ao publicá-lo". O Juiz parecia desconcertado e disse que lhe competia converter o veredicto em um de culpabilidade e, diante disso, alguns membros do jurado se dispuseram a abandonar seu lugar, tal como haviam combinado, segundo soubemos depois, e a retirar-se de novo para deliberar, se não se aceitasse o veredicto naquela forma, pois seis deles eram contrários à nossa condenação. O Presidente dos jurados, acremente hostil, não perdeu a oportunidade de defender a condenação, e nenhum dos que estavam a nosso favor teve a coragem de se lhe opor naquele momento. Assim passou a palavra "culpado", e o Juiz nos pôs em liberdade sob a promessa de que o Sr. Bradlaugh se apresentasse uma semana depois.

Naquele mesmo dia pedimos a anulação da sentença e a obtenção de um novo processo, baseando o pedido em parte sobre motivos jurídicos e em parte sobre o fato de que, se o veredicto nos absolvia de toda intenção desonesta, declarava-se a nosso favor e não contra. Sobre isto não quis o tribunal dar-nos razão, sustentando que a parte do veredicto que aduzia motivos desonestos era supérflua.

Veio depois a questão da sentença, e o Juiz fez o melhor que pôde para salvar-nos, mas uma vez absolvidos de toda intenção de violar a lei, deveríamos submeter-nos ao veredicto e prometer que não venderíamos o livro? Recusamos, afirmando nosso direito de vendê-lo e nossa intenção de reivindicar tal direito. O Juiz nos exortou, argumentou e, por fim, irritou-se contra nós. Obrigado finalmente a pronunciar a sentença, manifestou que se houvéssemos cedido nos haveria libertado sem castigo, mas já que nos obstinávamos em ir contra a lei, violá-la e desafiá-la, grave ofensa do ponto de vista de um Juiz, devia aplicar-nos dura condenação: seis meses de cárcere para cada um, uma multa de duzentas libras esterlinas e uma fiança de quinhentas libras por dois anos, repetindo de novo que assim agia porque tencionávamos desafiar a lei.

Apesar disto nos considerou "culpáveis de primeira categoria", mas como o Sr. Bradlaugh manifestara que interporia um recurso por erro, nos pôs em liberdade mediante fiança de cem libras esterlinas. Muito se comentou a sua opinião sobre o nosso processo, pois, segundo a sentença, nos correspondia uma multa de 1.400 libras esterlinas, sem contar a prisão, uma e outra desvanecidas no ar ao resolver-se o pedido favoravelmente e cassar-se o veredicto.

Seguiu-se depois angustiosa época. Estávamos resolvidos a prosseguir na venda do folheto. Se nossos adversários estavam igualmente resolvidos a processar-nos, não saberíamos dizer. Escrevi então um opúsculo intitulado "A Lei de Povoação", em que expunha os argumentos que me haviam convencido de sua verdade, a tremenda miséria e corrupção a que estavam condenadas as famílias pobres por excessivo número de filhos e falta dos indispensáveis meios de subsistência; sustentava a necessidade dos matrimônios jovens como remédio à prostituição e a limitação dos filhos para evitar o pauperismo. Finalmente explicava como podiam efetuar-se estes matrimônios sem os perigos que os acompanhavam. Circulou o folheto como representante da nossa opinião, e de novo nos ocupamos da venda do folheto do Dr. Knowlton. O Sr. Bradlaugh levou a guerra ao campo do inimigo e iniciou uma campanha contra a polícia para recuperar os folhetos confiscados. Saiu-se airoso em sua empresa; recuperou-os e os trouxe em triunfo. Vendemo-los com a inscrição "recuperados da polícia", e continuamos a venda durante algum tempo, até que nos asseguraram que não se moveria nenhum outro processo. Suspendemos então esta publicação, substituindo-a pela minha "Lei de Povoação".

Mas ainda não havia começado para mim a pior parte da luta: sentíamos a ameaça de uma perseguição que nunca se efetuou, porque se preparava contra mim uma arma mais terrível. Já em agosto de 1875 se tentou privar-me da custódia de minha filhinha, retendo-a quando foi ver seu pai na acostumada visita anual de um mês, mas a recuperei em seguida ante a ameaça de emitir um mandado de *habeas corpus.*

Depois se pensou seguramente que o processo motivado pelo folheto de Knowlton se poderia somar às acusações de blasfêmia que se lançavam contra mim para que a arma de dois canhões pudesse ser utilizada com êxito seguro. Informaram-me em janeiro de 1878 que estava iminente a apresentação de uma demanda na Corte Suprema da Chancelaria para privar-me de minha filha, mas não se lhe deu curso até o mês de abril. Mabel estava então gravemente enferma de escarlatina, e embora se comunicasse isto ao pai, recebi cópia da demanda na cabeceira de sua cama.

A demanda aduzia os seguintes argumentos: "A dita Annie Besant, em suas prédicas, conferências e escritos, defende os princípios do ateísmo e publicou um livro intitulado *O Evangelho do Ateísmo*; associou-se a um ímpio conferencista e escritor chamado Charles Bradlaugh para dar conferências e publicar livros e folhetos, nos quais se ataca a religião cristã e se inculca o ceticismo para com toda religião".

Também alegava contra mim a publicação do folheto de Knowlton e o da "A Lei de Povoação". Infelizmente a demanda caiu em mãos do então Procurador do Supremo, George Jessel, que ao espírito de dogmatismo hebraico que o animava, unia a oportunista moralidade do homem mundano, cético quanto a toda sinceridade e desdenhoso de toda devoção a uma causa impopular. O tratamento que dele recebi a primeira vez que me apresentei, diante do Tribunal, me fez logo compreender o que podia esperar dele. Tinha já alguma experiência com juízes ingleses, conhecia a nobre cortesia e gentileza do Presidente do Supremo Tribunal, a perfeita imparcialidade e dignificada cortesia dos magistrados de apelação. Quem poderá, pois, imaginar meu estupor quando, em resposta à declaração do Sr. Ince, Conselheiro da Rainha, dizendo que eu comparecia pessoalmente, ouvi uma dura e forte voz que exclamava: "Comparecer você em pessoa? Uma senhora comparecer em pessoa? Nunca se viu coisa semelhante! Pode realmente comparecer uma senhora em pessoa?"

Os jornais londrinos haviam se ocupado de minha aparição diante de outros tribunais, bem como publicado os elogios do Presidente do Supremo Tribunal sobre minha conduta. Por esta razão me pareceu algo excessiva a surpresa do Sr. George Jessel. Após uma multidão de observações do mesmo gênero e das mais variadas mudanças de voz, tentou conseguir seu objetivo intimidando-me diretamente:

"– É esta a senhora?"

"– Sou eu a demandada, senhor, a senhora Besant."

"– Pois aconselho-a, senhora Besant, a procurar um advogado que a represente, se tem meios, como suponho que tem."

"– Com toda a submissão a V. S., creio que devo reclamar meu direito de defender minha causa pessoalmente."

"– Pode fazê-lo, naturalmente, se assim lhe apraz; mas seria melhor um advogado, e advirto-a que, caso contrário, não espere nenhuma consideração. Não a escutarei por mais tempo que o caso requer, nem lhe será permitido estender-se em argumentos inúteis, como usualmente costumam fazer os que defendem suas próprias causas."

"– Confio que não o farei, senhor, mas de todas as maneiras a discussão estará inteiramente sob a direção de V. S."

Este encorajador início poderá dar ideia de como foi conduzido todo o processo; longa luta contra um astuto advogado, ajudado por outro advogado em vez de um Juiz imparcial. Somente uma vez não estiveram de acordo. O Sr. Ince e Bardswell haviam arguido que meu ateísmo e malthusianismo me incapacitavam para custodiar minha filha. O Sr. Ince declarou que se eu educasse Mabel, "a menina não teria esperança de bem neste mundo nem no outro", e que estaria "desamparada nesta vida e condenada na outra". O Sr. Bardswell submeteu à consideração do Juiz que a minha custódia significava "a futura ruína social da menina, sem falar de seu eterno porvir". Se aquele assunto não tivesse sido de tal transcendência que me estraçalhava o coração, eu teria rido diante da estranha mescla de convencionalismo humano, futura possibilidade de matrimônio e inferno, apresentados como argumentos para se roubar a uma mãe a sua filha.

Mas o Sr. Bardswell esqueceu por um momento que George Jessel era judeu e, levantando os olhos, exclamou ao céu com horror:

"– V. S. talvez não o creia, mas a Sra. Besant disse, numa declaração ulterior, que arrebatou o Novo Testamento das mãos de sua filha, porque contém passagens inadequadas para uma criança."

A oportunidade era demasiado tentadora para que um judeu resistisse à tentação de desprezar um livro escrito por judeus apóstatas, e disse com acrimônia:

"– Não é verdade dizer que não haja passagens impróprias para uma criança, porque eu creio que o são na maioria."

"– Não conheço nenhuma que possa julgar-se grosseira."

"– Não concordo com V. S. neste ponto."

Passado este pequeno episódio, Juiz e advogado se manifestaram em deliciosa harmonia. Declarei abertamente que era ateia, que havia privado minha filha da instrução religiosa que recebia na escola, que havia escritos livros anticristãos, etc., porém que reclamava a custódia de minha filha, apoiando-me em que o termo de separação claramente me dava direito a isso, e havia sido executado por seu pai quando repudiei a igreja cristã, e que não bastavam para invalidá-lo as minhas opiniões sobre religião. Por outro lado tiveram que admitir que a menina estava admiravelmente cuidada e que não houve ataques pessoais contra minha pessoa. O Juiz declarou que, efetivamente, eu havia cuidado de minha filha com o maior esmero, mas que o simples fato de opor-me à sua instrução religiosa era fundamento suficiente para ser privada de sua tutela; que considerava a educação leiga "não somente repreensível, mas detestável e de tal natureza que poderia arruinar a menina", e por essa razão "decretava que ela não devia permanecer nem mais um dia sequer sob a custódia de sua mãe."

George Jessel denunciou também minhas opiniões sobre malthusianismo em forma tão grosseira e falsa a respeito da realidade, que anos depois outro Juiz, o decano do Supremo Tribunal do Sul de Gales, declarou, num julgamento emitido em seu próprio Tribunal, "que nenhuma palavra de Cockburn justificava a afirmação feita pelo promotor do Supremo, de que se julgasse o livro como obra obscena", e que "pouco valor tinha o seu critério sobre um ponto não submetido à sua decisão". Censura depois, severamente, ao Sr. George Jessel, fazendo notar que "se o abuso de um parecer impopular, quer praticado por juízes ou outras pessoas, não é argumento, não prova tampouco que seja imoral o vitupério dos que opinam diferentemente". No entanto, *Sir* George Jessel era todo-poderoso em sua própria corte, e privou-me de minha filha, recusando-se a suspender a ordem até a audiência do meu recurso contra sua decisão. Um mensageiro do pai veio à minha casa, e a menina foi levada à força, gritando e lutando, ainda fraca da febre, opondo resistência quase frenética em razão do medo.

Mas a tensão era excessiva e estive a ponto de enlouquecer: passeava horas e horas pelos desertos aposentos, fatigando-me até o esgotamento. A desolação e o silêncio daquela casa, em que a minha dileta filha havia sido sempre um raio de sol, me oprimiam como maligno sonho. Parecia-me ouvir a todo instante o pisar de seus pés dançarinos, aquele riso argentino a ressoar pelo jardim, o doce som de sua vozinha infantil. Durante longas noites de insônia me atormentava a nostalgia de sua leve respiração, e, ao chegar a manhã, ansiava em vão que me envolvessem seus miúdos braços e me prodigalizasse sua boquinha ternos e doces beijos.

Por fim caí enferma, abateu-me a febre, produzindo o delírio, e piedosamente, a inconsciência da perda angustiosa. Durante a longa e terrível enfermidade, o Sr. Bradlaugh não me abandonou um instante: escrevia junto de minha cama para ministrar-me o leite e o gelo que eu recusava de todos, e me cuidava mais com a ternura de uma mãe do que de um amigo. A ele devo realmente a salvação de minha vida, embora me parecesse de muito pouco valor, até que se passassem os primeiros meses de solitário sofrimento.

Quando me restabeleci, dei os primeiros passos com o fim de anular uma ordem que, durante minha enfermidade, obtivera o Sr. Besant, proibindo-me de iniciar qualquer processo contra ele. Quando o promotor do tribunal soube que não me haviam permitido visitar meus filhos, nem me entregue importância alguma, reprovou vivamente tal procedimento. Mas, finalmente, chegou a considerar-se que a ata de separação estipulada em 1873 protegia o Sr. Besant de qualquer pleito que eu provocasse, tanto fosse por divórcio como por reintegração dos direitos conjugais, e ao mesmo tempo se omitiam as cláusulas que me conferiam a custódia de minha filha.

O tribunal da apelação, em abril de 1879, manteve a decisão: o absoluto direito do pai sobre seus filhos contra o da mãe, se era sua esposa. Esta nulidade dos direitos da legítima mãe sobre seus filhos era uma vergonha e uma injustiça que o Parlamento reparou depois, e hoje em dia o marido já não tem em suas mãos este instrumento de tortura, cujo grau de crueldade dependia da maior ou menor ternura e fortaleza da maternidade da esposa. Mas naquela época, quando a lei pôde arrebatar-me minha filhinha, dizia-se virtualmente à mulher: "Escolhe entre essas duas posições, como mãe e esposa; se legalmente és esposa de teu marido, não podes reclamar nenhum direito sobre teus filhos; se és sua amante, estão assegurados os teus direitos maternais". Atualmente não existe mais tal estigma no matrimônio.

Alguma coisa ganhei no tribunal de apelação, pois reconheceu meu direito de entrar onde estavam meus filhos e me aconselhou que me dirigisse ao Sr. George Jessel, que, sem dúvida alguma, me concederia. Dirigi-me então ao promotor do Supremo Tribunal e consegui o que desejava; mas notando, por um lado, que minhas visitas deixavam Mabel em estado de contínuo desassossego e saudade, e prevendo, por outro lado, que meus filhos chegariam um dia a compreender os irônicos insultos que me dirigiam em sua presença, e lhes seriam causa de sofrimento, decidi-me, após dolorosíssima luta, a renunciar meu direito de vê-los. Somente assim resolvia o conflito que teria podido destruir a sua felicidade, assim como o respeito que convinha manter-se entre ambos os progenitores. Resolutamente me apartei deles, para poupar-lhes inquietações posteriores e de minha parte resolvi, roubando-os de mim mesma, ser a mãe de todo órfão desvalido que eu pudesse socorrer, e aliviar a dor de meu coração, mitigando a dor alheia.

No que se refere ao folheto de Knowlton, ganhamos a batalha em toda linha. Não só recuperamos, como já disse antes, os folhetos que a polícia havia confiscado e continuamos sua venda até que desapareceu todo temor de processo, senão que o meu folheto foi tão rapidamente vendido, que, em junho de 1891, quando o retirei da venda, me ofereceram uma soma importante pelos direitos autorais, oferecimento esse que, naturalmente, recusei. Desde então não se vendeu nenhum exemplar sem meu conhecimento ou autorização, embora tempos atrás o houvessem liberado legalmente. Embora estivesse circulando sem nenhuma dificuldade na Inglaterra, se intentava um processo contra ele em Nova Gales do Sul, mas sem resultado algum por causa do brilhante e eloquente julgamento do decano do Supremo Tribunal, o Juiz Windmeyer, emitido em dezembro de 1888. Este Juiz, o mais respeitado na vasta colônia australiana, falou clara e energicamente sobre a moralidade daquele ensinamento:

> "Suponhamos o caso – disse – de uma mulher casada com um ébrio que, ao mesmo que mina seu próprio organismo, acelera as consequências da embriaguez, tais como: a perda do trabalho, a penúria de sua família e, finalmente, a morte sem um centavo para deixar àqueles que ele trouxe ao mundo. Este homem, armado com a autoridade da lei, trata sua esposa como escrava e insiste brutalmente no exercício dos direitos maritais. Onde está a imoralidade se esta mulher, ante sua saúde arruinada por uma incessante maternidade, ante uma família mais numerosa do que a que ela

pode sustentar, enquanto o miserável continua se embriagando, aproveita as instruções do livro e evita as consequências das relações conjugais que seu marido lhe impõe com brutal insistência? Para mim, imoral seria que não se tomassem as necessárias precauções como objetivo de evitar o perigo de conceber filhas destinadas à prostituição ou filhos que, por seu alcoolismo hereditário, aumentariam com suas irmãs a massa de degenerados e criminosos, que constitui o perigoso substrato das cidades populosas. Em todos estes casos se impõe a voz da consciência sobre o preconceito irracional, voz que indica infalivelmente a via do dever."

O Juiz recusou energicamente tomar partido na proibição do folheto, por considerá-lo um grande serviço à comunidade. Disse:

"É tão poderoso o temor à censura do mundo sobre este assunto, que poucos têm a coragem de expressar publicamente sua opinião. É de tal natureza, que somente entre pensadores que discutem todos os problemas, ou em conversação íntima, se descobre a comunidade de pensamento sobre este problema. Mas se inquiríssemos entre aqueles que possuem suficiente educação, capacidade para pensar por si mesmos, e não flutuarem preguiçosamente escravizados à corrente da opinião convencional, descobriríamos que grande número de indivíduos de elevada vida, nobres aspirações, piedosos, cultos, refinados, não veem mal algum em ensinar ao ignorante que ele não deve pôr no mundo filhos a que tenha de negar o indispensável, e reputam insensato não dizer-lhes clara e simplesmente a maneira como podem se prevenir. A boa e sã moral ensina que é pueril não ter em conta as paixões e psicologia humanas. Uma percepção mais ampla da verdade e uma confiança segura nela nos mostram que na lei, como em religião, é inútil tentar a limitação do conhecimento, pondo num *Index Expurgatorius* judicial as obras escritas com fervoroso propósito e que se recomendam por si mesmas entre os pensadores de mentalidade equilibrada. Eu não creio que a lei de publicações obscenas deva ser aplicada a casos desta espécie, mas tão só à publicação de matérias tais que toda pessoa virtuosa considere obscenas e imorais, como romances picantes, gravuras e exposições com o evidente propósito de lucro. Não pretende, portanto, esta lei sufocar a expressão do pensamento de uma das mais sinceras e zelosas individualidades sobre um assunto de transcendente importância nacional, como o que nos ocupa, e por este motivo não quero aplicá-la".

"Como já o indicou Lorde Cockburn no caso Bradlaugh-Besant, todo processo desta natureza deve considerar-se nocivo mesmo para aqueles que desaprovarem uma opinião e procurarem afogá-la, porque deste modo contribuirão para difundir mais amplamente os ensinamentos que eles combatem. Os que desejam sua promulgação, devem alegrar-se porque toda perseguição do pensamento favorece o seu êxito, do mesmo modo que a verdade, como uma tocha, brilha mais vivamente quanto mais a sacodem".

A argumentação do Sr. Juiz Windmeyer, pela posição adotada ante a teoria neomalthusiana, foi uma das mais brilhantes e convincentes, como pode apreciar quem quer que leia integralmente o texto do julgamento. A imprensa inglesa daquele tempo falou dele como "um brilhante êxito da Sra. Besant", e o era verdadeiramente, mas nenhum juízo legal podia ressarcir-me do dano que me havia infligido na opinião inglesa por causa de sua maligna e persistente deturpação. Ninguém senão eu conhecerá jamais a dor que me causaram aquele processo e as consequências que dele decorreram; mas, por outro lado, tive como compensação a ardente gratidão de milhares de pobres mulheres casadas, muitas delas esposas de pastores e curas rurais, as quais, em suas cartas, me bendiziam por lhes haver ensinado a subtrair-se do verdadeiro inferno em que viviam.

As "classes superiores" da sociedade nada sabem da vida do pobre; ignoram como a promiscuidade e a aglomeração em que vivem destroem todo senso de dignidade pessoal, modéstia, pudor, até chegar, como disse com justiça o bispo Fraser, a "um nível inferior ao dos porcos". Eu havia estado entre os míseros e não podia recusar ensinar-lhes o que então considerava resgate de redenção, pois se bem que para mim significava a perda do que me fazia a vida estimável, para eles era sinal de esperança de um porvir melhor. Como podia, pois, duvidar, eu que tinha o coração inflamado de devoção por uma humanidade ideal, inspirado por um materialismo de amor e não de ódio?

Pelo fim de agosto de 1893, o *Christian World,* órgão representante da ortodoxia do protestantismo cristão, proclamava o direito e o dever da limitação voluntária da prole. Num artigo de fundo, depois de inserir muitas cartas, dizia:

> "Injustas são, seguramente, as condições que submetem um cônjuge a tão cruel escravidão, e é evidente que a causa dela em tais casos é a excessiva e rápida multiplicação dos filhos. Houve tempo em que a gente piedosa considerava a limitação voluntária como interferência nos desígnios divinos; mas já transcendemos esta etapa e reconhecemos que a Providência age por meio do senso comum dos cérebros individuais. Limitamos a população tanto retardando o matrimônio por prudentes motivos, como tomando depois algumas precauções após sua consumação. Deixando de lado os métodos de limitação que são para alguns de moralidade duvidosa, existem certas leis fisiológicas fáceis de compreender, cuja ignorância é imperdoável em pessoas casadas. É digno de notar, a este respeito, que o Dr. Billings, no artigo publicado este mês no *Fórum,* sobre a diminuição da média dos nascimentos nos Estados Unidos, dá como uma das razões a maior difusão da cultura obtida por meio de tratados de fisiologia popular e em uso na escola".

A tal ponto se modificou a opinião naqueles últimos dezesseis anos que a difamação que caiu sobre nós é vista como fruto da ignorância e da hipocrisia.

Quanto a meus filhos, de que lhes serviu separá-los de mim? Tão logo a idade lhes permitiu libertarem-se de toda imposição, voltaram para meu lar. A curta estada de minha filhinha comigo foi coroada por seu feliz matrimônio, e creio que o temor manifestado pelo seu eterno porvir foi tão infundado como o havia sido receio de sua ruína temporal. Não somente isto, pois que ambos seguiram minhas pegadas, aceitando meus pontos de vista sobre a natureza e destino do homem, e ingressando na Sociedade Teosófica em idade juvenil, Sociedade em que, depois de tantas lutas, encontrei o meu caminho.

A contenda sustentada sobre o direito de discutir a prudente contenção do crescimento populacional não terminou sem um mártir: Edward Truelove, anteriormente aludido, foi processado por vender o tratado de Robert Dale Owen sobre "Fisiologia Moral" e um folheto intitulado "Pobreza do Indivíduo, da Família e da Nação". Compareceu a 1.º de fevereiro de 1878 ante o Presidente do Supremo Tribunal e foi defendido com grande habilidade pelo professor W. A. Hunter. O júri gastou duas horas na discussão do veredicto e voltou à sala manifestando que não havia sido possível entrarem em acordo. A maioria dos membros do júri estava disposta a decidir pela culpabilidade, se não estivesse convencida de que ele seria castigado, mas um deles declarou audaciosamente em pleno tribunal: "O livro está escrito em linguagem simples para o povo e creio que maior número de pessoas deveria conhecer seu conteúdo". Esta valorosa declaração contribuiu para salvá-lo; mas os seus perseguidores, a *Vice-Society*, estavam resolvidos a não deixar sua vítima livre. Provocaram um segundo processo e astutamente procuraram conseguir um júri especial, pois compreendendo que o controle populacional diminuiria a mão de obra e obrigaria o aumento de salários, pensaram que poderiam mais facilmente obter um veredicto de culpabilidade de um júri composto de burgueses e não de operários.

Os advogados do Sr. Truelove frustraram esta tentativa e provocaram uma anulação, que levou de novo o processo ao Tribunal Old Bailey. A segunda vista do processo teve lugar em 16 de maio, sob a Presidência do Barão Pollock e com um jurado ordinário; atuavam como defensores o professor Hunter e J. M. Davidson. O júri pronunciou um veredicto de culpabilidade, condenando o valente ancião de 68 anos a quatro meses de prisão e a uma multa de 50 libras esterlinas, por vender um folheto que, durante quarenta e cinco anos, Jaime Watson, George Jacob Holyoake e Charles Wats haviam vendido sem obstáculos. O Sr. Grain, advogado da *Vice-Society*, se aproveitou indignamente de meu livro "Lei de Povoação" para prejudicar o Sr. Truelove; pois, segundo o Barão Pollock, meu folheto continha os pontos principais da acusação da outra causa (a de Knowlton). No *National Reformer* encontra-se um indignadíssimo protesto meu contra esta odiosa injustiça:

> "Lançou-se mão de minha 'Lei de Povoação' como agravante da culpa do Sr. Truelove. Deixemos de lado a baixeza, digna somente de Collette, que implica o servir-se de um livro cujo autor nunca foi acusado por havê-lo escrito, a fim de prejudicar um prisioneiro. Porventura o Sr. Collette ou as autoridades imaginam que a severidade que demonstram para com o Sr. Truelove me atemorizará, por mínimo que seja em minha propaganda malthusiana? A todos asseguro que perdem lamentavelmente o seu tempo: continuarei a vender a 'Lei de Povoação' e defenderei os métodos científicos que permitem a limitação da prole como se o Sr. Collette e sua *Vice-Society* estivessem mortos e enterrados. Por dever de justiça deviam processar-me e encarcerar-me, se houvessem conseguido contra mim o veredicto de culpabilidade, mas com isso não conseguiriam outra coisa que suscitar no público maiores ânsias de ler meu livro e aumentar minha influência pessoal, como abalizada conhecedora das teorias que eles condenam".

Apesar das repetidas tentativas que se fizeram, *Sir* John Holker, Procurador que militava no partido conservador, se opôs sempre à concessão de um recurso por erro para a causa do Sr. Truelove, embora o fundamento fosse o mesmo que motivou o da causa do Sr. Bradlaugh e minha, e que foi concedido. O Sr. Truelove teve que sofrer sua condenação, sem que a reduzissem as instâncias firmadas por 11.000 pessoas de todo o país, dirigidas ao Ministro do Interior, pedindo sua libertação, nem o comício celebrado no Salão de São Jaime, de Londres, com idêntico objetivo, apenas com seis dissidentes. A 4 de setembro saiu da Prisão de Coldbath Fields, e a 12 desse mesmo mês a Sala da Ciência estava repleta de amigos entusiastas em sua honra, os quais o obsequiaram com um formoso e esplêndido discurso e uma bolsa de 177 libras esterlinas, soma essa que ascendeu a 197 libras, 16 *shillings* e 6 *pence* com a subscrição que se abriu depois.

Agrada dizer que um dos resultados deste processo foi uma grande agitação por todo o país e uma vasta difusão das teorias malthusianas. Celebraram-se imponentes manifestações em prol da livre discussão; em Manchester avolumou-se uma multidão até as portas do Salão do Livre Comércio; em Bradford, ocupou todos os recantos da Sala de Música Star; em Birmingham, não deixou livre nem um só lugar na Câmara Municipal, nem para permanecer sentado nem de pé. Aonde quer que fôssemos, juntos ou separados, se repetia o mesmo fato, e não se limitava a multidão a concorrer às conferências malthusianas e a comprar avidamente a sua literatura, mas a curiosidade a arrastava a ouvir nossas conferências sobre Radicalismo e Livre-Pensamento, e milhares de indivíduos ouviram pela primeira vez o que significava realmente o secularismo.

A imprensa, tanto londrina como provinciana, considerou unanimemente como insensatez a perseguição de que fomos vítimas, e todos comprovaram que se havia provocado maior difusão do livro condenado e aumentado a popularidade daqueles que sustentaram o direito de publicá-lo. Os furiosos ataques procediam principalmente daqueles que discrepavam de nós em matéria teológica e que encontravam na distorção de nossa acusação uma conveniente arma de ataque.

Durante os últimos anos, a opinião pública gradualmente começou a inclinar-se para nós em consequência da miséria que crescia com a depressão comercial, e quando, em 1884, se publicou "O desesperado clamor dos párias de Londres", que tanta impressão produziu, muitos escritores do *Daily News*, especialmente G. R. Sims, declararam corajosamente que a causa da miséria era particularmente o excessivo número de filhos das classes necessitadas, e observaram que havíamos sido perseguidos por havermos defendido, na forma devida, o que teria salvo a multidão de infelizes de nossas cidades populosas.

Entre os úteis resultados do processo, figurou a formação da Liga Malthusiana, "com o objetivo de abolir todo castigo motivado pela discussão pública da questão populacional" e "de difundir entre o povo, por todos os meios que estivessem ao nosso alcance, o conhecimento da lei da população, suas consequências e seus efeitos na conduta e na moral". Celebrou-se a primeira assembleia geral em 26 de julho de 1877 no Salão da Ciência, e elegeu-se um Conselho de 20 pessoas que, por sua vez, nomeou Presidente o médico C. R. Drysdale; Tesoureiro o Sr. Swaagman; Secretária a Sra. Besant; Subsecretário o Sr. Shearer, e Secretário da Fazenda o Sr. Hember. Desde 1877 a Liga trabalhou intensamente para a consecução de seus objetivos sob a direção de seu infatigável Presidente; editou grande número de folhetos e panfletos; manteve uma revista mensal, a "Malthusian"; organizou, sob seus auspícios, numerosas conferências em todo o país, e tem agora uma seção médica, em que só se admitem homens e mulheres devidamente titulados, e conta com membros em todas as nações europeias.

Outro resultado da perseguição foi a entrada de "D." para a redação do *National Reformer.* Este valente e profundo escritor se aproximou e uniu-se às nossas fileiras tão logo se inteirou dos ataques que nos dirigiam, e voluntariamente se ofereceu para dirigir a nossa revista quando se temia nosso encarceramento. Desde então até agora – um período de 15 anos – publicaram-se semanalmente, em suas colunas, artigos seus, nunca surgindo a mais leve discrepância entre os Diretores e o colaborador. Fiel colega em público, cordialíssimo e sincero amigo em particular, "D." foi um dos verdadeiros benefícios que nos proporcionou o processo.

Não foi este o único amigo que devemos aos nossos adversários. Não posso pensar naquele tempo sem recordar que o processo me pôs em íntima relação com a Sra. Ana Parris, esposa do Sr. Touzeau Parris, Secretário do Comitê de Defesa durante toda a nossa luta. Naqueles ásperos conflitos, especialmente nos que sustentei para conservar a custódia de minha filha, a Sra. Parris demonstrou-se a mais amorosa e fraternal das amigas. Data também daquela época de luta e afã uma ou duas amizades mais, que durarão, espero, toda a minha vida.

A soma de dinheiro colhido por subscrição pública durante o processo Knowlton e os seguintes, dá uma ideia do interesse que despertou esta luta. O Comitê de Defesa Pró-Fundos apresentou, em março de 1878, um balanço em que a subscrição ascendia a 1.292 libras esterlinas, 5 *shillings* e 4 *pence*, quantia da qual se descontaram 1.274 libras e 10 *shillings* para a causa Bradlaugh-Besant, a de Truelove e a apelação contra o decreto do Sr. Vaughan. Encerramos, depois, a conta, e o resto, 17 libras, 15 *shillings* e 4 *pence*, foi destinado a um novo fundo para continuar a defesa do Sr. Truelove e o recurso de apelação contra a destruição do folheto Knowlton e para custear os gastos ocasionados pela petição contra mim. Em julho, o novo fundo ascendia a 196 libras, 16 *shillings* e 7 *pence*, e depois de pagar os gastos da causa do Sr. Truelove, restou um saldo de 26 libras, 15 *shillings* e 2 *pence* e meio, e serviram para suprir os gastos ocasionados pela apelação do Sr. Bradlaugh sobre o folheto Knowlton, apelação que teve feliz êxito; os de minha petição e as gestões que continuaram no Tribunal da Chancelaria, bem como os de outra apelação a favor do Sr. Truelove contra uma ordem de destruição do folheto de Dale Owen, infelizmente infrutífera. Tornou-se pública a decisão em 21 de fevereiro de 1880 e, em consequência disso, encerrou-se o fundo de Defesa. Quando o Sr. Truelove ficou livre, lhe oferecemos, como já disse antes, 197 libras, 16 *shillings* e 6 *pence*, e ao fim da luta um amigo anônimo mandou para mim, pessoalmente, 200 libras esterlinas em prova de agradecimento "pelo valor e capacidade que demonstramos". A Liga Malthusiana recebeu também 455 libras, 11 *shillings* e 9 *pence* durante o primeiro ano de sua vida, e começou o segundo com um efetivo em caixa de 77 libras, 5 *shillings* e 8 *pence*.

Processo semelhante ao nosso se iniciou, nos Estados Unidos, contra um livreiro, D. M. Bennett, por vender um livro de cujas ideias não partilhavam, pelo que o encarceraram. Terminada a condenação, aproveitamos a ocasião de sua viagem à Inglaterra para organizar cordialíssimas boas-vindas em sua honra. Recebemo-lo na Sala da Ciência em imponente reunião e me delegaram para que lhe oferecesse nosso testemunho, o que fiz no seguinte discurso, que cito para demonstrar qual era então o espírito que me animava:

"Amigos, o Sr. Bradlaugh nos falou do dever que nos congrega esta noite e é grato pensar que este dever não é novo no labor empreendido. Em nosso exército é maior o número de fiéis soldados que de traidores, maior o número dos que sustentam a verdade que dos que retrocedem na hora do perigo, e eu rogaria ao Sr. Bennett que não medisse o sentimento dos ingleses simplesmente pelo número dos presentes, porque eles representam milhares de compatriotas. Detende vossa vista nesta mesa e compreendereis que não sem razão reclamamos o direito de dar-vos as boas-vindas em nome de uma multidão de cidadãos ingleses. Alguns indivíduos nos acusaram de desleais e ímpios, e eu perguntaria: em que Igreja se encontrariam servidores mais leais da verdade e da consciência? Não somos ímpios nem infiéis enquanto formos fiéis à verdade que conhecemos, e se falei de representantes nacionais nesta sala, dizei-me, vós que conheceis os que estão sentados aqui, porque os tendes seguido em sua vida durante muitos anos ou por breve tempo: – não digo a verdade? Consideremo-los um por um. Nosso Presidente, há pouco tempo, em circunstâncias similares a do nosso hóspede, com a verdadeira intuição do amante que reconhece a sua amada debaixo de qualquer disfarce, que contempla a sua dama – a liberdade – em perigo, ainda que as circunstâncias tendessem a ofuscar-lhe a vista, lançou-se ao seu resgate e arriscou tudo quanto constituía o orgulho de sua própria vida para defendê-la. Junto a ele se senta uma mulher, versada em sua nobre profissão, a qual pensou que a liberdade tinha sobre ela maior direito ainda que a sua obra, e quando atravessamos um perigo muito mais grave que o da perda da liberdade, arriscou seu bom nome por amor à verdade. Eis aqui outro que, eminente na sua profissão, veio com o prestígio da sua posição e seu direito, e com a sua autorizada palavra testemunhou ser um dos nossos. Um pouco mais distante está outro soldado da liberdade durante sua longa e impoluta vida, quando a tarefa de defendê-la era muito mais dura que no presente, quando não havia felicitações nem aplausos, quando servi-la significava arriscar reputação e liberdade; jamais vacilou em seu esforço. Está coroado com a auréola do cárcere não por delito, mas por haver reclamado o direito de publicar os escritos em que se expressavam nobilíssimas ideias com valentes palavras. A seu lado há outro campeão da liberdade a cujos pés depositou com entusiasmo sua cultura, seu título universitário, sua posição social e muitas amizades.

Mas não somente são o passado e o presente que vos saúdam esta noite, senhor; o futuro também vos saúda conosco. Aqui estão os que se preparam para seguir as pegadas daquele que mais amamos, os que continuarão nossa obra quando não mais existirmos. Sentimo-nos contentes por oferecer esta homenagem, mas, em verdade, este a quem temos prazer de homenagear é que nos honra, permitindo-nos dar-lhe boas-vindas. Ele tem lutado valentemente. O credo cristão teve em seus albores mais traidores e menos corações fervorosos que nosso credo hoje em dia, e nos sentimos satisfeitos, não somente ao considerar a classe de homens que temos por capitães, mas também a qualidade de nossos soldados.

Jesus teve doze apóstolos: um o traiu por 30 moedas de prata, outro o negou e os demais o abandonaram e fugiram; nós não podemos encontrar sequer um que tenha desertado de nossa sagrada causa. As tradições de nosso partido incluem muitos que estiveram no cárcere por haver reclamado para todos a liberdade de expressão. Um dos mais insignes membros de nossa Liga na Inglaterra, Ricardo Carlile, se tornou livreiro com o único intento de vender os livros perseguidos, e se converteu ao Livre-Pensamento obrigado pela hipocrisia e perfídia das igrejas. Vendeu os livros de Hone, não porque os aprovasse, senão porque Hone fora processado e ele considerava que o homem livre devia vender precisamente os livros cuja condenação representava violação da liberdade. A história de nosso hóspede mostra que a Inglaterra e os Estados Unidos estão no mesmo nível: aqueles que deram Milton ao mundo podem engendrar, ainda, em continente longínquo, homens da mesma têmpera. O Sr. Bennett era leal e sincero; não o assustava o cárcere nem a morte; considerou que era muitíssimo menos desonroso o uniforme de presidiário que o de hipócrita. A sociedade que representamos como a que ele representa nos Estados Unidos defende o Livre-Pensamento e a livre expressão, e reclama para todos, mesmo adversários, o direito de manifestar as próprias ideias. É melhor a liberdade para os que erram, porque assim terão oportunidade de reconhecer mais cedo o seu erro, e melhor ainda se o pensamento é acertado, porque mais cedo o júbilo de uma nova verdade encontrará sua morada no coração do homem".

Agora, como porta-voz, senhor, da nossa *National Secular Society* e de seus milhares de membros, eu vos dirijo o seguinte:

Discurso
"Nós buscamos a verdade"

"Ao Sr. D. M. Bennett:

Ao pedir-vos que aceiteis das mãos da *National Secular Society* da Inglaterra este símbolo de cordial simpatia e fraternais boas-vindas, nada mais fazemos do que pôr em prática o lema de nossa Corporação: 'Buscamos a Verdade', pois é precisamente ao investigador da Verdade que homenageamos esta noite. Sem liberdade de expressão não é possível a investigação nem é útil nenhum descobrimento da verdade; sem liberdade de expressão, o progresso estaciona e os povos não marcham para a nobilíssima vida que o futuro lhes reserva. É mil vezes melhor o abuso da liberdade de expressão que sua negação, porque o abuso é efêmero e a negação afoga a vida do povo e sufoca toda esperança da raça.

Em vosso país haveis lutado em prol da liberdade de palavra, e quando, em consequência de uma iníqua e execrável lei, se encarcerou um de vossos compatriotas por publicar suas opiniões, vós, sem partilhá-las, mas por fidelidade à liberdade, vos lançastes para defender nele o princípio de livre expressão que reclamáveis para vós e vendestes o seu livro enquanto ele permanecia no cárcere. Por este ato fostes detido e encarcerado, e o país que conquistou a sua liberdade com a ajuda de Paine no século XVIII, se desonrou no século XIX, pela prisão de um herege. A República dos Estados Unidos se desonrou a si mesma, não a vós, no presídio de Albany. Duzentos mil de vossos compatriotas solicitaram vossa liberdade, mas a hipocrisia era demasiado potente. Nós vos felicitamos em vosso cativeiro e agora nos regozijamos por vossa libertação, oferecendo-vos esta noite nossa gratidão e nossa esperança: gratidão pelo heroísmo que nunca vacilou na hora do combate; esperança de futuro mais pacífico, no qual a memória do doloroso passado possa ser uma herança sagrada, não um pesar.

Charles Bradlaugh,
Presidente."

"Soldado da liberdade, aceitai nossa homenagem. Realizai no futuro o mesmo admirável serviço que haveis executado em vosso passado, e seja vossa recompensa o amor que vos tributarão todos os homens verdadeiros."

Aquilo que nenhuma violência pôde conseguir de mim, nem a ameaça da multa e do cárcere, nem a separação de meus filhos, nem o ostracismo social, nem os insultos, nem a ignomínia pior que a própria morte, o fiz voluntariamente quando terminou a luta e grande parte da opinião pública havia adotado as ideias que tão caro custaram ao Sr. Bradlaugh e a mim. Referir-me-ei aqui aos últimos incidentes apenas, para não voltar outra vez a tão triste história.

Abandonei o neomalthusianismo em abril de 1891, sendo a renúncia resultado de dois anos de instrução de Helena Petrovna Blavatsky, que me fez ver que, se é justificável o neomalthusianismo quando se considera o homem perfeito produto da evolução física, é completamente incompatível com a teoria que o julga um ser espiritual, cuja forma e meio ambiente materiais são simples efeitos de sua atividade mental. Por que e como abracei a Teosofia e aceitei a H. P. Blavatsaky por mestra, o explicarei em seu lugar; agora me limito a dizer por que e como renunciei à doutrina neomalthusiana pela qual tão duramente havia lutado e sofrido.

Quando edifiquei minha vida sobre base materialista, julguei todos os atos por seu efeito sobre a felicidade humana neste mundo e nas futuras gerações, e considerei o homem como um organismo que vive e morre na terra, com atividade limitada a este mundo, e, portanto, às leis físicas. Acreditava que o objetivo da vida era a formação do homem, física, mental e moralmente perfeito por meio dos acumulados efeitos da herança, suscetíveis de lenta mas segura evolução pela seleção racional e transmissão aos filhos das qualidades que os pais cuidadosamente adquirirão e desenvolverão, e considerava as tendências mentais e morais como a consequência das condições materiais. O Professor W. K. Clifford, em seu nobre artigo sobre "A Ética da Crença", deu a mais característica nota deste sério e elevado materialismo.

Aceita a teoria do dever humano de cooperar racionalmente com a natureza na evolução da raça humana, apresenta-se, como de primeira importância, afastar a procriação do cego domínio da paixão bruta para transferi-la para a razão e a inteligência; despertar nos pais o sentimento da santidade de sua missão e a tremenda responsabilidade do exercício da função criadora. Demais, já que um dos mais oprimentes problemas no antigo continente é o da pobreza que se estende ameaçadora sobre tantas famílias de oito ou dez filhos cujos pais ganham apenas 10, 12, 15 e 20 *shillings* semanais; já que é necessário algum paliativo imediato se se quer evitar a sublevação do povo; já que a vida das classes mais pobres e dos profissionais mais mal pagos é uma longa e lancinante luta para não morrer de fome e manter o decoro; já que a classe média evita ou atrasa o matrimônio até avançada idade pelo terror de uma família numerosa e esses matrimônios tardios vão acompanhados das sombras do vício e da ruína moral e social de milhares de mulheres; considerando tudo isso e muitas outras razões, aparece como lógica consequência do materialismo combinada com a teoria científica da evolução e com o conhecimento da lei física que atrasa ou acelera a evolução, o dever de restringir o matrimônio dos filhos aos meios de subsistência.

Com o fim de buscar o melhoramento do tipo físico humano, o materialismo científico devia proibir a procriação entre os consortes que não estivessem perfeitamente sãos, e restringir a gravidez à saúde e bem-estar físico da mãe, impondo o dever de não engendrar filhos quando não lhes é possível oferecer-lhes as condições de boa nutrição e desenvolvimento. Por outro lado, considerando inútil e ainda danoso pregar o ascetismo, e vendo que o celibato nominal tem por inevitável consequência o crescimento da prostituição, o materialismo científico aconselha racional e logicamente a deliberada restrição das funções geradoras, tendo em conta a constituição natural do homem, e sanciona a satisfação do instinto sexual dentro dos limites que impõem a temperança, a energia física e mental de cada um, a boa ordem, a dignidade social e o respeito a si mesmo.

Em tudo isso nada há que envolva aprovação da libertinagem, da devassidão, da autoindulgência sem limites; representa, pelo contrário, um esquema de evolução humana intelectualmente irrepreensível, uma vez que considera todos os instintos naturais como impulsos que devem regular-se, não sufocar-se, e busca desenvolver a perfeita saúde e equilíbrio físico do corpo como base da mente sã e equilibrada.

Se são verdadeiras as premissas do materialismo, não cabe opor nada às conclusões neomalthusianas, porque mesmo aqueles socialistas que amargamente se opuseram à promulgação do neomalthusianismo, por o considerarem como "armadilha para distrair a atenção do proletariado da verdadeira causa da sua pobreza, que é o monopólio da terra e do capital por uma só classe", admitiam que uma vez reconstruída a sociedade sobre a base de propriedade comum no necessário para a produção da riqueza, deveria estudar-se a questão populacional. Não vejo agora, como não vi então, como pode um materialista evitar racionalmente o neomalthusianismo. Se o homem é produto de forças puramente físicas, devemos lidar com elas para ajudá-lo em sua evolução futura; se o consideramos unicamente em relação à sua existência terrena, não é outra coisa que o organismo superior da Terra. Não vendo eu seu passado nem seu futuro, como podia penetrar as causas profundamente ocultas de sua presente desgraça?

Propunha um remédio material para uma enfermidade que me parecia de origem material, mas de que servia aquele remédio se o mal procedia de uma fonte mais sutil e suas causas não estavam no plano material? Onde estava a sua utilidade se simplesmente criava novas causas de males futuros, e se, apesar de agir como paliativo imediato, agravava a enfermidade em si mesma e assegurava seu reaparecimento no futuro? Assim me apresentou H. P. Blavatsky o problema quando me explicou a história do ser humano, sua origem e destino, e me mostrou as forças que contribuíram para a sua formação como homem e a verdadeira relação que existe entre seu passado, seu presente e seu futuro.

Que é o ser humano à luz da Teosofia? É uma inteligência espiritual, eterna e incriada, que percorre um vasto ciclo de experiência humana, nascendo e renascendo na Terra milênio após milênio e evoluindo lentamente para o ser humano ideal. Não é um produto da matéria, senão um conteúdo nela, e ele próprio constrói o material de que se reveste. Sua inteligência e vontade são forças criadoras, não criadoras *ex nihilo*, mas como o é o artista a respeito de sua obra; e o ser humano utiliza estas forças em cada ato de pensamento. Assim ele cria continuamente ao seu redor formas mentais, modela a matéria sutil em diversas modalidades que persistem como tangível realidade mesmo quando o corpo do pensador se dissolva na terra, no ar e na água. Ao chegar a hora de renascer nesta vida terrena, tais formas mentais, progênie do próprio homem, concorrem para construir o tênue modelo em que as moléculas físicas formarão o corpo físico. Deste modo a matéria integrará o novo corpo, morada da alma; corresponderá ao caráter intelectual e volitivo da precedente ou precedentes existências, porque todo homem cria realmente para si mesmo a forma em que funciona e é no presente o exato e inevitável resultado das próprias energias criativas de seu passado.

Aplicando isso à teoria neomalthusiana, descobre-se no amor sexual não somente uma paixão que o homem tem em comum com o bruto, como parte necessária da sua natureza na presente etapa evolutiva, mas uma paixão animal que deve ser disciplinada, purificada e transformada em emoção humana, isto é, numa alavanca do progresso humano, num dos fatores de crescimento. Em lugar disto, o homem tem feito de seu intelecto o servo das suas paixões, e a este concurso do elemento intelectual se deve o desenvolvimento anormal de seu instinto intelectual mais intenso e persistente do que em qualquer bruto. Todos os pensamentos, desejos e imaginações sensuais da humanidade têm criado formas mentais que provocam uma contínua solicitação do prazer sexual muito superior à que exigiria a natureza, em notável contraste com a temperança da vida animal normal. Até hoje este prazer tem sido uma das fontes mais fecundas da miséria e da degradação humanas, e a satisfação de sua imperiosa insaciabilidade nos países civilizados, a raiz dos piores males sociais.

Deve lutar-se contra o excessivo desenvolvimento do instinto, reduzindo-o aos seus limites naturais. Não se poderá conseguir isso com uma atitude de indulgência para consigo mesmo, seja na vida conjugal, seja fora dela, mas pelo autodomínio e a abnegação que originarão as causas construtoras de cérebros e corpos de um tipo superior ao reencarnar-se na vida terrena. É preciso governá-lo plenamente, transmutá-lo de cega paixão em terno e altruísta afeto, desenvolver seu aspecto intelectual a expensas da vida animal; isto é, elevar o homem a um estado humano em que toda faculdade física e intelectual se encontre a serviço dos objetivos da alma. Disto se deduz que ao teósofo incumbe dar a nota da temperança no matrimônio e restringir gradualmente as relações sexuais aos limites da perpetuação da raça, a cujo resultado a massa não pode chegar subitamente.

Tal havia de ser a relação do ensinamento teosófico com o neomalthusianismo, segundo me expôs H. P. Blavatsky, e quando insisti sobre a tribulação dos pobres, por amarga experiência conhecida, quando lhe fiz ver que, por algum tempo ao menos, podia recomendar-se a teoria neomalthusiana como paliativo, como defesa em mãos de pobres mulheres vítimas de intolerável opressão e condenadas à penalidade, me exortou a olhar para além do momento presente e a observar que o sofrimento renascerá de novo em cada geração até que se lhe arranque a raiz. "Eu não julgo a mulher – disse ela – que recorre a tais meios de defesa em penosíssimas circunstâncias e cuja ignorância das verdadeiras causas de sua dor a escusa de recorrer a semelhante alívio; mas você, uma ocultista, não deve continuar ensinando um método que só tende à perpetuação da dor." Compreendi que tinha razão, e embora me resistisse a adotar tal atitude, porque meu coração se dilacerava ante a ideia de negar um paliativo, ainda que momentâneo, aos males que minavam a vida de tantas infelizes e que amiúde as levavam a uma morte prematura, adotei a decisão. Recusei a impressão de minha "Lei de População" e me neguei a vender meus direitos autorais, apesar de que, com isso, ocasionava uma pena profunda aos valentes amigos que tão generosamente me apoiaram na longa e áspera luta, e que viam destruído o fruto da vitória por motivos, no seu entender, inadequados e errôneos.

Em sua caminhada para a frente, deverá sempre o ser humano espezinhar seu próprio coração e o daqueles a quem ama?

Capítulo X

Guerra por todas as partes

Voltei ao meu trabalho depois de longa e grave enfermidade, despedaçado o coração, mas firme o ânimo. No *National Reformer,* de 15 de setembro de 1878, encontro uma breve nota de agradecimento, declarando que "nem a enfermidade nem a atribulação haviam diminuído, em qualquer aspecto, minha resolução de trabalhar pela causa". Realmente, com maior impulso me lancei à atividade, pois somente nela encontrava algum consolo. Era bem verdade que meus folhetos daquela época respiravam amarguíssima aspereza contra o Cristianismo, que eu atacava desapiedadamente por me haver roubado minha filhinha.

Tomei parte ativa nas lutas políticas daquele período, quando o governo de Beaconsfield estava em seu apogeu, com o seu sistema de anexação e conquista; às vezes com minha pena, outras vezes com minha palavra, e os artigos que escrevi em defesa de uma política honrada e liberal na Índia, contra a invasão no Afeganistão e outras violências, foram os primeiros germes depositados no coração de muitos hindus, que manifestaram simpatia por mim. Minha obra de então me parece agora como preparação daquela a que havia de consagrar depois grande parte de meu tempo e de meu pensamento.

Em novembro daquele mesmo ano, 1878, escrevi um livreto intitulado "A Inglaterra, a Índia e o Afeganistão", que me rendeu uma calorosa carta de agradecimento. Este trabalho, a continuação do já aludido processo contra Besant, duas ou três conferências cada domingo, sem mencionar o trabalho editorial no *National Reformer*, a Secretaria da Liga Malthusiana e alguma outra conferência durante a semana, ocupavam muito bem todo o meu tempo.

Lia muitíssimo, e observei que durante a leitura se desenvolvia em mim a tendência para a divagação mental, longe do assunto do livro, atraída a mente insistentemente para a minha perdida filhinha. Pensei que seria preciso dar ao meu pensamento uma distração mais absorvente, e resolvi preencher com o estudo algumas lacunas de minha cultura científica, preparando-me para algum exame. Pareceu-me, ademais, que de uma parte me serviria de distração, e de outra adquiriria conhecimento mais exato, o que me tornaria mais útil e eficaz em nome das causas a que havia dedicado minha vida.

Em princípios do ano seguinte, 1879, encontrei pela primeira vez Edward B. Aveling, doutor em Ciências da Universidade de Londres, inteligentíssimo professor em questões científicas, na verdade o melhor que conheci e a quem muito devo em minha nova espécie de trabalho. Claro e exato em suas ideias, dotado de uma rara faculdade de lúcida exposição, entusiasta em seu amor à ciência, sentia vivo prazer em que outros participassem de seus conhecimentos; era, em suma, o mestre ideal.

Em janeiro de 1879, este jovem começou a escrever, sob suas iniciais, no *National Reformer*, e em fevereiro passei a ser sua discípula com o intento de me matricular em junho na Universidade de Londres, objetivo que foi devidamente alcançado. A todos os que possam estar submersos em tribulação mental, direi aqui que podem encontrar imenso alívio entregando-se a algum recreio intelectual desta natureza. Naquela primavera, além de meu trabalho ordinário de conferências, artigos e edições, o que implicava viajar de um a outro extremo da Inglaterra, traduzi do francês um volumoso livro e defendi a causa sobre a custódia de minha filha no Tribunal de Apelação e no Supremo Tribunal. Então encontrei sumo consolo na álgebra, geometria e física, pois suas fórmulas e problemas me faziam esquecer as fatigantes lutas legais.

A vitória alcançada com a plena autorização de visitar meus filhos marcou um passo adiante para os livres-pensadores, pois, como fazia notar o Sr. Bradlaugh no *National Reformer,* minha causa "teve uma defesa sem igual nos anais do foro, pelo valor que emprestava à afirmação do Livre-Pensamento", e acrescentava generosamente que "era digna do partido, por ser a mais válida defesa da liberdade de opinião, na qual tivemos a sorte de tomar parte".

No *Daily News,* de Londres, apareceram algumas cartas de enérgico protesto: uma de Lorde Harberton, em que declarava "que a Inquisição agiu apoiando-se nos mesmos princípios" que a mim se aplicavam, e outra do Sr. Band, em que observava sarcasticamente: "A comunidade cristã teve por algum tempo a satisfação de ver o Tribunal de Sua Majestade aplicar máquinas de tortura a uma jovem mãe, esposa de um clérigo de cujas crenças se atreveu a dissentir. Sua evidente angústia, sua longa e custosa luta para salvar sua filha demonstraram que, ao menos no que concerne às mães hereges, os defensores da fé nada têm de invejar ao passado, cujos meios de perseguição asseguraram por largo tempo a unidade da Igreja. O Supremo Tribunal e o Ministério da Justiça tiveram sumo cuidado, no processo da Sra. Besant, para que não se perdesse o efeito pela confusão do ponto capital – a heresia intelectual – com os pontos secundários. Neste caso devia ter-se em conta o Malthusianismo, mas os juízes declararam explicitamente que privavam a Sra. Besant da custódia de sua filha simplesmente por causa de suas opiniões religiosas, ou melhor, antirreligiosas, prescindindo de suas teorias malthusianas".

Os jornais mais importantes das províncias escreviam no mesmo diapasão, e o *Manchester Examiner* chegava a dizer sobre a sentença dos juízes: "Não dizemos que tenham agido mal; afirmamos somente que foi cruel o efeito de sua sentença, o que demonstra que manter opiniões impopulares é, aos olhos da Lei, uma ofensa que, a despeito de nossas suposições, pode motivar o mais severo castigo para uma mulher e uma mãe". Resultado desta luta e de outro caso de amarga injustiça, em que separaram a Sra. Agar Ellis, católica romana, de seus filhos, em virtude de uma sentença que obteve seu marido, protestante, foi a modificação da lei que investia o pai de todo direito sobre seus filhos. Desde então foram reconhecidos, até certo ponto, os direitos da mãe legítima.

Sustentei também alguma escaramuça na *National Reformer League,* onde o Presidente Lorde Thurlow se opôs energicamente à minha eleição para o cargo de Vice-Presidente. Por causa disso, demitiram-se em seguida de seus cargos o Sr. P. A. Taylor e outros, e na primeira reunião geral ficou derrotado Lorde Thurlow e ocupou a Presidência o Sr. Taylor, sendo reeleitos os Vice-Presidentes demissionários e eu. Mas essas não passavam de pequenas batalhas naqueles duros anos, companheiras de outras mais graves.

Através de todas as lutas crescia a organizada força do Partido Livre-pensamento. No ano 1878-79, ingressaram na sociedade 650 novos membros, e, em julho de 1879, a adesão pública do Dr. Edward B. Aveling trouxe para nossas fileiras um valiosíssimo escritor, que deu novo impulso ao aspecto educativo de nosso movimento. Eu presidia, quando ele realizou sua primeira conferência no Salão da Ciência, em 10 de agosto de 1879, e logo recebeu o castigo de seu atrevimento, pois poucos meses depois o destituíram da cátedra de Anatomia Comparada do Hospital de Londres, embora o Claustro reconhecesse que ele havia cumprido todos os seus deveres com grande competência e escrupulosa pontualidade. Um dos primeiros resultados de sua adesão foi organizar dois cursinhos no Departamento de Ciência e Arte em South Kensignton; o número destes cursos cresceu de ano em ano, cada vez mais frequentados por jovens de ambos os sexos, até que, em 1883, tínhamos treze em plena atividade, além do de latim, e das classes dos matriculados na Universidade de Londres. Em todos o Dr. Aveling ensinava, ajudado por seus discípulos.

Com uma nota honrosa, obtive o certificado de estudos superiores, que me permitia lecionar oito matérias distintas. Alice e Hipatia Bradlaugh seguiram os mesmos estudos, de modo que demos nossos cursos de maio a setembro durante nove anos. Uma das senhoritas Bradlaugh também dirigia um coro.

Eu, além disso, frequentava os cursos organizados para mestres em South Kensington e estudava para prestar os exames preliminares de Ciência na Universidade de Londres, com o fim de obter o diploma de Bacharel em Ciências. Reprovaram-me três vezes em química prática, o que me deixou surpresa, pois havia passado em um exame de química prática muito mais difícil em South Kensington para conseguir o diploma de mestra. Mais tarde comprovei pessoalmente que o estudo e o ensino ao mesmo tempo me haviam ajudado a conquistar noções científicas que me foram de grande utilidade em meu trabalho público. Mas também nestes estudos me perseguia o ódio teológico e social.

Quando a senhorita Bradlaugh e eu solicitamos admissão na classe de Botânica do Colégio Universitário, nos foi negada, a mim por minhas culpas, e a ela, por ser filha de seu pai. Quando obtive o diploma de mestra, tardei um ano em pedir o reconhecimento por parte do Ministério de Instrução Pública, para não prejudicar as filhas do Sr. Bradlaugh, e quando chegou o momento e me admitiram, o Sr. Henry Tyler, da Câmara dos Comuns, atacou o Ministério da Instrução Pública por me haver aceito, e procurou impedir que o Governo pagasse o subsídio às escolas do Salão da Ciência, porque o Sr. Aveling, as senhoritas Bradlaugh e eu não éramos cristãos. Quando solicitei permissão para ir aos jardins de Botânica do *Regent Park,* o Diretor negou-me a entrada, sob pretexto de que ali estudavam as suas filhas. De todas as partes recebia desdém e insulto, contrariedades muito árduas de combater, muito amargas de suportar. Contra estas dificuldades que de todas as partes nos assaltavam, tínhamos que abrir passagem, prejudicadas em cada esforço por nossa heresia, e ainda que a conveniência e utilidade de nossa obra ficassem demonstradas pelo êxito excepcional de nossa escola científica, o sutil perfume de heresia era notado em toda parte, e suscitava grande hostilidade. Além das acusações movidas ao Sr. Bradlaugh e a mim pela acrimônia com que combatíamos o Cristianismo, devem-se ter em conta as incessantes, oprimentes e mesquinhas perseguições de que éramos vítimas. Para ele foram ainda mais dolorosas, porque via suas filhas, inteligentes e de nobre caráter, insultadas, caluniadas, escarnecidas, em contínua condição de inferioridade pelo único fato de serem suas filhas e por o amarem e respeitarem acima de tudo.

Em outubro de 1879 encontrei pela primeira vez Herbert Burrows, se bem que com ele não tenha privado intimamente até o outono de 1887, quando os distúrbios socialistas nos arrastaram à mesma corrente de ação. Apresentou-se-nos como delegado do *Tower Hamlets Radical Association,* e o Sr. Charles Bradlaugh o convidou para uma reunião preliminar no Salão da Ciência, a 11 de outubro, para estudar a conveniência de uma Assembleia magna em Londres, com a intervenção de delegados de todos os partidos do Reino, com o fim de promover uma reforma das leis agrárias. Elegeram-no membro do Comitê Executivo, com o Sr. Bradlaugh, o Sr. Mottershead, o Sr. Nieass e outros. A Assembleia teve grande êxito, serviu para traçar um plano de conduta com vistas à reforma da Lei agrária, utilizado depois pelo Sr. Bradlaugh como base das proposições que formulou ante o Parlamento.

Capítulo XI

A luta de Charles Bradlaugh

Nascia, entretanto, a aurora de 1880, ano memorável, porque deu princípio à contenda parlamentar do Sr. Charles Bradlaugh. Longa e áspera foi a luta, até que, afinal, como recompensa, ficou eleito, com o Sr. Henry Labouchere, deputado por Northampton. Poderei eu jamais esquecer o dia da eleição, 2 de abril de 1880? Às quatro horas da tarde, o Sr. Bradlaugh entrou no aposento do Hotel George, onde me achava com suas filhas, e deixando-se cair numa cadeira, exclamou: "Nada resta por fazer; votou o nosso último homem". Começaram, então, as longas e inquietantes horas de espera até conhecer o resultado da apuração, e quando se aproximou o momento, nos ajoelhamos junto à janela, atento o ouvido ao rumor da multidão, sabendo que a leitura do número de votos da escadaria do Município levantaria um grito de triunfo ou um rugido de raiva.

De súbito se fez silêncio; havia chegado o momento; suspendemos a respiração... e então o clamor selvagem de alegria e entusiasmo, no qual os aplausos se sucediam aos aplausos, e depois, a poderosa corrente do povo que o aclamava, seu deputado por fim, acenando com chapéus e lenços, em verdadeiro delírio jubiloso e com o agudíssimo grito de "Bradlaugh por Northampton!", em que vibrava uma entoação de triunfo jamais ouvida. Ele, no entanto, muito grave, algo emocionado por aquela manifestação de afeto e entusiasmo, estava silencioso; sentia mais intensamente o peso da responsabilidade do que o júbilo da vitória.

Na manhã seguinte, quando saiu da cidade, enorme multidão, um mar de cabeças, o aguardava desde o hotel até a estação, lotava as janelas fazendo luzir suas bandeiras e lutava para aproximar-se dele, para tocá-lo, enquanto as mulheres gemiam aos gritos de "Nosso Charlie, nosso Charlie; agora que você é nosso representante, vamos mantê-lo!". Como o amavam, como se regozijavam do triunfo que havia custado doze anos de luta! Mas, infelizmente, imaginávamos terminada a batalha quando apenas havia começado; críamos vitorioso nosso herói e o aguardava uma luta feroz e cruel! Verdade é que estava em condições de ganhá-la, mas sua vida seria o preço da vitória; ele a conseguiria completa, mas a coroa do laurel cairia sobre sua tumba.

A explosão de ira dos mais intolerantes da comunidade cristã foi tão estrepitosa como a explosão de alegria de nossos amigos; mas não demos a isso importância alguma. Não estava nosso deputado devidamente eleito, sem possibilidade de que atacassem seus direitos legais?

O Parlamento devia reunir-se a 29 de abril, e os deputados haviam de prestar juramento no dia seguinte. Para este fim, o Sr. Charles Bradlaugh pediu conselho a outros deputados livres-pensadores sobre o direito do livre-pensador de *declarar* em vez de *jurar.* Sustentou que nos *Acts.* 29 e 30 Vict. c. 19, e nos *Evidence Amendment Acts* 1869 e 1870, aparecia muito claro o direito de substituir o juramento pela declaração solene; estaria disposto a prestar o juramento se fosse obrigatório, mas não se fosse facultativo. Ele preferia a declaração.

A 3 de maio se apresentou à Câmara e, de acordo com o parecer de *Sir* Erskine May, o Secretário da Casa, aproximou-se da mesa e dirigiu a seguinte declaração: "Ao Ilustríssimo Presidente da Câmara dos Comuns. – O abaixo-assinado, Charles Bradlaugh, solicita respeitosamente que se lhe permita, por lho autorizar a lei nestas circunstâncias, fazer a afirmação ou declaração solene, em vez de prestar juramento. (Assinado), Charles Bradlaugh". Ao lhe perguntar o Secretário em que fundamentava seu direito, respondeu: "Na *Evidence Amendment Act* de

1869 e 1870". O Secretário transmitiu a resposta ao Presidente, e este disse que devia dirigir-se à Câmara sobre tal assunto. As observações do Sr. Bradlaugh foram brevíssimas; repetiu que se apoiava na *Evidence Further Aviendment Act* de 1869 e na *Evidence Amendment Act* de 1870, acrescentando: "Repetidamente, durante os últimos nove anos, tenho declarado em vez de jurar, nos Supremos Tribunais de Justiça do Reino. Estou disposto, pois, a formular aqui uma afirmação ou declaração semelhante". Tais foram, em essência, as palavras que dirigiu ao Presidente, desenrolando-se a cena plácida e dignamente. O Sr. Bradlaugh recebeu a ordem de se retirar e retirou-se. Depois de um breve debate, nomeou-se uma Comissão para estudar se o Sr. Bradlaugh podia declarar em vez de jurar. Emitiu a Comissão parecer contrário e consignou seu informe em 20 de maio. No dia seguinte, o Sr. Bradlaugh se apresentou para prestar juramento na forma prescrita pela lei, mas ante a objeção de *Sir* Henry Drummond Wolf, que submeteu à Câmara uma moção para que não se lhe permitisse prestar o juramento, constituiu-se outra Comissão. O Sr. Charles Bradlaugh expôs o assunto diante dela, fez-lhe sentir que tinha a obrigação de prestar este juramento e acrescentou: "Qualquer que seja a forma com que me comprometa, qualquer que seja o juramento que preste, o considerarei como dever que pesa sobre minha consciência em toda a sua extensão. Não aceitaria nenhuma fórmula, se não a apreciasse como dever".

No mesmo sentido escreveu no *Times* dizendo "que se consideraria moralmente obrigado, se se lhe permitisse fazer a declaração; não pela letra das palavras pronunciadas, mas por seu espírito". A Comissão emitiu parecer contrário, a 23 de junho o escutaram na tribuna da Câmara, onde pronunciou um discurso tão moderado, tão nobre, tão digno que a Câmara, contra seu costume, se expandiu em repetidos aplausos. No debate que precedeu seu discurso, alguns membros esqueceram os mais elementares regras de decência e pronunciaram contra mim expressões de todo inoportunas em tal contenda. Rebateu-as gravemente, dizendo: "Faltais às regras de cavalheirismo, e se bem que posso contestar-vos no que a mim se refere, nada justifica o introduzirdes outros nomes, além do meu, com o fim de me prejudicardes"; e suas palavras foram seguidas de grandes aplausos. Ele apelava somente para a lei: "Não empreguei, e confio que a paixão não me arrastará a empregar palavra alguma que possa insinuar o menor desejo de entrar em conflito nesta Câmara. Sempre tenho ensinado, pregado e crido na supremacia do Parlamento, e não renegarei as ideias que sempre sustive, porque o juízo da Câmara me seja hostil em determinado momento. Mas faço sentir que, embora a Câmara seja superior a tudo, como assim reputo a atual, não pode infringir a lei. A lei me dá o direito de assinar esta lista, de pronunciar e assinar o juramento e de tomar posse de minha cadeira. Admito que se estou aqui sem outra razão que vossa vontade, possais recusar-me; é vosso direito porque tendes pleno senhorio sobre todos os membros da Câmara; mas não podeis fazê-lo enquanto não me tiverdes ouvido de meu lugar, não suplicante como agora, mas com o direito que sempre tem tido todo membro de ser escutado. Estou pronto a admitir, como hipótese se quereis, que é errônea toda minha opinião e merece castigo; deixai que a lei me castigue; mas se afirmais que a lei não pode fazer isso, admitis que não tendes razão, e neste caso apelo para a opinião pública contra a iniquidade de uma decisão que burla a lei e me nega justiça. Peço-vos perdão, senhores, assim como peço à Câmara, se o calor com que defendo meu direito parece falta de respeito à sua dignidade. Rogo-vos, ademais, pois hei de voltar a esta tribuna se vossa decisão for contrária, que antes de dar um passo no que ambos percamos nossa dignidade – a minha não importa muito, mas a vossa representa os Comuns da Inglaterra – antes que, fatalmente, me lanceis o desafio, vos rogo, repito, não no sentido de ameaça nem de jactância, senão com a atitude do homem que tem 600 contra si, que me façais aquela justiça que me outorgariam os juízes fora desta casa, se ante eles eu apresentasse minha causa".

Mas nenhuma força de eloquência, nenhuma invocação à justiça puderam vencer a corrente dos conservadores e da hipocrisia religiosa, e a Câmara dos Comuns votou que não se permitisse ao Sr. Bradlaugh prestar o juramento. Chamado ao tribunal para ouvir do Presidente a decisão, respondeu com as palavras pronunciadas com voz firme: "Recuso respeitosamente obedecer à ordem da Câmara, por ser contrária à lei". O Presidente recorreu à Câmara para obter instruções, e após um intervalo durante o qual ficaram a sós o Sr. Bradlaugh e o Presidente, a Câmara ordenou ao Sr. Bradlaugh que se retirasse. Deu-se-lhe a ordem, e de novo ele se negou a obedecê-la, e então mandaram que os maceiros o expulsassem. Estranha foi a cena quando o maceiro de baixa estatura se dirigiu ao deputado de hercúleas proporções. Os membros perguntavam entre si como poderiam fazer cumprir a ordem recebida. Mas o Sr. Bradlaugh era incapaz de descer a uma peleja vulgar, sobretudo considerando que o leve toque da mão do maceiro em seu ombro era aviso de uma autoridade que admitia e ante a qual se inclinava. Seguiu, pois, gravemente, ao maceiro e ficou preso na *Clock Tower* da Câmara, até que ela decidisse, depois de ulteriores considerações, o que devia fazer com aquele prisioneiro, o de mais cuidado entre todos os que havia tido, porque em sua pessoa se encarcerava a lei.

No número extraordinário do *National Reformer,* em que se publicou um informe sobre o trabalho da Comissão e o encarceramento do Sr. Bradlaugh, encontro este artigo meu: "O partido conservador, vencido nas urnas da nação, triunfou na Câmara dos Comuns. O homem eleito pelos radicais de Northampton foi encarcerado em virtude de uma moção do ex-chanceler do ex-ministro da Fazenda, um conservador, simplesmente porque desejava cumprir o dever que lhe haviam confiado os seus eleitores e a lei do país. Enquanto se envia esta notícia à imprensa, vou a Westminster receber instruções sobre a conduta que devemos seguir na luta com a nação, luta a que tão levianamente se lançou a Câmara dos Comuns". Encontrei o Sr. Bradlaugh escrevendo atarefado, preparado para todos os acontecimentos, disposto a um longo encarceramento.

No dia seguinte, lançava-se ao público um opúsculo meu intitulado: "Os Legisladores e os Infratores da Lei". Nele, depois de explicar o sucedido, terminava dizendo: "Que o povo fale. Gladstone e Bright lutam pela liberdade, e a ajuda que se lhes negou na Câmara dos Comuns deve vir de fora. Não percais tempo, pois enquanto permanecemos inativos, um representante do povo está ilegalmente no cárcere. Insultou-se a Northampton e neste magno corpo eleitoral ficam ameaçados todos os demais. Da liberdade da eleição depende nossa liberdade, e da liberdade de consciência, nosso progresso. Os conservadores nobres e aristocratas desafiaram o povo e mediram suas forças com as das massas: falem as massas".

Mas não foram necessárias excitações; o ultraje suscitou tal rugido de ira, que, no dia seguinte, o Sr. Bradlaugh ficou em liberdade, e choveram protestos e mais protestos contra o ato arbitrário da Câmara. No Salão de Westminster se reuniram mais de 4.000 pessoas para aplaudi-lo quando chegasse à Câmara no dia seguinte ao de sua libertação. Em menos de uma semana se realizaram 200 comícios para tornar público o protesto; as associações liberais, clubes e sociedades enviaram mensagens de indignação e demanda de justiça. Na Praça Trafalgar se reuniu, segundo afirmaram os jornais, a maior multidão jamais vista, e na quinta-feira seguinte – a reunião havia sido realizada na segunda-feira – a Câmara dos Comuns revogou sua decisão, e na sexta- feira, dia 2 de julho, o Sr. Bradlaugh ocupou sua cadeira depois de fazer a declaração. Eu escrevi: "Por fim, terminou a amarga luta; triunfaram a lei e o direito. A Câmara dos Comuns, ao revogar sua decisão adotada pelos conservadores e ultramontanos, reabilitou seu bom nome aos olhos do mundo. Não se trata de uma vitória do Livre-Pensamento sobre a cristandade, nem tampouco sobre a Câmara dos Comuns, mas do triunfo da lei, graças à boa vontade de homens de todas as opiniões, mas com uma só fé na justiça, sobre o desprezo da lei pelo partido conservador e a intolerância ultramontana. Foi a reafirmação da liberdade civil e religiosa em circunstâncias dificílimas; a declaração de que a Câmara dos Comuns é obra do povo, não um clube da aristocracia com o direito de veto à vontade".

A luta entre o Sr. Charles Bradlaugh e seus perseguidores se transferiu logo para os tribunais. Apenas havia ocupado a cadeira, foi acusado de haver votado sem prévio juramento, e começaram os indignos procedimentos de seus inimigos, com o propósito, segundo arrogantemente diziam, de o arruinarem e fazerem perder o lugar tão duramente conquistado. Potentados como Newdegate lhe armaram pleitos, servindo-se de indivíduos de palha como querelantes nominais. Durante vários meses teve que fazer frente a muitos adversários, defendendo-se pessoalmente em todos os processos, até que, derrotado uma e outra vez, resolveu levar suas questões à Câmara dos Lordes, onde conseguiu triunfal vitória, mas à custa de tal desgaste de força física e dinheiro, que se sentiu irreparavelmente minado na sua saúde e cheio de dívidas.

Por aquela época não teve somente que lutar nos tribunais e cumprir escrupulosamente seus deveres parlamentares, mas, também, ganhar sua vida escrevendo e dando conferências. Para isso viajava durante as noites que a Câmara lhe deixava livres, e dedicava o dia ao trabalho contínuo. Muitos de seus derrotados inimigos voltaram suas armas contra mim para mortificá-lo; assim o almirante *Sir* John Hay, em Wigton, usou para comigo tão grosseira linguagem, que o *Scotsman* e o *Glasgow Herald* se negaram a publicar seus artigos, e o Diretor do *Scotsman* dizia sobre isso: "É tão grosseira a linguagem, que ainda dificilmente poderia ser atribuída a um fanfarrão".

A 25 de agosto me encontrava em Bruxelas com Hipatia Bradlaugh para representar os livres-pensadores ingleses no Congresso Internacional do Livre-Pensamento. Foi uma interessante reunião, a que assistiram homens de reputação mundial, como o Dr. Luiz Buchner, de caráter nobre e bom. Fundou-se então uma Federação Internacional do Livre-Pensamento, que serviu para pôr em contato os livres-pensadores de diferentes países e organizou interessantíssimos congressos em Londres e Amsterdam. A não ser isso, pouca coisa fez, porque carecia de energia e vitalidade. Verdade é que cada grupo de livres-pensadores tinha tanto que fazer em seu próprio país, que pouco tempo podia consagrar e pouco que pensar na organização internacional. De minha parte, o conhecimento pessoal do Dr. Buchner me proporcionou uma utilíssima correspondência com ele, e, além disso, traduzi, com prévia aprovação sua, o seu livro *Mind in Animals* (*A Mente nos Animais)*, décima quarta edição ampliada de *Force and Matter (Força e Matéria)* e alguns folhetos.

No outono daquele mesmo ano, 1880, o Governo chamado liberal se encontrou em plena luta com os caudilhos do movimento irlandês, e trabalhei esforçadamente para levantar os sentimentos dos ingleses em defesa da liberdade irlandesa, embora assim atacasse homens de tanta estima como o Sr. Gladstone. Era muito árdua esta empresa, porque a Irlanda e seus defensores usavam uma linguagem muito áspera contra a Inglaterra e tudo quanto fosse inglês. Mas eu demonstrava com algarismos na mão que a vida e a propriedade estavam mais seguras na Irlanda que na Inglaterra; que a Irlanda estava curiosamente livre do crime, exceto nas disputas agrárias, e que mesmo estas podiam desaparecer se a lei interviesse entre proprietários e arrendatários, e se viesse a evitar os crimes dos usurários e os brutais despejos, poria termo a horríveis represálias provocadas pelo desespero e a vingança. A propósito disso me referia a uma frase de O'Connor que, servindo-se de umas palavras do Sr. Gladstone, dizia que toda sentença de despejo era uma sentença de fome, e fazia notar que dentro de um ano haviam sido sentenciados 15.000.

A atividade do outono foi intensa e variada: ensinava ciência na escola, sustentava um debate com um pastor da igreja anglicana e sofri uma operação cirúrgica que me reteve três semanas na cama, mas me foi utilíssima, porque aprendi a escrever deitada. Assim fiz boa parte da tradução do livro *A Mente nos Animais.*

Devo fazer constar que uma atividade, por muito intensa que seja, não mata ninguém. Num número do *National Reformer,* de 1880, encontro a seguinte passagem do Sr. Bradlaugh: "Parece-me inútil acrescentar que, segundo julgamento de seus mais íntimos amigos, a Sra. Besant tem trabalhado excessivamente durante os últimos anos". Pois bem, estamos agora em 1893[33] e durante o intervalo de treze anos transcorridos desde então, tenho estado em incessante atividade, trabalho agora mais que nunca e gozo perfeita saúde.

Folheando o *National Reformer* daquela época, dá-me a impressão de que executava uma admirável obra educativa: o Sr. Bradlaugh

[33] Ano em que a Sra. Besant terminou sua *Autobiografia.* (Nota ed. brasileira)

publicava em suas páginas seus estudos profundos sobre política e teologia; Aveling expunha seus admiráveis ensinamentos científicos, e eu me ocupava especialmente do trabalho educativo sobre a moralidade política e nacional em nossas relações com povos mais fracos. Cada um de nós pôs sua alma no trabalho e exerceu uma notável influência em favor de uma vida mais pura e de um pensamento mais elevado.

Na primavera de 1881, o tribunal de apelação decidiu que o Sr. Bradlaugh não tinha direito a fazer a afirmação como membro do Parlamento, e declarou vaga sua cadeira; mas voltou de novo à sua cadeira pelo distrito de Northampton, a despeito das virulentas calúnias com que o combatiam e que o levaram a dizer que havia sido "a mais amarga luta eleitoral que jamais sustentara". Sua atitude na Câmara lhe conquistou as melhores simpatias do país, onde o consideravam uma potência. Por este motivo, ao temor dos conservadores se uniu o ódio clerical, e aumentaram os esforços para afastá-lo da Câmara.

Os Srs. Labouchere e Burt o apresentaram como o novo membro que devia ocupar o lugar vago, mas interveio *Sir* Stafford Northcote, e depois de uma longa discussão durante a qual o Sr. Bradlaugh falou do semicírculo, uma maioria de trinta e três lhe negou a prestação do juramento. Após uma cena prolongada, durante a qual o Sr. Bradlaugh não quis retirar-se, e a Câmara vacilava em empregar a força, levantou-se a sessão. Finalmente o governo prometeu promulgar uma lei permitindo declarar em vez de jurar, e o Sr. Bradlaugh aquiesceu, por sua vez, com o consentimento de seus eleitores, em esperar a decisão da Câmara ante esta lei.

No ínterim se constituiu uma Liga para a defesa dos direitos constitucionais e cresceu a agitação no país. Aonde ia o Sr. Bradlaugh para falar, ali o esperavam multidões, e viajava de um a outro extremo do país, recebendo plena aprovação em sua demanda de justiça. A 2 de julho, em consequência da obstrução conservadora, o Sr. Gladstone escreveu ao Sr. Bradlaugh que o Governo não promulgaria a lei sobre a promessa, e o Sr. Bradlaugh decidiu apresentar-se de novo à Câmara, fixando a data para 3 de agosto, a fim de evitar que, por sua causa, sofresse demora a resolução agrária para a Irlanda.

A Câmara então estava severamente vigiada pela polícia; os portões estavam fechados e nos tribunais se acumulavam grandes reservas policiais. Tal estado de assédio durou todo o mês de julho. No dia 2 de agosto, realizou-se um imponente comício na Praça Trafalgar, a que assistiram delegados de toda a Inglaterra, até da longínqua Edimburgo, e no dia 3, quarta-feira, o Sr. Bradlaugh se dirigiu à Câmara. As últimas palavras que me dirigiu foram: "O povo conhece você melhor do que a ninguém, exceto a mim; suceda o que suceder, não permita a violência; confio em você para manter a ordem". Caminhou para a entrada da Câmara acompanhado do Dr. Aveling, mas entrou só. Suas filhas e eu estávamos juntas com centenas de pessoas que levavam a petição; dez somente, rigidamente contadas, passaram a porta, apenas entreaberta com o fim de que não entrasse mais de uma pessoa por vez, e chegaram ao Tribunal Westminster, onde esperávamos na escada que conduz a porta de entrada.

Um inspetor nos intimou a retirar-nos; adverti-o cortesmente de que estávamos em nosso direito, e ele ordenou com acento dramático: "Para aqui quatro agentes!" Chegaram até nós, nos olharam e os olhamos. Insinuei-lhe serenamente: "Creio que seria melhor consultardes o inspetor Denning antes de empregardes a violência". Assim o fez, e, passados poucos minutos, saiu o inspetor, que, vendo que nos mantínhamos onde tínhamos o direito de estar e não fazíamos mal algum, repreendeu seus demasiado zelosos subordinados, que se retiraram e nos deixaram em paz. O inspetor Denning era homem de muito tato e discrição, se bem que é verdade que a polícia da Câmara dos Comuns sempre se portou admiravelmente. Apesar da ordem que receberam de atacar o Sr. Bradlaugh, empregaram a menor violência possível; o Sr. Erskine, maceiro do Rei e seus beleguins é que agiram brutalmente. O Dr. Aveling escreveu sobre essa ordem: "A polícia a cumpriu com desagrado, pois, como valentes, sentiam simpatia por um valente; obedeceram rigidamente a ordem de seus superiores, mas depois foram a amabilidade personificada".

Pouco a pouco ia crescendo a multidão de peticionários, e começava-se a ouvir murmúrios de descontentamento, porque ninguém sabia o que estava acontecendo na Câmara. Alguns, a maioria que veio do Norte, homens galhardos e independentes que adoravam 'Charlie', julgava ter direito de entrar no vestíbulo, e de súbito, com o impulso que move a multidão a uma ação coletiva, ouviu-se o rugido: "Pedimos justiça! Pedimos justiça!", e lançaram-se para a escadinha, atropelando os guardas que custodiavam a porta. Acudiu-me à mente, como um relâmpago, a ordem de meu chefe: "Confio em você para manter a ordem", e enquanto os guardas iam conter a multidão, eu, aproveitando a vantagem da posição que havia escolhido no alto da escadinha, me interpus diante deles, de maneira que todos me pudessem ver. Detiveram-se surpreendidos, e eu lhes disse que se dominassem por amor a ele; que se mantivessem tranquilos como ele havia pedido. Soube, depois, que ao me verem lançar-me entre eles, os guardas sorriram: pensaram certamente que era loucura pretender dominar o ímpeto de uma multidão como aquela; mas eu sabia que seus amigos não me atropelariam, e ao se deterem, fizeram morrer-lhes o sorriso nos lábios e eu continuei em meu lugar.

A contragosto os homens retrocederam, dominaram sua cólera por amor a ele. Ah! Se eu tivesse sabido o que ocorria dentro da Câmara, não teria seguramente mantido minha palavra! Quantos nortistas nos disseram depois: "Se você nos houvesse deixado entrar, naquele dia teríamos levado nos ombros a Câmara e mesmo a cadeira presidencial!" De repente ouvimos um estalo no interior. Escutamos. Era o ruído de um cristal que se quebrava e de madeira que se partia. Poucos minutos depois chegou até mim um mensageiro dizendo: "Está no pátio do Palácio". Voamos todos para ali, e o vimos ainda de pé, rígido e pálido como mármore, rasgada a roupa, imóvel como uma estátua, apoiado ante a porta dos deputados. Logo mais soubemos do vergonhoso acontecimento: como o Sr. Bradlaugh havia entrado sozinho em demanda de seus direitos, sozinho e, portanto, impossibilitado de resistir à violência, catorze homens, segundo referiu o *Central News*, guardas e beleguins, lhe caíram em cima, o deitaram escadas abaixo, o espezinharam, quebrando em sua violência os cristais e janelas do corredor. Ele não vibrou um só golpe, mas empregou sua força hercúlea numa resistência passiva. "Nunca vi um homem contra dez lutar como este", disse um dos chefes, aborrecido com a injustiça que era obrigado a cometer. Por fim conseguiram atirá-lo ao pátio da Palácio.

Uma testemunha ocular relatou a cena à imprensa: "A poderosa figura do Sr. Charles Bradlaugh, forte, alta, com seus nervos e músculos tensos para dominar a coação, era difícil de mover. Dobrando-se e lutando contra a superioridade numérica, cedia o terreno palmo a palmo, com surpreendente tenacidade, e só se entregou depois de sobre-humanos esforços de resistência. O espetáculo desta luta, embora pouco se visse do exterior, era repugnante. O Sr. Bradlaugh, por fim dominado, parecia que ia exalar o último suspiro; seu rosto, apesar do calor da luta, estava coberto de uma palidez sinistra, as pernas apenas o sustinham... A frase da Praça Trafalgar: "Poderão despedaçá-lo, mas nunca dominá-lo", surgia à mente dos que presenciávamos aquela cena".

Arremessaram-no para fora e poucas palavras foram rapidamente trocadas com o Inspetor Denning, que disse depois: "Por pouco que me engano na porta; estava irritadíssimo". "Quereis – lhe perguntei – que volte com força suficiente para vencer tudo?" "Quando?" – respondeu. "Dentro de um minuto se eu levantar a mão".

O Sr. Bradlaugh permanecia de pé no pátio; fora das grades se estendia um imenso mar de cabeças, homens que tinham vindo de todas as partes do país por amor a ele e em defesa do magno direito que ele representava, de mandar ao Parlamento o homem que haviam eleito. O Sr. Bradlaugh nunca foi maior que naquele momento, em que, humilhado pelo ultraje e o triunfo de uma injustiça, com todo o ardor da altivez que em seu interior palpitava, ofendido pela violência física, dolorido pelo áspero e violento esforço de todos os seus membros, tanto que, durante algumas semanas, seus braços tiveram que ser mantidos com ataduras... Nunca foi maior que então, em que dominou sua própria cólera, venceu o desejo de lutar e, apesar de sua própria dor física e de o rodearem milhares de sequazes aguardando um aviso para se lançarem em seu auxílio, indicou-lhes que fossem vê-lo naquela tarde, longe da cena do conflito e lhes recomendou que se dispersassem sem "tumultos nem desordem".

Mas não é possível explicar com palavras quanto ele sofria interiormente. Ninguém que não soubesse como ele respeitava o Parlamento inglês, como honrava a lei e cria na justiça, podia compreender o tormento de seu coração. Aquilo significava o fracasso de seus ideais nacionais, de seu orgulho pátrio, de sua convicção de que o cavalheiro inglês, apesar de seus defeitos, mantinha alto sua honra e cavalheirismo, e nunca faltava à confiança, embora se tratasse de um inimigo.

Ao entardecer daquele dia me disse: "Nenhum homem dormirá esta noite no cárcere por minha causa; nenhuma mulher poderá acusar-me da morte ou ferimento de seu marido, mas...", e uma onda de angústia lhe cobriu a face, e desde aquele dia fatal, o Sr. Charles Bradlaugh nunca mais foi o mesmo homem. Há pessoas que podem manter seus ideais superficialmente, mas, no Sr. Bradlaugh, as fibras de seu coração apertavam muito estreitamente os seus. Muitos são os cidadãos que não se preocupam com seus países, mas ele era inglês até o mais íntimo de seu ser, obediente à lei, amante da liberdade, verdadeiro tipo do patriota setecentista, considerando como o mais caro a honra da Inglaterra; a traição lhe despedaçou a alma. Entrou sozinho, confiando na lealdade de seus inimigos, disposto a submeter-se à expulsão e ao cárcere, que acreditava muito prováveis; mas nunca teria imaginado que, apresentando-se indefeso ante seus adversários, estes empregassem a brutal e covarde violência e manchassem a tradição parlamentar com ultraje pessoal inferido a um membro devidamente eleito, procedimento mais digno de uma taberna dos bairros baixos que da grande Câmara dos Comuns, a Câmara de Hampden e de Vane, a Câmara que havia se resguardado da violência régia e mantido seus privilégios a despeito dos reis.

Estas cenas tempestuosas provocaram uma promessa do Governo; como se temia, o Sr. Charles Bradlaugh não conseguiu obter nenhuma reparação legal por causa das ordens que os agentes haviam recebido da própria Câmara, mas o Governo prometeu ajudá-lo em sua demanda de ocupar a cadeira na próxima sessão, para assim evitar a campanha que havíamos resolvido iniciar contra os governantes.

Sob minha responsabilidade, organizei um poderoso núcleo de pessoas que se havia empenhado em abster-se, a partir de determinada data, de utilizar os artigos de consumo sujeitos a imposto, e em retirar seu dinheiro das Caixas Econômicas, para prejudicar os recursos financeiros do Governo. Foi comovedora a resposta dos operários à minha chamada: "Deixai de comprar". Houve quem me escrevesse dizendo que, por não beber nem fumar, se abstinha de tomar chá; outros que, não obstante ser o tabaco o seu único luxo, a ele renunciariam satisfeitos, e assim muitos. Não com muita satisfação pedi ao povo que aguardasse aquela arma formidável, já que não tínhamos direito de dificultar a obra do Governo até que ele recusasse o cumprimento de seu dever primordial: a manutenção da lei. Ele prometera fazer justiça e cumpria-nos esperar.

O Sr. Charles Bradlaugh jazia prostrado por causa dos golpes recebidos e que haviam rompido os tendões de alguns músculos do braço; mas nem mesmo durante esta trégua temporária na magna luta cessaram as escaramuças. Duas ou três vezes fui à Câmara, ali chamada, ainda que não pessoalmente, pelos que impediam a entrada ao Sr. Bradlaugh, e um discurso meu provocou uma pergunta do Sr. Ritchie, enquanto Henry Tyler declarava guerra a nossas aulas de Ciência. Outra *"alegria"* de minha vida nesta época foi o uso de meu nome, que conquistou grande prestígio com tais contendas, como autora de folhetos que nunca tinha visto; e esta falsificação, obra de gente pouco escrupulosa, me causou graves transtornos nas colônias. Rapidamente passamos os meses de outono fortalecendo a agitação constitucional no país, organizando o Congresso Internacional de livres-pensadores em Londres, estudando e ensinando ciência, dando cursos de conferências científicas no Salão da Ciência e mantendo animada correspondência com o Bispo de Manchester, que havia difamado os Secularistas, o que me levou a publicar como réplica um folheto intitulado: "O matrimônio segundo Deus".

Recordo com tristeza um incidente ocorrido nesta data. Induzida a erro pelo conhecimento incompleto que eu tinha da experiência científica feita nos animais, e por temor de que, se fosse proibida, os homens de ciência seriam obrigados a efetuar as experiências com os pobres do hospital, escrevi dois artigos, editados depois num folheto, contra a lei de *Sir* Eardley para "suprimir totalmente a vivissecção". Sustentava eu que devia permitir-se no caso de hábeis experimentadores interessados em investigações originais, mas confesso agora que emiti minha opinião sem aprofundar nem compreender a natureza das experiências. Daí a publicação do único escrito meu de que sinto remorsos e vergonha, como de um ato contrário à atitude interna de toda minha vida. Apraz-me dizer que a Dra. Anna Kingsford replicou com artigos que inseri no mesmo jornal onde apareceram os meus, nosso *National Reformer,* apresentando o assunto do ponto de vista moral, a que respondeu imediatamente minha natureza. Posteriormente estudei o problema com maior cuidado, e ao ver que a vivissecção no estrangeiro era tão diferente da que se fazia na Inglaterra, convenci-me de que se tratava de uma prática cruelmente diabólica, como asseguravam os seus adversários, e reneguei a parcial defesa que dela fiz, conquanto fosse em sua forma menos brutal.

Nem para o Sr. Bradlaugh nem para os que lutavam a seu lado cessaram as lutas em 1882. Escutaram-no pela terceira vez em 17 de fevereiro, no discurso que pronunciou da tribuna da Câmara, terminando com um oferecimento que, se aceito, poria fim à querela: "Estou disposto a permanecer fora durante quatro ou cinco semanas, sem aproximar-me desta mesa, se a Câmara, durante o intervalo ou por mais tempo se necessidades imperiosas o requererem, discutir se se aprovará ou não a lei sobre a Declaração Solene. Desejo obedecer à lei e quero dizer-vos como poderei satisfazer à Câmara ainda mais, se ela me perdoar por parecer querer aconselhá-la. Honrados membros me têm dito que a lei sobre a declaração significaria uma lei de desagravo para mim; mas eu sou mais orgulhoso que vós: enquanto se aprova a lei sobre efeitos retrospectivos, comprometo-me a não reclamar meu lugar, e uma vez aprovada, pedirei a cadeira do *Children Hundreds* [34]. Não temo; se não sou conveniente aos meus eleitores, eles podem destituir-me; mas vós não podereis fazê-lo, e só a morte me fará ceder". Mas a Câmara não quis fazer nada. O Sr. Bradlaugh obteve mais de 100.000 assinaturas a favor de seu direito constitucional, e a 8, 9 e 10 de fevereiro se apresentaram 1.008 petições com 241.970 assinaturas, que a Câmara recebeu com desdenhosa indiferença, e ao mesmo tempo que se recusava a declarar vaga a sua cadeira, negava-se a que ele a ocupasse. Assim o Colégio de Northampton esteve pela metade privado de seu direito eleitoral, e fechada toda via legal de reparação.

O Sr. Labouchere fez, nesta circunstância, tudo quanto incumbia a um colega leal para ajudar seu amigo. Apresentou uma lei sobre a declaração, que não surtiu nenhum efeito. O Sr. Gladstone, interpelado a manter a lei apresentada pelo próprio Procurador-Geral, negou-se a fazer algo. Assim se estabeleceu um beco sem saída, do que se alegraram todos os inimigos da liberdade. Mas a Câmara se viu obrigada a sair desta posição, que o *Globe* chamava de "tranquila onipotência", ante o audaz desafio do membro que ela quisera afastar de si. A 21 de fevereiro, o Sr. Charles Bradlaugh prestou juramento ante o estupor geral e se dirigiu à sua cadeira para esperar os acontecimentos. A Câmara o expulsou, pois não podia agir de outro modo, e o Sr. Labouchere moveu um novo mandado, declarando que "Northampton estava preparado e que seu candidato era o Sr. Charles Bradlaugh, expulso da Câmara". Northampton, sempre firme em sua decisão, o mandou a ela pela terceira vez, figurando na eleição 359 votos mais que na segunda. Nas cidades populosas recebeu-se a notícia do triunfo com frenético entusiasmo, mas de novo se negou ao Sr. Bradlaugh o direito de ocupar seu lugar por uma insignificante maioria de 15 votos numa Câmara de 599 membros, maioria essa motivada pela vacilação

[34] Lugar que passam a ocupar os membros do Parlamento, quando resignam sua cadeira. (Nota ed. brasileira)

do Governo. Mas desta vez a imprensa liberal entrou na briga; a questão do juramento se converteu num problema de princípio para todos os candidatos ao Parlamento, e o Governo se apercebeu de que, com a sua atitude, afastava os seus melhores amigos. A *Pall Mall Gazette* expressou o sentimento geral: "Quem prova que a lei sobre o juramento prejudicará o Governo do país? O que podemos é estar seguros de que sua atitude não lhe trará benefício algum nas próximas eleições. Ninguém duvida de que isto se converteu numa questão de princípio, e todo liberal que recuse votar perderá o apoio de todos os eleitores que compartilharem da opinião dos radicais de Northampton. A imprensa liberal está absolutamente unânime em todo o país; apoiam-na também os não conformistas e os clubes locais; o que convém, pois, é que o Governo tenha mais valor moral e reconheça que na prática da honradez ainda está a melhor política".

Mas o Governo não pensou assim e pagou caro por seu erro, porque uma das causas que determinaram sua derrota nas eleições foi o desgosto que provocou em todos a sua incerteza e covardia ante os direitos eleitorais. Não me equivoquei quando escrevi em maio de 1882: "O Sr. Charles Bradlaugh, pela grave injúria recebida, converteu-se na encarnação de um magno princípio"; pois a agitação cresceu de tal modo que, por fim, enviado ao Parlamento nas eleições gerais, prestou seu juramento e ocupou seu lugar; apresentou e defendeu uma Lei sobre Juramento, a qual conferia aos membros do Parlamento não só o direito de declarar em vez de jurar, senão que fazia dos livres-pensadores jurados competentes, e libertava as testemunhas que não quisessem jurar, da ignomínia que até então caíra sobre elas. A luta sem precedentes terminou em completa vitória, atrelando o nome do Sr. Charles Bradlaugh para sempre à história constitucional de seu país.

Lorde Redescale apresentou à Câmara dos Lordes uma lei que desqualificava os ateus para serem membros do Parlamento, mas ante a opinião de todo o país, os Lordes, com patéticas expressões de compunção, se negaram a aprová-la. Enquanto isso, *Sir* Henry Tyler, da Câmara dos Comuns, apresentava um processo por blasfêmia contra o Sr. Bradlaugh e seus amigos, dirigindo, além disso, a cruzada contra suas filhas, contra o Dr. Aveling e contra mim como professores de ciências. Na primavera de 1882, resumi nossa posição com estas duas palavras: "Esta efêmera Lei sobre Declaração Parlamentar é uma das muitas que pressagiam uma tempestade de perseguição. As reiteradas tentativas feitas na Câmara dos Comuns para obrigar o Governo a processar os hereges por blasfêmia; os mesquinhos e desleais ataques contra as classes de Ciência; os odiosos e malignos esforços do Sr. Newdegate para levar o Sr. Bradlaugh ao Tribunal de Falências, tudo isso são sinais de que o heterogêneo exército de devotos e hipócritas cristãos reúnem suas forças para atacar furiosamente aqueles que os reduzem ao silêncio por meio de argumentos, mas aos quais desejam vencer pela maior força e mera brutalidade. Que venham. Nunca os livres-pensadores se sentiram tão fortes, nem tão unidos e tão organizados como agora. Poderosos pela bondade de nossa causa, por nossa fé no triunfo final da Verdade, por nossa vontade de renunciar a tudo, exceto a sermos fiéis à sagrada causa da liberdade de pensamento e expressão, esperamos graves e intrépidos os sucessores daqueles que queimaram Bruno, encarceraram Galileu, torturaram Vanini; homens que têm em suas mãos a cruz vermelho-sangue de Jesus de Nazaré, e em seus corações o amor a Deus e o ódio ao homem".

Capítulo XII

Ainda em luta

As veementes contendas no campo religioso não me cegaram aos sofrimentos do povo da Irlanda, tão caro ao meu coração e que se debatia entre os cruéis artigos da Lei de Coação do Sr. Forster. Um artigo meu intitulado "A Coação na Irlanda e suas Consequências", expondo as injustiças que se cometiam em virtude de tal lei, foi impresso em folheto e obteve ampla difusão.

Defendi a causa dos despejados, tendo em conta que, no trimestre terminado em março, haviam sido despejadas 7.020 pessoas; pedi que se processassem imediatamente os encarcerados por suspeita; reclamei uma indenização para aqueles que antes da Lei Agrária lutaram contra as injustiças que esta mesma lei tinha de prevenir, "e insisti em que não se podia esperar êxito algum das medidas que se adotavam para remediar a enfermidade da Irlanda – sua desafeição pela Inglaterra – até que, não somente se libertassem os prisioneiros irlandeses, mas se declarasse também o valente e infeliz Miguel Davitt livre em terra Irlandesa".

Por fim decidiu-se o Governo a modificar sua política e a agir com mais justiça. Enviou à Irlanda Lorde Frederick Cavendish com o decreto de libertar os "suspeitos", porém mal havia desembarcado, o punhal de um assassino acabava com a sua vida: triste e vil assassino de um inocente mensageiro da paz. Estava eu em Blackburn para proferir uma conferência sobre "O Problema Irlandês", e me encaminhava para a tribuna, com o coração pleno de alegria ante a chegada da aurora de paz, quando me entregaram o telegrama que noticiava o assassinato. Jamais esquecerei a impressão, o incrível horror, a onda de desespero que então me invadiu. Dois dias depois eu escrevia: "Não mataram dois homens somente; apunhalaram a nascente esperança de amizade entre dois países e abriram de novo o abismo de ódio que estava prestes a desaparecer". O crime conseguiu seu objetivo, arrastando o Governo a novas injustiças.

Imediatamente foi apresentada uma nova Lei Coercitiva, que foi aprovada rapidamente pela Câmara, e me decidi, afrontando a tempestade da excitação pública, a implorar ainda: "A violência não é o remédio". "O problema da Irlanda apresenta muitíssimas dificuldades neste momento: os conservadores clamam vingança contra todo um povo para castigar o delito que uns poucos cometeram; os liberais aumentam o alvoroço; muitos radicais, arrastados pela corrente e sentindo que 'algo se deve fazer', aprovam a ação do Governo, esquecendo-se de perguntar a si mesmos se o 'algo' proposto é a atitude mais sábia. Somente uns poucos resistem com firmeza, demasiadamente poucos para impedir que o Projeto Coercitivo se converta em lei. Mas não obstante sermos poucos em levantar nossa voz de protesto contra a injustiça que não podemos evitar, muito faremos conseguindo duração breve para a nova lei e estimulando o sentimento geral para que se provoque a sua anulação. Quando o público compreender o alcance da nova atitude governamental, teremos ganho meia batalha, pois se aceitou as disposições do Governo, foi porque confiava nele e as recusará logo que descubra o seu verdadeiro caráter. Os assassinos causadores destas medidas repressivas contristaram o país de forma tão terrível, que subitamente converteram a felicidade e a esperança em trevas e desespero. Recebemos com alegria a nova política do Governo, mas mataram o mensageiro da paz antes que secasse a pena que assinou o decreto de misericórdia e liberdade. Não é de estranhar, pois, que ao grito de horror sigam-se medidas vingativas, mas o assassinato foi obra de uns poucos criminosos, enquanto que a vingança prejudica todo o povo irlandês. Luto contra o pânico que confunde a agitação política e a política de repressão do mal com o crime e seu castigo; as medidas que o Governo adota representam uma mordaça para todo irlandês e põe todos os esforços políticos, como logo veremos, sob a submissão do Vice-rei e governador da Irlanda, a magistratura e a polícia".

Resenhava depois a miséria dos camponeses sob o domínio de proprietários ausentes; as cenas de mães moribundas lançadas na rua com o recém-nascido em seu peito; a perda de "toda ideia de santidade da vida humana quando os sofrimentos dos seres mais queridos são considerados de menor valor que o dinheiro do aluguel". Analisava a nova lei e escrevia: "Quando esta lei for aprovada, os julgamentos por júri, o direito de reunião pública, a liberdade de imprensa, a santidade do lar, tudo estará submetido à vontade do Vice-rei e Governador, o irresponsável autócrata da Irlanda, e a liberdade pessoal ficará à mercê de qualquer polícia. Tal é o sistema governamental da Inglaterra para a Irlanda no ano de 1882! E a isto se quer chamar de Lei para a *repressão do crime!*" Expunha francamente a verdade nua e crua: "A realidade é que os assassinos triunfaram no seu intento: viam na nova política a reconciliação entre a Inglaterra e a Irlanda; compreendiam que a amizade seguiria à justiça e que os países pela primeira vez na história apertariam as mãos, e para impedi-lo, abriram um novo abismo, crentes que a nação inglesa não o saltaria; fizeram correr um rio de sangue pela senda da amizade e lançaram dois cadáveres na entreaberta porta da reconciliação e da paz. Triunfaram".

Neste torvelinho da luta política e social chegou até mim, pela primeira vez, o sussurro da Sociedade Teosófica em forma de um escrito em que se expunham seus princípios e em que não vi "uma ideia definida dos requisitos necessários para filiar-se, mas somente um interesse vago, sentimental e erudito pelas fantasias filosófico-religiosas do passado". Li também o informe de uma alocução do Coronel Olcott, que me induziu a crer que essa Sociedade sustentava "estranhas teorias sobre *aparições* dos mortos e sobre a existência fora do corpo físico e independente dele". Conheci estes escritos por meio de alguns livre-pensadores hindus, que pediram meu parecer sobre a adesão dos secularistas à Sociedade Teosófica, assim como sobre a admissão dos teósofos na *National Secular Society.* Julgando pela informação recebida, respondi "que embora, como secularistas, não tínhamos o direito de negar entrada aos teósofos, se a desejassem, existia uma diferença radical entre o misticismo da Teosofia e o materialismo científico do Secularismo. A devoção exclusiva a este mundo implica, na profissão de fé dos secularistas, não deixar lugar para outros mundos, e os membros consequentes de nossa entidade não podem ingressar em outra que creia neles".[35]

H. P. Blavatsky escreveu um breve artigo no *Theosophist* de agosto de 1882, em que comentava meu parágrafo e fazendo notar, na generosa forma que lhe era habitual, que certamente eu o havia escrito "sob a impressão de noções absolutamente errôneas relativas à verdadeira natureza da Sociedade Teosófica. Parece-nos absurda incoerência, para dizer o mínimo, que uma pessoa tão altamente intelectual e perspicaz como a autora do artigo, dogmatize e emita ucasses autocráticos, após haver sofrido tão cruel e imerecidamente por causa da intolerância cega e do preconceito social durante sua longa luta pela *liberdade de pensamento*". Depois de transcrever meu parágrafo, acrescentava: "Até que saibamos o contrário, preferimos crer que algumas malignas e falsas informações procedentes de Madras, inspiradas num baixo sentimento de vingança pessoal, antes do que num desejo de permanecer consequente com os princípios do *materialismo científico,* inspiraram à Sra. Besant as frases anteriores. Asseguramos aos radicais Diretores do *National Reformer* que os falsos informes sobre os radicais Diretores do *Theosophist* os induziram a erro; o termo "supernaturalistas" não é mais adequado para estes que para a Sra. Besant e o Sr. Charles Bradlaugh".

H. P. Blavatsky, nos comentários que eventualmente fazia sobre a luta que se sustentava na Inglaterra, mostrou sempre uma amplitude de vistas e uma generosidade verdadeiramente extraordinárias. Aludia

[35] *National Reformer,* 18 de junho de 1882. (Nota ed. em inglês)

com grande admiração à obra do Sr. Bradlaugh e sua luta parlamentar, e falava calorosamente dos serviços que ele havia prestado à liberdade. Pela primeira vez me cita nominalmente ao referir-se a comunicações espiritualistas, que de nenhum modo julga discursos transcendentais: "Outra oradora de merecida fama, tanto pela sua eloquência como pela sua erudição, a boa Sra. Annie Besant fala e escreve ensinamentos tão sábios e de tão bom sentido, sem crer em espíritos-guias nem ainda em sua própria alma, que podemos afirmar que um dos seus discursos ou artigos contêm muito mais matéria para beneficiar a humanidade que a que acumularia um moderno médium durante toda a sua carreira".[36]

Perguntaram-me estes últimos dias que se então eu a houvesse conhecido ou lido alguns de seus escritos, teria chegado a ser sua discípula; temo que não. Estava ainda demasiado segura de mim mesma, demasiado desejosa de combate, excessivamente à mercê de minhas emoções, demasiado sensível ao louvor ou vitupério. Necessitava sondar mais profundamente ainda os abismos da miséria humana, ouvir mais fortemente o lamento da Grande Órfã, a Humanidade; sentir mais agudamente a falta de maior conhecimento e mais clara luz; se havia de ajudar o homem deveria antes submeter meu orgulho ao desejo de ser admitida numa Escola de Ocultismo, deveria antes afastar meus preconceitos e estudar a Ciência da Alma.

As reiteradas tentativas de *Sir* Henry Tyler e de seus amigos para provocar os processos por blasfêmia tomaram, afinal, forma tangível. O mesmo Tyler citou por blasfêmia o Diretor do jornal *Freethinker* (O Livre-Pensador), Sr. Foote, o Editor Sr. Ramsey e o impressor Sr. Wittle. Tentou-se envolver o Sr. Bradlaugh nos processos; os Procuradores lhe prometeram abandonar a causa contra o Diretor e o impressor se ele lhes vendesse alguns exemplares do jornal, e apesar do Sr. Bradlaugh estar sempre disposto a defender seus subordinados, carregando sobre si os seus erros, não viu neste caso razão alguma para assumir a responsabilidade de um jornal que não dirigia e que, segundo ele, rebaixava com suas caricaturas o nível de defesa do Livre-

[36] *Theosophist,* junho de 1882. (Nota ed. em inglês)

-Pensamento, e sem necessidade provocava ataques de seus inimigos. Respondeu, em consequência, que venderia aos Procuradores as obras que ele houvesse publicado, diretamente ou mediante sua aprovação, e lhes mandou um catálogo. Era evidente o objetivo de *Sir* Tyler, e o Sr. Bradlaugh o comentava assim: "As cartas anteriores mostram muito claramente que *Sir* Henry W. Tyler, tendo fracassado no seu desejo de fechar as classes do Salão da Ciência, tendo também fracassado em sua tentativa de induzir o *Sir* W. Vernon Harcourt a processar a mim e à Sra. Besant como Diretores e Editores do *National Reformer*, desejava tornar-me pessoalmente responsável pelo conteúdo de um jornal que nunca dirigi nem publiquei e sobre o qual não tenho a menor sombra de autoridade e, portanto, o menor interesse. Será, quiçá, que por duas sentenças, em virtude dos artigos 9 e 10, tit. III, cap. 32, me excluiriam para sempre do Parlamento?"

A *Whitehall Review* disse francamente que era aquilo que se desejava obter, e citou-se o Sr. Bradlaugh no Município, acusado de publicar ímpios libelos no *Freethinker*. Entretanto, *Sir* Henry Tyler pôs na ordem do dia uma proposição para privar as filhas do Sr. Bradlaugh da autorização que haviam obtido para ensinar matérias científicas, e conseguiu uma ordem que, embora carecesse de validade, influiu para que se inspecionassem as contas correntes do Sr. Bradlaugh e as minhas, apesar de não haver eu tomado parte no assunto.

Ao recordar o passado, fiquei admirada com as incríveis mesquinharias e baixezas de Henry Tyler e seus sequazes, cometidas em defesa da "religião" (Deus nos livre dela!). Sua moção fracassou completamente na Câmara dos Comuns e esse fracasso foi enfatizado pela publicação simultânea de um bem-sucedido trabalho que realizavam as filhas do Sr. Bradlaugh como estudantes e professoras, assim como a circunstância de que eu fosse a única estudante que conseguiu diplomar-se em botânica na Inglaterra.

Devo parar um momento para registrar a morte do Dr. Pusey, ocorrida em setembro de 1882, a cujos conselhos havia recorrido durante o torvelinho de minhas primeiras lutas religiosas. Ao escrever um artigo no *National Reformer*, depositava meu tributo sobre sua tumba: "Um homem forte e bom, em completo desacordo com o espírito de sua época, julgava com honestidade toda busca ávida, toda manifestação espontânea de amor e entusiasmo pela natureza, toda investigação neste mundo, condenado ao fogo, segundo ele, com o advento de seu Juiz. Asceta, de vida pura e de rígida fé, duro com os incrédulos, embora sincero no seu credo, era implacável, generoso e terno para com todos os que aceitavam sua doutrina e se submetiam à sua Igreja, nunca se rebaixou para difamar aqueles que discordavam de sua opinião. Seu ódio para com a heresia não o induziu a denegrir os hereges, nem a descer a um ultraje vulgar, sistema tão em voga entre clérigos mesquinhos. Apesar de tudo, eu, que honro o valor e a sinceridade onde quer que se encontrem, que rendo homenagem à firmeza onde quer que se ache, eu, ateia, deposito meu modesto tributo de respeito sobre o caixão de um dos mais nobres Anglo-católicos, Edward Bouverie Pusey".

Como resposta prática aos inúmeros ataques que nos dirigiam, e como consequência do enorme incremento que tomou a difusão de nossos artigos teológicos e políticos nos processos daquela época, mudamos nossa editora em fins de setembro de 1882 para a rua Fleet, n.° 63, uma loja em frente daquela em que Ricardo Carlile fizera suas publicações durante muito tempo e que parecia vibrar ainda com as memórias de suas lutas valorosas. As primeiras publicações que vendemos foram um folheto meu de enérgico protesto contra nossa vergonhosa política no Egito e um volume crítico sobre o "Gênesis" que o Sr. Bradlaugh escreveu nos intervalos de descanso de sua vida ativa. Ali trabalhei diariamente, exceto quando me ausentava de Londres, até a morte do Sr. Bradlaugh, em 1891, ajudada por sua filha mais velha, mulher de poderoso caráter e nobilíssimas qualidades, que morreu subitamente em dezembro de 1888. Na atividade do *National Reformer* colaborou primeiramente o Dr. Aveling e depois John Robertson, seu Diretor atual.

De 1884 em diante, trabalhou comigo a Sra. Thornton Smith, devotíssima discípula do Sr. Bradlaugh e que se converteu numa das principais oradoras da *National Secular Society*. Como seu querido chefe, mostrou-se sempre boa amiga e nobre lutadora, e foi para mim a mais leal e amorosa das colegas, uma das poucas – tão poucos! – livres-pensadores de coração assaz amplo e generoso para não se levantar contra mim quando me tornei uma teósofa. Outro deles, posso contá-los com os dedos das mãos, é o mencionado John Robertson, homem de singular capacidade e vasta cultura, demasiado erudito para a propaganda popular de característica geralmente mais direta, mas uma verdadeira potência em todo o movimento, sempre inclinado à vida nobre e ao pensar elevado, leal como costumavam ser os escoceses, incapaz de mesquinharia ou traição e o mais genial e generoso amigo.

Entre as iniciativas literárias que seguiram à nossa instalação no nosso vasto recinto na rua Fleet, figurava uma revista de seis *pence* editada por mim, intitulada *Our Corner.* O primeiro número saiu em janeiro de 1883 e apareceu regularmente durante seis anos, servindo-me como utilíssimo porta-voz de meu trabalho. Dentre os seus contribuidores estavam: Moncure D. Conway, Professor Ludwig Buchner, Yves Guyot, Professor Ernst Haeckel, G. Bernard Shaw, Constance Naden, Dr. Aveling, J. H. Levy, J. L. Joynes, Sra. Edgren, John Robertson e muitos outros. O Sr. Charles Bradlaugh e eu escrevíamos regularmente todos os meses.

O ano de 1883 nasceu tempestuoso: brigas por toda parte e uma colossal agitação constitucional no país, que obrigou o Governo a expedir uma Lei de Afirmação; resoluções de Associações Liberais em toda a Inglaterra; preparativos para se opor à reeleição dos deputados infiéis ao partido, nada menos de mil delegados enviados a Londres pelos Clubes, Sindicatos e Associações de todo tipo; um comício que encheu a Praça Trafalgar; uma multidão agitadíssima na entrada do Tribunal Westminster; um pedido do Inspetor Denning para que o Sr. Bradlaugh saísse, pois temiam por sua segurança; uma palavra sua "e o Governo se comprometeu a apresentar imediatamente uma Lei de Declaração"; salvas de aplausos; uma verdadeira vitória popular no dia 15 de fevereiro de 1883. Tal foi a resposta do país ao apelo por justiça, tal foi o castigo dos eleitores para a Câmara que os havia desafiado.

Apenas terminado isto, já se iniciou outro processo por blasfêmia contra os Srs. Foote, Ramsey e Kemp, levados pressurosamente à Audiência Criminal perante o Juiz North, um fanático da pior espécie. O julgamento terminou com um desentendimento entre os membros do júri, pois o Sr. Foote se defendeu com um esplêndido discurso. O Juiz se conduziu com muita aspereza; interrompia Foote continuamente, e recusou a fiança aos réus para que desfrutassem de liberdade durante o intervalo entre o primeiro e segundo processos, encerrou-os nas prisões de Newdegate, de quinta até segunda-feira, e apenas permitiu-nos vê-los através das grades de ferro, das oito e meia às nove e meia da manhã.

Reiniciado o processo na segunda-feira, foram condenados: o Sr. Foote a um ano de prisão, o Sr. Ramsey a nove meses e o Sr. Kemp a três meses. O Sr. Foote, especialmente, demonstrou nesta dificílima vicissitude, dignidade e valor extraordinários; escutou a cruel sentença sem abatimento e só pronunciou com calma as seguintes palavras: "Senhor, agradeço-vos; a sentença é digna de vosso credo". Alguns de nós intervieram para defender a oficina de Ramsey e a propriedade literária do Sr. Foote; o Dr. Aveling se encarregou da direção do *Freethinker* e da revista do Sr. Foote, intitulada *Progress;* atendemos às necessidades imediatas da família dos condenados; o casal Forder assumiu a responsabilidade da oficina, e ao cabo de poucos dias tudo caminhava ordenadamente.

Embora muitos de nós desaprovassem a política daquele jornal, todos sentíamos que ante um processo por blasfêmia, terminado em condenação, não havia que discutir, e nos unimos para ajudar e sustentar aqueles que estavam encarcerados pela liberdade de consciência. Iniciei uma série de artigos sobre *The Christian Creed (O Credo Cristão)*; o que é blasfêmia negar, mostrando o que os cristãos devem crer sob a ameaça do processo. Em toda a parte, o movimento do Livre-Pensamento adquiria tremendo impulso, pois as mentes despertaram ao descobrirem que as leis contra a blasfêmia não eram obsoletas .

De além dos mares nos veio uma palavra de simpatia da Sra. Blavatsky. Dizia ela no *Theosophist:* "Preferimos a atual posição do Sr.

ali e que haviam comprado uma infinidade de *National Reformers* e *Freethinkers,* trazendo pilhas deles, que nunca foram utilizados, mas pelos quais *Sir* Hardinge confiava produzir a impressão de uma enorme criminalidade. Chamou também um senhor do Museu Britânico, que mostrou dois grossos volumes, presumidamente coleções do *National Reformer* e do *Freethinker,* mas ninguém compreendeu, e menos ainda o Conselheiro da Coroa, para que serviam. O Juiz os examinou por cima de seus óculos e os tratou depreciativamente, sem dar-lhes importância. Entrou depois outra testemunha para provar que o Sr. Bradlaugh estava inscrito como contribuinte em Stonecutter St., o que ninguém negava, e vieram finalmente dois policiais para afirmar que o tinham visto entrar, e o Juiz murmurou: "Creio que vistes entrar muita gente". Em resumo, foi a causa mais infeliz, mais débil, mais evidentemente maligna que se pôde apresentar perante um tribunal.

Apesar de tudo, não podemos esquecer uma testemunha: o Sr. Woodhams, banqueiro. Quando declarou que o Sr. Maloney, Conselheiro-Mor da Coroa, havia inspecionado a conta corrente do Sr. Bradlaugh, correu pela sala um murmúrio de surpresa e indignação. Oh! Oh! Gritaram os advogados. O Juiz olhou ao seu redor com expressão de incredulidade, e durante um momento teve que ser suspenso o interrogatório das testemunhas pela agitação que este incidente produziu. A menos que *Sir* Hardinge Giffard fosse um esplêndido ator, não percebeu a infâmia do procedimento, pois parecia tão surpreso quanto o resto de seus colegas.

Merece citar-se outro curioso incidente, porque mostra melhor que nenhum outro quão rapidamente o Sr. Bradlaugh compreendia a situação e se adaptava ao meio ambiente. A fim de mostrar porque não haviam chamado o Sr. Norrish, queria ler a destituição que fez o Julgado; o Juiz fez uma observação e negou-lhe autorização para isso. Seguiu-se uma pausa, na qual se pôde contar até cinco, e depois o Sr. Bradlaugh começou: "Bem, creio poder dizer que o honrado Conselheiro não chamou Norrish porque...", e apresentou então a essência da destituição, exposta como hipótese.

O Juiz abaixou um momento os olhos e depois, ante a hábil mudança de tática e o feliz alcance do fim a que se propunha, esboçou em seus lábios um silencioso sorriso difícil de dominar; os advogados irromperam também numa onda de riso desenfreado que invadiu até a banca dos jurados. A única pessoa impassível foi o réu, que continuou a grave exposição daquilo "que se teria podido pedir" a Norrish. Claramente definiu o caráter da defesa: "Peço-vos que reconheçais que este processo é tão somente uma tentativa de vingança, um esforço para oprimir e esmagar um adversário político, uma luta iniciada contra mim no meu retorno ao Parlamento em 1880.

Se o Procurador estivesse no banco dos acusados, vos mostraria que ele foi um dos primeiros que formulou contra mim, na Câmara, a acusação de blasfêmia. Desde então não tive paz até segunda-feira desta semana. Intentaram-se contra mim decretos de multas e processos de todo gênero; por fim, na segunda-feira passada, a Câmara dos Lordes me declarou inocente de uma parte da acusação, e vos peço que façais o mesmo com a outra. Meus eleitores me elegeram por três vezes, e *Sir* Henry Tyler queria que me mandásseis a eles com a mancha de uma condenação, não de heresia, mas de uma desonrosa condenação: a de haver mentido neste assunto. Não desejo certamente que me encerrem numa prisão, mas preferiria mil vezes isto a que meus eleitores pensassem, mesmo por um só instante, que eu havia mentido para evitar a penalidade.

Não estou sendo acusado por algo que tenha escrito ou levado a ser escrito. Como o Sr. indicou desde o início, o problema não é meu, não há nada em relação a mim.Os assuntos apontados são blasfêmias ou não? São defensáveis ou não? O problema não é meu. Não tenho obrigação nem mesmo de discutir a política das leis da blasfêmia, embora não possa deixar de pensar que se estivesse fazendo minha defesa em relacão a elas, poderia dizer que são leis ruins, injustamente retomadas, prejudicando mais os que as retomaram do que os visados por elas. Mas isso não é por nada que eu tenha dito; não é por nada que eu mesmo tenha escrito; não é por nada que eu tenha publicado. É uma iniciativa para tornar-me tecnicamente vulnerável devido a uma publicação com a qual não tenho nada a ver e peço a vocês para liquidarem isso. Cada vez que fui bem-sucedido, enfrentei uma nova dificuldade. A primeira vez que concorri, tentaram impedir minha eleição. Quando fui reeleito, tentaram levar-me à falência através de enormes penalidades e quando escapei desta ação, tentam destruir-me acusando-me de blasfêmia. Não tenho problema em defender minha heresia, não porque eu não esteja pronto a fazê-lo ao ser atacado e se houvesse algo que a lei condenasse, pois jamais me retratei de sustentar o que havia dito, escrito ou feito. Só vos peço que não permitais que Henrique Tyler, que não se atreve a apresentar-se hoje aqui, aja como o assassino que utiliza um punhal para ferir pelas costas um homem ao qual nunca teve a valentia de enfrentar.

O resumo de Lorde Coleridge foi perfeito por sua eloquência, seu sentimento e suas ideias. Não se podia imaginar nada mais comovedor que seu conflito entre o verdadeiro sentimento religioso, contrário à heresia e sua determinação de ser justo a despeito de todo preconceito. Seu esforço honesto para que seus preconceitos de cristão não pesassem sobre a mente do jurado e o induzissem a perverter a justiça; sua insistente exortação para que agissem de maneira justa e não admitissem contra o ateu o que houvesse sido recusado em outros processos comuns. Depois seu protesto contra a perseguição aos delitos de opinião e sua admissão das dificuldades existentes nas Escrituras hebreias, e o patético temor de que, por causa do processo, "os inimigos pudessem atacar as sagradas verdades".

Esta eloquente oração, pronunciada com bela voz argentina, dificilmente podia ser superada devido à clareza de seus conceitos, sua elevação moral e a nobreza de seu estilo. Lorde Coleridge prestou à religião, tão cara à sua alma, o serviço de mostrar que um Juiz cristão podia ser justo e reto, mesmo com um inimigo de sua fé.

Terrivelmente ansiosa foi a espera do veredito, e ao serem pronunciadas ao final as palavras "Não culpado", explodiu uma salva de palmas, que o Juiz reprovou severa e justamente. Essa decisão ecoou em todo o país, que quase unanimemente condenava este processo como uma tentativa iníqua dos inimigos políticos do Sr. Bradlaugh para invalidar sua carreira política. A este propósito escreveu a *Pall Mall Gazette:*

"Qualquer que seja a aversão religiosa ou política que se sinta para com o Sr. Bradlaugh, é impossível, até mesmo para os seus mais acérrimos adversários, negar a série de brilhantes vitórias que tem alcançado nos tribunais. Sua absolvição no processo de sábado, por blasfêmia, foi apenas a última das inumeráveis lutas em que conseguiu de forma decisiva virar a mesa contra os seus adversários. A política de engodo que tanto tem persistido em atormentar o Sr. Bradlaugh, apresenta-se como uma mesquinha e malévola perseguição, que estaria muito bem se sofressem aqueles que a iniciaram. As inteligentes e ponderadas palavras do Supremo Juiz de Justiça, ao resumir o processo, deveriam ser muito seriamente consideradas. 'Merecem reprovação todos aqueles que querem perverter a lei, mesmo que seja com a melhor intenção, pois, como diz o apóstolo: E por que não dizer como alguns caluniosamente afirmam que dizemos: Façamos o mal para que nos venha o bem? A condenação dos tais é justa'.[37] Sem emular a severidade do apóstolo, diremos que seria satisfatório que se condenassem os promotores de todos estes processos ao pagamento das custas".

No outro julgamento dos Srs. Foote e Ramsey, o Sr. Foote novamente se defendeu com um habilíssimo discurso, que o Juiz definiu como "muito impressionante". Lorde Coleridge fez uma nobre alocução aos jurados, em que condenou energicamente o sistema de condenação de opiniões impopulares, manifestando que nenhum processo, exceto por excitação ao assassinato, podia ser eficaz, e ironicamente insistiu na débil virtude que demonstravam os querelantes. "Estes processos, dentro de suas possibilidades na Inglaterra do décimo nono século, são geralmente inúteis. Embora tenham um fundamento, não posso deixar de admitir que para o querelante implicam uma forma de virtude muito fácil; é mais difícil obedecer quietamente e sem ostentação, e pôr em prática em nossa vida o que cremos ser a vontade divina.

[37] São Paulo, *Rom,* III, 8. (Nota ed. brasileira)

Certamente que não é muito simples fazer isso, e é menos ruidoso. Torna-se mais cômodo, sob a capa do zelo pela honra de Deus, atacar aquele que discorda de nossa opinião, cuja vida pode ser mais agradável a Deus e mais eficaz que a nossa. Quando age desta forma uma pessoa cuja conduta não está livre de reprovação, e que professa para com Deus aquela particular forma de zelo que consiste em aplicar a lei sobre outrem, sem dúvida alguma suscita no espectador mais simpatia para com o acusado que para com o acusador. Se aqueles que assim procedem têm o gênio de Voltaire, não recusam os escárnios de Gibbon e se comprazem na ironia de Hume, atrai-nos também mais o acusado que os acusadores. Mas se o motivo desta atitude é a crença de que Deus necessita de nossa ajuda, e que podemos dá-la mais eficazmente perseguindo outros do que agindo por conta própria, fora de um objetivo partidarista ou político, nada está mais longe dos elevados, religiosos e nobres sentimentos do homem. Creio, em verdade, que quem assim se manifesta, não pela honra de Deus, mas para excomungar seus semelhantes, merece a mais desdenhosa reprovação".

O júri não chegou a acordo, e pronunciou o *nolle prosequi.* As consequências deste processo resultaram num significativo aumento de membros na *National Secular Society,* numa maior difusão da literatura do Livre-Pensamento, na elevação do Sr. Foote a uma posição de grande influência e popularidade, e inscreveram seu nome na história como valente mártir da liberdade de expressão.

Suas ofensas ao bom gosto serão esquecidas, mas perdurarão sua lealdade às próprias convicções e sua coragem. A história não pergunta aos perseguidos por heresia se, em algum momento, pronunciaram alguma palavra demasiado áspera, e sim, unicamente, se foram valentes em sua constância; se se mantiveram fiéis à verdade que viam.

É bom recordar qual foi o castigo infligido ao Sr. Foote por blasfêmia: teve que passar 22 horas sozinho em sua cela. Seu único assento era um banco sem espaldar, sua única ocupação entreter-se com uma fita; sua cama uma tábua com finíssimo colchão. Só durante o último período de sua prisão, lhe foi permitido ler alguns livros.

Capítulo XIII

Socialismo

O restante do ano de 1883 transcorreu trabalhando-se arduamente como sempre; a Lei sobre a Declaração foi rejeitada e cresceu em intensidade a agitação em prol do direito constitucional; conquistamos a imprensa liberal e o Sr. Charles Bradlaugh, por sua coragem, tenacidade e autodomínio, começou a despertar estima geral. O Congresso Internacional, realizado em Amsterdam, nos atraiu à Veneza do Norte, onde a reunião teve grande êxito. Pessoalmente para mim, aquele ano teve especial interesse, pois nele começou a chamar-me a atenção, embora parcialmente, o movimento socialista: ouvi uma conferência de Louise Michel em princípios da primavera; interessou-me uma breve controvérsia no *National Reformer,* mas não havia ainda me ocupado da base econômica do Socialismo. Estava convencida de que a terra deveria ser propriedade pública, mas não havia aprofundado as causas econômicas da miséria, conquanto o problema afetasse vivamente o meu coração e meu cérebro; nada sabia da doutrina socialista, pois unicamente estudara, em minha juventude, as obras dos antigos economistas ingleses.

Em 1884, surgiu a oportunidade de ocupar-me seriamente daquele problema, e quiçá deveria começar o informe deste ano com as palavras de saudação que dirigi aos leitores do *National Reformer,* no primeiro número: "Ninguém pode dizer que espécie de provas reserva ao nosso valor o ano entrante; que espécie de esforços exigirá de nossa resistência; que espécie de experiências requererá de nossa lealdade. Mas o que sabemos é que toda prova de coragem superada com sucesso, todo esforço de resistência mantido com firmeza, toda experiência de lealdade nobremente enfrentada, aumentam o valor da coragem, a intensidade da resistência, a sinceridade da lealdade. Por amor a nós, pois, e por amor ao mundo, eu não desejo, amigos, que o ano de 1884 careça de lutas e fadigas, e sim, desejo para todos um coração e uma paciência de herói para resistir na luta em prol do enaltecimento do mundo que devemos enfrentar".

A 3 de fevereiro chegou a minhas mãos, pela primeira vez, um periódico intitulado *Justice,* em que, além de atacar o Sr. Charles Bradlaugh, publicava uma resenha de uma reunião da Federação Democrática, que naquela ocasião ainda não era Social Democrática. Nela se dizia que um indivíduo havia afirmado, sem aparentemente suscitar protesto, "que para a classe operária os fins justificavam os meios". Protestei energicamente contra a defesa de meios criminosos, declarando que aqueles que incitassem ao uso de tais meios eram os piores inimigos do progresso social.

Poucas semanas depois, o *Echo* transcrevia um discurso do Sr. Hyndman, em que se profetizava uma "revolução mais sangrenta" que a da França, e segundo o qual parecia que o êxito do Socialismo se apoiava na extinção da cultura intelectual. Comentei também este discurso e tive a satisfação de comprovar, uma semana depois, que o *Justice* publicava um parágrafo muito sensato, condenando a defesa da violência, mas não a livre agitacão.

A primavera foi marcada por dois acontecimentos dos quais não tenho tempo nem espaço para ocupar-me: a renúncia do Sr. Charles Bradlaugh a seu cargo na Câmara, em vista da reiterada deliberação de excluí-lo, e seu triunfal retorno pela quarta vez, com a enorme maioria de 4.032 votos, maior número de quantos se haviam reunido na eleição geral, e a libertacão do Sr. Foote do cárcere de Holloway, a 25 de fevereiro, de onde saiu escoltado por um cortejo de quase meio quilômetro de extensão. A 12 de março se realizou uma recepção magnífica em sua honra e de seus companheiros de prisão, no Salão da Ciência, onde receberam valiosíssimos testemunhos de afeto.

Voltando de novo ao Socialismo, direi que o debate no Salão St. James, de Londres, entre o Sr. Bradlaugh e o Sr. Hyndman, a 17 de abril, me inclinou a estudar seriamente os problemas que levantaram. O Socialismo não tinha na Inglaterra outro defensor mais dedicado e abnegado que Henry Hyndman, homem de vasta e profunda cultura, de pena hábil e fascinadora, dotado de um talento que o teria enriquecido em qualquer carreira que tivesse abraçado, e disposto a sacrificar-se, sem nenhuma queixa, à causa do povo. Suportava o desprezo dos estranhos, a suspeita e maldade daqueles a quem servia, e apesar de rodeá-lo toda espécie de tentações para atraiçoar o povo, jamais faltou à sua integridade. É verdade que pronunciava palavras duríssimas, que o arrastavam à paixão e à descortesia, mas sempre, na raiz de suas mais furiosas frases, se encontrava seu amor para com o povo e sua simpatia para com o sofredor, e nenhuma delas prejudicava a fidelidade com que servia sua causa. Pessoalmente tenho com ele uma dívida de caráter misto; com o seu amargo e injusto antagonismo para como o Sr. Bradlaugh me afastou do Socialismo durante algum tempo, mas foi ele quem, na sua discussão, no Salão de St. James, apesar de minha indignação por sua injustiça, me fez sentir que havia algo mais no Socialismo prático do que eu havia imaginado, especialmente quando li sua resenha longe da mágica pressão exercida pela eloquência e pelo magnetismo pessoal do Sr. Bradlaugh.

Foi lamentável que os socialistas ingleses, desde o princípio de seu movimento, tratassem o Sr. Bradlaugh tão injustamente, de tal modo a levar que todos os seus amigos se voltassem contra o Socialismo antes de examinarem os seus argumentos. Eu mesma devo confessar que minha profunda amizade por ele me induziu, no começo, a ser injusta para com seus inimigos socialistas, e muitas vezes lhes atribuí calculada maldade, quando unicamente se tratava de uma opinião precipitada ou preconceituosa. Acrescentem-se a isso as barreiras que o próprio Hyndman criava com sua violência na discussão, suas constantes interrupções dos discursos de seus adversários, sua falta de atenção no falar e no agir. Quando conheci melhor o partido socialista, observei que seus oradores eram jovens sobrecarregados de trabalho e mal pagos, dedicando seus momentos de folga para aprender, educar-se, disciplinar-se. E comecei a perdoar-lhes os erros, fruto de um amargo sentimento de injustiça e da terrível coação que nosso sistema social exercia sobre seus caráteres ainda não bastante fortes – quão poucos o são! – para suportar o tormento da injustiça sem perder o equilíbrio e a imparcialidade. Ninguém, exceto aqueles que trabalharam com eles, pode saber da verdadeira nobreza, do heroísmo, da abnegação, do espírito de renúncia e fraternal afeto que existia entre os socialistas democratas.

Nesta época, conheci um dos mais ínsignes escritores socialistas e homem provocador: George Bernard Shaw. Tinha talento suficiente para "provocar" entusiasmo dos mais ardentes, e irresistível paixão por fazer-se passar por maroto. À primeira vez que o ouvi falar na tribuna do *South Palace Institute,* descrevia-se a si mesmo como "ocioso", e por isso falei muito acremente dele no *Reformer,* pois eram os ociosos os que eu mais detestava. Mas depois descobri que ele era muito pobre, pois como escritor principiante preferia deixar seu corpo morrer de fome do que sua consciência; que dedicava seu tempo e trabalho à difusão do Socialismo, passando as noites nos clubes dos operários, e que o termo 'ocioso' era somente um modo descontraído de indicar que não tinha uma profissão manual. Tive naturalmente que me desculpar por minha acerba crítica, tendo cometido assim uma grande injustiça, embora particularmente me sentisse humilhada por haver incidido em erro tão grave.

Entrementes, cada dia me afastava mais da política, dedicando-me à condição social do povo. Em junho protestei contra John Lubbock, por causa da lei que fixava em 12 horas diárias o limite do trabalho de um jovem. Escrevi: "É brutal um período diário de 12 horas de trabalho, e se a lei fixar tal limite como justo, converter-se-á em costume.

Declaro que o 'dia legal' deveria ser de 8 horas durante cinco dias da semana, e de não mais do que cinco horas no sexto, e que ainda considero isso excessivo quando se tratar de trabalho exaustivo".

Em toda parte crescia a controvérsia socialista, e eu escutava, lia, pensava muito e falava pouco. A entrada de John Robertson na redação do *Reformer* nos pôs em íntimo contato com um socialista de elevada inteligência, e pouco a pouco notei que a causa socialista era intelectualmente justa e eticamente bela. Mostrei a direção de meu pensamento com meu insistente apelo no sentido de que as crianças da escola popular fossem bem nutridas, isto é, tivessem cantinas escolares. Iniciei uma campanha contra o sistema da instrução combinada com a fome, e indagava: "Por que devem crer as pessoas que são tratadas como mendigos pelo mero fato de se dar a seus filhos alimento gratuito, e por outro lado, aproveitam, sem o considerarem humilhante, os serviços públicos como polícia, salubridade, iluminação, pavimentação, etc.?" O Socialismo comovia meu coração com o seu esplêndido ideal, enquanto a solidez econômica de suas bases convencia o meu cérebro.

Dediquei toda minha vida ao progresso do povo, ao auxílio ao homem, e isso me deu a esperança de uma fraternidade social que tornasse possível para todos uma vida mais livre. Até então tinha procurado meu caminho e encontrei-o diante de mim, mostrando-me a sonhada meta. Pelo extrato do artigo que publiquei na segunda semana de janeiro de 1885, podem ver os leitores a impetuosidade de sentimentos que brotavam no meu coração: "Caridade cristã? Sabemos como funciona! Dá cem quilos de carvão e cinco libras de carne uma vez por ano para uma família, cujo chefe ganharia cem vezes a esmola concedida se a justiça cristã lhe remunerasse o trabalho realizado com salário justo. Ela despoja os operários da riqueza que produzem e depois lhes atira como 'caridade' uma milésima parte de seu próprio produto. Constrói hospitais para pobres depois de tê-los envenenado em suas fábricas e oficinas infectas; funda asilos para criaturas das quais roubou todas as energias, toda esperança, toda felicidade. A senhorita Conne nos exorta a admirar a civilização cristã e somente vemos mulheres preguiçosas que se adornam com vestidos confeccionados pelas trabalhadoras e esplêndidos enfeites, feito das lágrimas, das penalidades, dos agravos e da irremediável miséria do pobre".

Neste primeiro mês de 1885, sofri o primeiro ataque, por minhas tendências socialistas, vindo do Sr. W. P. Ball, que escreveu no *Reformer*, deplorando o parágrafo, que eu acabo de citar, no qual eu defendia uma taxa para custear as refeições para as crianças nos pensionatos. Suscitou breve controvérsia na qual mantive minha opinião, sem apresentar-me ainda como "socialista de coração". Havia em mim uma resistência para declarar-me publicamente defensora do Socialismo, devido à atitude hostil adotada contra o Sr. Charles Bradlaugh, cuja natureza forte e obstinada, alimentada de um individualismo independente, não atendia aos argumentos da nova geração. Ele não podia mudar seus métodos, porque uma nova tendência estava surgindo, e não via como era diferente o Socialismo de nossos dias dos sonhos socialistas do passado; nobres ideais de um futuro não imediatamente realizável, porém pelo qual se devia trabalhar para que fosse realizado no porvir. Podia tornar pública uma atividade que me separava do mais caro amigo, com quem tinha tão fortes laços de amizade? Meu afeto, minha gratidão, tudo se rebelava contra a ideia de trabalhar com aqueles que o trataram tão indignamente; porém, o grito das crianças morrendo de fome, o gemido de mulheres envenenadas em indústrias insalubres, arrastadas até a prostituição pela fome, envelhecidas e macilentas por um incessante trabalho, ressoavam a todo instante nos meus ouvidos. Vi que sua miséria era consequência de um péssimo sistema e inseparável da propriedade privada e dos instrumentos produtores de riqueza; que enquanto o operário fosse unicamente um instrumento que vendia seu trabalho sob o império da lei da oferta e da procura, estava condenado a permanecer irremissivelmente nas garras dos patrões, e que toda combinação comercial não fazia mais do que aumentar a luta, necessária naturalmente como arma de defesa, porém símbolo de guerra em vez de cooperação fraterna de todos para o bem de todos.

ANNIE BESANT EM 1885

Não podia durar muito um conflito interior de tal gênero, conflito entre um laço pessoal e um dever, e com o coração transido de dor resolvi professar abertamente o Socialismo e trabalhar por ele com todas as minhas energias. Felizmente o Sr. Bradlaugh era tão tolerante quanto forte, e nossa amizade pessoal permaneceu inalterada, porém desde então nunca mais sentiu a mesma confiança em minhas opiniões, nem me consultou sobre sua política, como fazia desde que nos conhecemos.

Mostrei claramente minha posição numa série de artigos no *Our Corner* sobre "Redistribuição do Poder Político", "Evolução da Sociedade" e "Socialismo Moderno". "Contra aqueles que elogiavam o presente estado social com os injustamente ricos e os injustamente pobres, seus palácios e suas favelas, seus milionários e seus mendigos, decidimos proclamar que há, na vida, um ideal mais elevado do que o de ser superior aos nossos semelhantes pelo nosso dinheiro e mais bem-sucedidos na luta pelas riquezas. Declaramos resolutamente que a saúde, o bem-estar, o descanso, a cultura suficiente para cada indivíduo é muito mais desejável do que a luta afanosa pela existência, o furioso atropelo do forte sobre o fraco, as enormes fortunas acumuladas com a fadiga alheia e a herança daqueles que nada fizeram para possuí-la. Foi nosso propósito dizer que a grandeza da nação não depende do número de seus grandes proprietários, da riqueza de seus capitalistas ou do esplendor de sua aristocracia, mas da ausência de pobres entre o povo, da educação e do refinamento de suas massas, da universalidade dos prazeres da vida... Que para todos haja trabalho, lazer e alegria; para ninguém muito e para ninguém pouco. Tal é o ideal Social, e é melhor lutar por ele dignamente e fracassar, do que morrer sem ter combatido neste sentido".

Mostrei depois a diferença entre os métodos do socialista e do individualista radical e pedindo a união entre aqueles que pertenciam às alas do exército do partido trabalhista e de todos os trabalhistas contra os ociosos, pois a debilidade de um povo está radicada em suas divisões, na facilidade com que um grupo dirige suas armas contra outro, em lugar de fazê-lo contra o inimigo comum. Quando atacadas, as classes privilegiadas esquecem suas discórdias e se apresentam aos assaltantes em força compacta; somente entre o povo prosseguiam as lutas intestinas, enquanto era declarada a batalha entre ele e a classe privilegiada.

Esforcei-me, como muitos outros, para que ressoasse nos ouvidos dos irrefletidos e negligentes o clamor do sofrimento do pobre, procurando fazê-los sentir sua miséria. Assim, descrevendo os bairros pobres de Edimburgo, dizia: "Vi uma 'casa' construída aproveitando-se parte de um corredor sem janelas, na qual era preciso ter sempre acesa uma luz de petróleo, o que aumentava o peso do aluguel; uma família de três pessoas: marido, mulher e filho, cuja triste sorte não era por sua culpa". O homem, alto e bronzeado estava morrendo de uma doença cardíaca; não podia realizar um trabalho pesado e era demasiado rústico para um serviço leve. Depois de dois dias de infrutífera busca, voltou à sua obscura toca, cuidando pacientemente de seu mísero filho tuberculoso. Os casos individuais de desesperado sofrimento confrangiam minha alma: num quarto havia uma criança agonizante de febre por falta de alimento. "Não tem pai", soluçou a mãe, e não compreendi naquele momento todo o alcance daquela frase, ou seja, que o pai tinha deixado para a mãe a carga de um filho ilegítimo. Noutra, havia o cadáver de uma mãe rodeada de seus filhos, até que mulheres de aspecto grosseiro, porém de coração bondoso, vieram buscar os órfãos para deitá-los em suas camas já demasiadamente repletas. Noutra havia uma mulher encolhida e pálida, acocorada perto do fogo. Com aquela patética resignação do inevitável, tão comum entre os pobres, disse-me: "Estou morrendo de um câncer no útero". Sentei-me junto a ela para conversar durante alguns minutos e quando me levantei para sair, acrescentou: "Volte de novo, querida; é tão triste estar só o dia todo!"

Terminei o artigo que continha estes e outro relatos com as seguintes palavras: "Ao passar dos bairros pobres para as ruas da cidade, só uns passos separam o horror da beleza, e senti mais intensamente do que nunca o terrível contraste que existe entre o destino dos homens e com maior insistência pareceu que soava em meus ouvidos a pergunta: Não há remédio? Tem que haver sempre ricos e pobres"? Alguns afirmam que sim, que o palácio e a favela têm que existir para sempre, como a luz e a sombra, porém eu não creio. Eu creio que a pobreza é o resultado da ignorância e da má organização social, e que, portanto, pode ser erradicada mediante o conhecimento e a reforma social. Admito que não há esperanças para muitos desses moradores, já adultos, dessas favelas; pobre vítimas de uma organização que oculta sua brutalidade sob um verniz de cultura e de graça! Para eles individualmente não há salvação, mas, para seus filhos, sim. Um ambiente saudável, boa nutrição, educação moral e física, muitos brinquedos e trabalho cuidadosamente escolhido – tudo isso pode salvar os jovens e prepará-los para uma vida feliz. Porém, se deixarmos que eles cresçam nas mesmas condições que os seus progenitores, mesmo que desfrutem umas horas de escola, o lar neutraliza os efeitos da educação. Dá-se de má vontade escasso auxílio, a educação está pouco difundida e é apenas elementar. Entretanto, cada uma destas crianças tem esperanças e temores, possibilidades de virtude e de crime, uma vida construtiva ou destrutiva. Dedicamos somas importantes aos generais e aos nobres; mantemos a expensas da caridade nacional pobres de ascendência elevada; esbanjamos, às mãos cheias, ouro para o exército e a marinha, para erigir igrejas e palácios, porém regateamos cada meio *peny,* quando se trata de melhorar a educação e nos opomos aos pedidos de construção de casas para os pobres. Encobrimos nossa falta de coração e nossa passividade com formosas frases, nas quais manifestamos nossos temores sobre atrapalhar a independência do pobre e destruir a sua dignidade. Com repugnante hipocrisia reformamos o palácio de um príncipe para que ele viva livre de aluguel, sem uma palavra sobre a imoralidade que significa viver de esmola de tal forma, e ousamos chamar de mendigos aos trabalhadores se construímos para eles edifícios decentes onde possam morar, não de graça, como o príncipe, porém pagando o aluguel que corresponda aos gastos de construção e conservação da casa, em vez de uma que forneça lucro anual a um especulador. E assim cresce a miséria, ano após ano, e toda cidade populosa tem em seu seio um câncer que rouba sua vitalidade e envenena seu sangue vital. Toda grande cidade está criando em seus bairros pobres uma raça que se degrada até o estado de selvagem e de bruto, um bruto mais perigoso que qualquer outro, pois o homem degenerado tem uma possibilidade do mal que está além da besta selvagem.

"Se não é por Amor, seja por medo; se não é pela ideia de justiça e piedade humana, seja pelo mero desejo de autopreservação". Apelo ao sábio e ao abastado, que busquem o remédio que há de curar os males que afligem a sociedade, antes que a apatia se transforme em furor e a enfadonha paciência desapareça ante a ira, e eles "aprendam por fim, num momento selvagem, a quanto se atrevem os infelizes".

Aderi à *Fabian Society*, porque se opunha menos violentamente aos Radicais do que as outras duas organizações socialistas, e trabalhei nela intensamente como oradora e conferencista. Sidney Webb, G. Bernard Shaw, Hubert Bland e sua esposa, Graham Wallas e muitos outros, consagraram seu tempo e trabalho na propaganda do ideal socialista; na difusão de doutrinas econômicas sensatas; no esforço para direcionar as energias do trabalhador para a reforma social e não meramente política. Fazíamos conferências em clubes de operários, onde quer que tivéssemos auditório, até que, introduzindo o ideal socialista no radicalismo londrino, e tratando os radicais mais como socialistas pouco evoluídos do que como antissocialistas, gradualmente os conquistamos para o Socialismo.

Fazíamos circular as perguntas que deveriam ser formuladas a todos os candidatos ao parlamento e outros cargos; provocávamos o interesse pelas eleições locais; educávamos homens e mulheres para compreenderem as causas de sua miséria, e ganhávamos recrutas para o exército de propagandistas, entre os mais jovens da classe média educada. Se a classe operária de Londres é hoje em dia tão socialista, deve-se principalmente aos anos de atividade que lhe consagraram os membros da *Fabian Society*, assim como à admirável, ainda que às vezes demasiado militante, energia da Federação Social Democrática e à devoção daquele nobre e generoso gênio que se chamou William Morris.

Durante aquele mesmo ano de 1885, iniciou-se também na Inglaterra um movimento que tinha por objetivo atrair a atenção do público sobre os terríveis sofrimentos dos prisioneiros políticos russos, e decidiu-se, numa reunião celebrada em minha casa, constituir uma sociedade de amigos da Rússia, para que se propagasse uma informação exata e cuidadosa sobre as condições daquele país. Nesta reunião se achavam presentes: O Sr. Charles Bradlaugh, o Sr. Stepniak e muitos outros. Atuava como Secretário de honra E. R. Pease. É digno de nota que alguns ilustres exilados russos, tais como Kropotkin, sustentavam que nem o Czar estava informado do que ocorria no país, pois era em grande medida vítima da burocracia que o rodeava.

Com o passar dos meses, as autoridades aumentaram as medidas para impedir que os socialistas falassem em público. Os cristãos, os livres-pensadores, os do exército da salvação, agitadores de todos os tipos desfrutavam da liberdade de falar, porém formou-se uma regular cruzada contra os socialistas. Os jornais, tanto liberais como conservadores, condenaram a forma como as reuniões socialistas que se celebraram no mês de setembro, na rua Dod, foram atacadas; os promotores, membros da Federação Social Democrática, mantiveram firme persistência, e foram bastante apoiados por outros socialistas e por clubes radicalistas. Ofereci-me voluntariamente para falar no dia 4 de outubro, primeiro domingo em que me encontrava em Londres depois de começado o processo e encarceramento dos oradores; mas foi tão decidida a atitude do público no domingo precedente, que foi retirada toda intervenção policial.

Herbert Burrows candidatou-se ao conselho escolar na *Tower Hamlets* no mês de novembro daquele ano, e encontro no *Reformer* um parágrafo no qual de todo coração lhe desejava êxito, especialmente porque havia sido o primeiro candidato que apresentara reivindicação para a educação industrial. Nesta, como em muitas outras proposições práticas, os socialistas abriram o caminho. Obteve 4.232 votos, apesar da furiosa oposição do clero por ser um livre-pensador, dos publicanos por ser abstêmio, dos conservadores por ser socialista. Sua luta contribuiu muito para tornar possível meu êxito em 1888.

Naquele mesmo outono, começou também em conexão com a campanha pelo direito de reunião, a luta para ajudar os operários em seus processos, obtendo-se para eles fiança e defesa legal. O primeiro caso em que prestei fiança foi o de Lewis Lyons, enviado para a prisão e condenado a dois meses de trabalhos forçados pelo senhor Saunders do tribunal da polícia de Thames. Ah, a espera exaustiva e maçante no tribunal pelo "meu prisioneiro", o vício sórdido, os detalhes revoltantes da depravação humana, que meus olhos e ouvidos testemunharam! Retirei Lyons em triunfo e os magistrados de Middelssex anularam a condenação por considerarem que as provas eram "confusas, contraditórias e sem valor". Contudo, se não houvéssemos oferecido a fiança e fornecido os meios para uma apelação, Lewis Lyons teria tido que suportar a dura sentença. Neste assunto agi seguindo as sugestões e avisos do Sr. Bradlaugh, meu conselheiro durante as esgotadoras lutas que duraram até 1888, que pôs à minha disposição seus vastos conhecimentos jurídicos, embora amiúde desaprovasse meus atos, por julgá-los quixotescos.

Realizou-se naquele outono a eleição geral, e Northampton elegeu o Sr. Bradlaugh pela quinta vez, terminando, por fim, a grande luta. Prestou seu juramento no mês de janeiro seguinte, ao ocupar sua cadeira, mas anunciou-se em seguida um projeto de lei para conceder, a quem o solicitasse e em qualquer circunstância, o direito à declaração sem prestar juramento. Obteve um número de votos, 4315, superior a todos os que tinha reunido anteriormente, e entrou no Parlamento com o prestígio que lhe dava a sua grande luta. Imediatamente se encontrou em primeira linha como uma potência que a Câmara reconhecia.

O Presidente Peel pôs rapidamente fim a uma tentativa de obstrução: *Sir* Michael Hicks Beach, o Sr. Cecil Raikes e *Sir* John Hennaway escreveram ao Presidente pedindo sua intervenção, porém este declarou que carecia de autoridade e direito para impedir que um membro devidamente eleito prestasse o juramento que o estatuto prescrevia. Assim terminou a luta constitucional de seis anos, que deixou o vencedor quase arruinado de saúde e dinheiro, e o conduziu prematuramente à morte. Viveu o suficiente para justificar sua eleição, demonstrar seu valor perante a Câmara e o país, porém não o bastante para prestar à Inglaterra todos os serviços que sua larga experiência, sua vasta cultura, seu valor e sua probidade o tornavam eminentemente capaz de oferecer.

Our Corner era então de grande auxílio para a propaganda socialista e suas "Notas Socialistas" que apareciam mensalmente, tornaram-se um resumo do progresso socialista em todos os países. Estivemos ocupadíssimos durante a primavera em organizar um Congresso para discutir "O Presente Sistema Comercial e a Maior Utilização da Riqueza Nacional em Benefício da Comunidade", e o realizamos com grande êxito no *South Place Institute* nos dias 9, 10 e 11 de junho. Dedicamos o primeiro dia ao tema "Utilização das terras"; o segundo a "Utilização do Capital", e o terceiro a "Política Democrática". No dia 9, o Sr. Bradlaugh falou sobre a utilização das terras devolutas, demonstrando que num país de grande densidade de população ninguém tinha o direito de reter terrenos sem cultivar, e que onde os houvesse era conveniente fazer-se a desapropriação forçada, a fim de que o Estado pudesse cedê-los a quem os cultivasse. Entre os oradores figuravam: Edward Carpenter, William Morris, Sidney Webb, John Robertson, William Saunders, W. Donnisthorpe, Edward Aveling, Charlotte Wilson, Senhora Fenwick Miller, Hubert Bland, o Dr. Pankhurst e eu, homens e mulheres vindos de diversos campos para comparar distintos métodos e assim ajudar a causa de regeneração social.

Alguns radicais do partido do Livre-Pensamento me dirigiram ásperos ataques pela minha defesa do Socialismo, e recordo-me que me qualificaram de "Santo Atanásio de saias" e me trataram como se tivesse "miolos de merengue". Nessa mesma crítica cortês, se dizia: "Sinto que a senhora Besant tenha agido como muitas mulheres debaixo da influência de sua última amizade masculina, a respeito de suas opiniões econômicas"; e fui bastante insensata para sair em minha defesa. Não havia ainda compreendido que a autodefesa é uma perda de tempo, que pode ser melhor empregado trabalhando para outros, e seguramente agora não teria me dado ao trabalho de escrever um parágrafo como o seguinte: "Tão logo um homem, para desacreditar os argumentos de uma mulher, alude ao seu sexo, prova ao leitor inteligente que não sabe responder aos argumentos em si mesmos. Mas certamente estes malignos escárnios sobre a habilidade feminina perderam a sua eficácia, e faz sorrir a estupenda 'presunção masculina' do escritor. Posso acrescentar que tais dardos são especialmente inúteis contra mim: uma mulher que por si só saiu do Cristianismo e do Liberalismo político, e se lançou ao Livre-Pensamento e Radicalismo; que preferiu abandonar todos os seus velhos amigos, masculinos e femininos, do que renunciar às crenças pelas quais lutara em sua lealdade; que, de novo, ao entrar no Socialismo ativo, discrepou dos pontos de vista de seu mais íntimo 'amigo masculino', tal mulher pode efetivamente equivocar-se em suas ações, mas me parece que pode reclamar, sem orgulho, o reconhecimento de sua independência de julgamento. Declaro que não fiz amizade com um só de meus atuais companheiros socialistas, masculinos e femininos, até depois de haver abraçado o Socialismo". Parágrafo inconsistente, como o são todos os de autodefesa, e, além disso, nocivo porque toda réplica alimenta a luta. Mas não havia conquistado ainda o domínio que permite apreciar o justo valor dos julgamentos alheios, que prescinde do louvor e da crítica; não havia ainda compreendido que o mal não se apaga com o mal, nem a cólera com a cólera; as palavras de Buda: "Jamais o ódio desaparece com o ódio; o ódio se vence com o amor", não constituíam ainda a lei a que depois me esforcei por obedecer.

O ano de 1886 foi terrível para a classe trabalhadora: por toda parte redução de salários, por toda parte aumento de operários desempregados. Folheando as páginas de *Our Corner* encontro as "Notas Socialistas" com a mesma observação: "Em tal localidade se reduziram os salários; em tal outra ficaram tantos homens sem trabalho por causa da crise comercial". Nosso coração se constrangia à medida que o verão se retirava ante o outono e o inverno nos ameaçava com o acrescentar à fome os sofrimentos ainda mais terríveis do frio. A agitação em prol da jornada de oito horas se aguçava, enquanto aumentava o número dos desocupados. No inverno precedente me havia dito um operário robusto e pacífico: "Já não aguentamos mais; a carne e o sangue não podem resistir e ainda restam dois meses de frio". E outro, com feroz sorriso: "Tanto vale morrer de fome no ócio como trabalhando". Em toda parte penetrava o espírito do tétrico descontentamento, plenamente justificado pelas circunstâncias. Mas, ah! quão pacientes eram na maior parte; quão triste e dolorosamente pacientes. Podiam ser comparados ao Cristo crucificado. As injustiças que inflamavam de indignação meu coração e minha palavra, eram aceitas naturalmente. Oh! Cego e poderoso povo; para ti se dirigia meu coração! Espezinhavam-te, escarneciam-te, a ti que pedias tão pouco e tanto necessitavas, que tão comovidamente agradecias os pequenos serviços, que tão afetuoso e fiel te apresentavas diante daqueles que te ofereciam seus insignificantes auxílios, seu amor impotente!

Cada dia se aprofundava mais em meu interior o desejo de socorrer, de sofrer por outros, de salvá-los. Há muito tempo renunciara à minha reputação social; renunciava agora com fervor crescente ao meu repouso, à minha comodidade, ao meu tempo; fortalecia-se o ardor da piedade nutrido por um novo sacrifício e cada sacrifício me aproximava do umbral da porta além da qual se estendia a senda da renúncia, que nunca teria sonhado e a que unicamente recorriam aqueles que estavam dispostos a prescindir de si mesmos por amor à Humanidade, a renunciar, por Amor, à gratidão daqueles a quem se teria servido, a sepultar-se nas trevas se suas almas pudessem servir de combustível para alimentar a Luz do Mundo.

À medida que entrávamos nos curtos dias de inverno, aumentava o sofrimento dos desempregados, amiudavam suas reuniões e se intensificavam os murmúrios de descontentamento. A Federação Social Democrática promoveu uma agitação pública, não isenta de desacertos como tudo o que é humano, mas saturada de espírito de valor e abnegação. O Governo adotou o sistema de interromper as reuniões socialistas, enquanto que tolerava as de outras classes, chegando a deter no cárcere, durante dois meses, pelo simples fato de falar em público, a John Williams, um orador inflamado que havia resistido à patética luta com paciente heroísmo. Sofreu então tão terrivelmente de fome no cárcere, que de lá saiu com a saúde abalada para sempre.

Apontava o ano de 1887, ano que tinha de terminar tão tempestuosamente. Todos os socialistas se dedicavam a proteger os desocupados, ora recorrendo às Juntas de beneficência para conseguir um trabalho remunerado para os que pedissem ajuda, ora apresentando ante o conselho de administração local proposições práticas para aproveitar as energias produtivas dos desempregados, ora fazendo circular sugestões aos municípios e outras corporações representativas locais, para conseguir medidas preventivas. Absorveu-me muitas energias uma discussão oral que durou quatro dias com o Sr. Foote, e outra escrita com o Sr. Bradlaugh, as quais ajudaram o processo educativo de quem estava sujeito à opinião pública. Ambos os debates foram amplamente difundidos sob forma de folhetos. No *South Place Institute* foi organizada uma série de debates entre oradores representativos de diversos partidos, e ali sustentei acalorada discussão com o Sr. Corrie Grant, com a tese de "que a existência de classes que vivem de rendas não obtidas através do próprio trabalho produz um dano à comunidade, e a isso a legislação terá que pôr fim". Durante essa irascível primavera mantive outra discussão no *National Reformer* com o Rev. G. F. Handel Rowe, sobre a proposição: "O Ateísmo é logicamente sustentável, e existe um Sistema Ateu satisfatório para servir de guia à conduta humana?".

Assim transcorreram os meses e a ameaça da miséria se tornava cada vez mais premente, até que, em setembro, escrevi: "Uma coisa é evidente – ou a Sociedade se ocupa dos desempregados ou estes se ocuparão da Sociedade. A perspectiva social se apresenta cada vez mais tumultuada, e não devem ser considerados como os piores inimigos da Sociedade aqueles que buscam algum caminho pelo qual a nave do Estado entre em águas mais tranquilas".

Entre tanta tempestade não faltava alguma pequena diversão, que se apresentou sob a forma de uma espécie de "Parlamento" em Charing Cross, onde discutíamos acaloradamente as palpitantes questões do dia. Nele organizamos um compacto partido socialista, provocamos a queda do Ministério liberal, tomamos as rédeas do Governo, e após um discurso da Rainha, em que S. M. se dirigiu aos seus fiéis deputados com uma franqueza de palavra nunca ouvida do trono, apresentamos projetos de Lei de caráter decididamente heroico. G. Bernard Shaw, como Presidente do Conselho de Administração Local e eu como Ministro do Interior, interviemos na crítica de algumas medidas demasiadamente drásticas.

A realização de um Congresso Internacional do Livre-Pensamento em Londres nos obrigou a um pesado trabalho, no qual nos apoiavam os intelectuais.

Em outubro, sustentei outra discussão por escrito, a quinta daquele ano, sobre: "Os Ensinamentos do Cristianismo". Naquele mesmo mês me sobreveio uma mudança dolorosa, mas justa: demiti-me do valioso cargo de Coeditora do *National Reformer*, e o número de 23 de outubro levou unicamente o nome de Charles Bradlaugh. A mudança não influiu em minha atuação na revista, mas me converteu em mera colaboradora, embora continuando como coproprietária. A razão não pode ser expressa mais exatamente que com o parágrafo que então escrevi: "Durante longo tempo, e ultimamente em maior número, tenho recebido queixas de vários pontos, por motivo da incerteza e inconveniência que produz a opinião política diferente dos Diretores desta revista em matéria de Socialismo". Há meses eu havia sugerido resolver esta dificuldade, retirando-me da direção, mas meu colega, com a sua característica liberalidade, me pediu que suspendesse a proposta, a fim de ver se as coisas se acomodavam por si mesmas. A dificuldade, em vez de desaparecer, só se tornou mais premente, e ambos sentimos que os nossos leitores têm o direito de exigir que se encontre uma solução.

"Quando tornei-me Coeditora deste periódico, eu não era socialista, e embora considere o Socialismo como o necessário e lógico resultado do radicalismo que o *National Reformer* ensinou durante tantos anos, creio, no entanto, que, ao declarar-me socialista, dei um novo passo, e como a separação parcial de minha política da de meu colega é obra minha e não sua, a mim compete retirar-me. Numa esfera de ação maior estamos de acordo, e é provável que permaneçamos unidos no futuro; mas já que o Socialismo se converte numa questão de política prática e as diferenças teóricas tendem a produzir diferenças de conduta; já que uma revista política tem de ter um programa único de política prática, é natural que constitua para mim grave inconveniente permanecer em meu cargo de Coeditora. Adoto, pois, de novo, minha primitiva posição de colaboradora, libertando o *National Reformer* de toda responsabilidade sobre minhas próprias opiniões".

A isso o Sr. Bradlaugh acrescentou o seguinte: "Necessito manifestar com verdadeiro pesar quão vividamente lamento que a Sra. Besant se veja obrigada a demitir-se de seu cargo de Coeditora deste periódico, e quanta dor experimento ao aceitar a ruptura de uma situação em que ela prestou tão enormes serviços ao Livre-Pensamento e à Causa Radical. Confio que o *National Reformer* não perderá nunca a eficiente ajuda da mente e da pena de tão valiosa colaboradora. Durante treze anos esta revista se tem enriquecido pela sua incessante e utilíssima atividade. Concordo com ela em que um periódico deve ter uma política editorial bem definida, e creio ser este requisito tão necessário quanto, como no presente caso, todos os colaboradores desfrutam da máxima liberdade de expressão. Reconheço plenamente o espírito de abnegação que animou a Sra. Besant ao escrever as linhas que precedem as minhas. – CHARLES BRADLAUGH".

Foi duro romper um vínculo que tão caro havia custado treze anos antes, mas era justo. Quem palmilha um caminho que implica sofrimento, está na obrigação, por honra e dever, de carregar sobre si o sofrimento, tanto quanto possa; não deve permitir que seu sacrifício recaia sobre outros, nem pagar seu resgate com moeda alheia. E a honra tem de conduzir a vida que tenda para o Ideal, pois a fé quebrada sobre este ponto constitui a única verdadeira infidelidade.

Havia outra razão que me impunha a mudança e não me atrevi a manifestá-la ao Sr. Bradlaugh, porque sua lealdade teria determinado resolutamente a não aceitar a demissão. Eu havia observado a rápida mudança da opinião pública em seu favor; que os liberais, antes retraídos, aproximavam-se dele, e percebi que me consideravam uma obstrução e uma carga, e que se minha personalidade se eclipsasse diante dele, lhe seria mais fácil trilhar o caminho. Por causa disso me retirei suavemente; não o acompanhei nas reuniões, pois minha colaboração em público lhe era mais prejudicial que útil. Enquanto todos o repeliam e odiavam, sentia-me orgulhosa de estar ao seu lado, mas quando os amigos da prosperidade se agrupavam ao seu redor, compreendi que o servia melhor desaparecendo, se bem que nunca o amei mais intensamente que quando estive separada dele. Prossegui inalterável meu trabalho literário, e nenhuma mudança de opinião perturbou sua amabilidade para comigo; só pouco depois, quando ingressei na Sociedade Teosófica, ele perdeu a confiança em minha faculdade de raciocínio e juízo.

Durante o mesmo mês do outubro, os desempregados começaram suas manifestações de rua, e a dureza da polícia provocou alguns tumultos. *Sir* Charles Warren pensou que era seu dever fazer intervir a guarda nas reuniões públicas, como se costumava no continente, com o inevitável resultado de fomentar a inimizade entre o povo e a polícia.

Por fim constituímos a Associação de Defesa Socialista, com o propósito de ajudar os pobres operários processados e condenados com o único testemunho da polícia, sem dar-lhes oportunidade para a defesa legal. Organizei um grupo de homens e mulheres bem-nascidos, mediante a promessa de atenderem a toda chamada telegráfica, tanto de noite como de dia, e prestarem fiança para todo preso por haver exercido o antigo direito de participar de manifestações e falar publicamente. Por exemplo: prenderam o Sr. Burleigh, famoso correspondente de guerra, e o Sr. Winks com o operário J. Knight por falar sediciosamente. Fui à delegacia de polícia oferecer fiança para o último: o Comissário Howard aceitou a dos Srs. Burleigh e Winks, mas recusou a do Sr. Knight. No dia seguinte, o tribunal de polícia pediu por ele a absurda soma de 400 libras esterlinas, e meu fiel grupo a providenciou. Na próxima audiência, o Sr. Poland, advogado do Tesouro, retirou a acusação por falta de provas!

cortesia e calma seguranca, lembrando-lhe que eu não tinha ali direito algum, ao mesmo tempo que lhe apresentava fiança sobre fiança de maneira tão irrecusável, que nenhum magistrado podia rejeitar.

Passado o primeiro momento de estupor, um advogado, o Sr. W. M. Thompson, trabalhou com viva devoção, assumindo a defesa legal. Nós pagávamos as multas e nisso nos prestou um grande serviço a Sra. Marx Aveling. Um lindo grupo saiu da prisão de Millbank: machucados, de roupas rasgadas, sem chapéu, parecíamos por certo um bando de foragidos. Paramos para comprar chapéus e pôr a nossa comitiva um pouco mais decente, continuando juntos até que os homens subissem no trem ou no ônibus, pois temíamos que a amargura suscitada pelos sentimentos contidos criasse novos conflitos.

Formamos a Liga da Lei e da Liberdade para defender todos os injustamente condenados e assim libertamos muitos homens da prisão; e demos ao pobre Sr. Linnell, morto em Trafagar Square, um enterro público. O Sr. Charles Warren proibiu a passagem do féretro pelas ruas principais ao Oeste da Ponte de Waterloo e as procissões o aguardaram lá. W. T. Stead, R. Cunninghame Graham, Herbert Burrows e eu caminhamos de um lado do caixão e William Morris, F. Smith, R. Dowling e J. Seddon do outro; o Rev. Stewart D. Headlam, o pastor celebrante, foram na frente; cinquenta guardas carregando longas varas guarneciam o féretro. No caminho da Rua Wellington até o cemitério de Bow, havia uma massa de pessoas que reverentemente saudavam a passagem do homem morto violentamente; em Aldgate, o féretro levou quase uma hora para passar e assim levamos a seu túmulo Linnell, símbolo de um erro cruel, sob o protesto silencioso de uma enorme multidão ordeira.

Satisfaz-me recordar a valiosa aprovação do Sr. Charles Bradlaugh pelo árduo trabalho que realizamos perante os tribunais de polícia. O seguinte parágrafo seu mostra quão generosamente apoiava ainda aqueles que não estavam de acordo com a sua opinião: "Ainda que em graves questões de princípios eu tenha discordado mui recentemente de minha valorosa amiga e leal colaboradora, ainda que, infelizmente, grato me é e quão plenamente aprovo sua conduta, não limitada a conseguir fianças e defesa legal para os desgraçados que caem nas mãos da polícia, como também prestando sua assistência pessoal e inteligente nos quartéis e tribunais onde eficazmente tem atuado para dulcificar, por um lado, o duro trato, e por outro, as temerárias reações. Não assinalo este trabalho como o mais adequado para uma mulher, especialmente em época tão inclemente, porém faço pública minha opinião de que este trabalho se realiza cheio de valor admirável e útil e o acentuo enfaticamente porque o meu ponto de vista e o da Sra. Besant diferem, sobre questões de princípio, muito mais do que eu havia pensado ser possível, pois nela age uma agitação que, de dia a dia, se transforma em seríssima luta". Assim, sempre encontrei o Sr. Charles Bradlaugh: tolerante nas diferenças de opinião; generosamente disposto a aprovar o que achava justo, ainda que desaprovasse o sistema empregado.

Crescia a indignação popular; boicotou-se silenciosamente a polícia, com tanta persistência e tato, que não houve meios de justificar nenhuma de suas violências, até que o esforço desta foi insustentável e o Governo Conservador sentiu que Londres enlouquecia irremediavelmente; caiu, por fim, o Sr. Charles Warren e outro mais sábio foi colocado no comando.

Capítulo XIV

Da tormenta à paz

De todas estas contendas e lutas surgiu uma Fraternidade que trazia em si a promessa de dias mais justos. O Sr. Stead e eu chegamos a ser amigos íntimos, pois apesar de ser ele cristão e eu ateia, nos inflamava o mesmo amor para com o homem, o mesmo ódio contra a opressão. No número de fevereiro de 1888 escrevi de *Our Corner:* "Nasceu na mente de homens completamente distanciados em questões teológicas, a ideia de se fundar uma nova Fraternidade, na qual o serviço ao Homem ocupasse lugar igual ao que até hoje tem sido oferecido a Deus; uma fraternidade em que o trabalho substitua a adoração e o amor seja o batismo, em que ninguém disposto a trabalhar pelo bem comum se considere estranho. Dirigindo-me, um dia, com o Rev. S. D. Headlam à prisão de Millbank Gaol, para libertar um prisioneiro, disse- lhe: 'Sr. Headlam, devemos levantar uma nova Igreja que inclua todos aqueles que tenham por base comum a fé e o amor para com o homem'. Pouco depois descobri que meu amigo Sr. W. T. Stead, Diretor do *Pall Mall Gazette,* acariciava ideia semelhante, imaginando se os homens 'não poderiam ser persuadidos a serem tão zelosos em criar a felicidade neste mundo, como o eram para 'salvar suas almas'.

Ensinar o dever social, apoiar a justiça social, construir uma verdadeira comunidade, tais haveriam de ser os objetivos da igreja futura. Seria esta esperança demasiadamente formosa para se converter em realidade? Seria a conquista de tal visão beatífica apenas o sonho do entusiasta? Certamente o fato de que pessoas tão profundamente distanciadas em credo teológico, como aqueles que lutaram estes últimos três meses junto aos oprimidos, tenham trabalhado em plena harmonia por um mesmo objetivo, demonstra que existe um vínculo mais forte que nosso antagonismo, uma unidade mais profunda que as teorias especulativas que dividem".

Quão inconscientemente me encaminhava para a Teosofia, que devia converter-se na glória de minha vida, tateando cegamente nas trevas em busca daquela fraternidade definitivamente formulada pelos Irmãos Maiores de nossa raça, a cujos pés brevemente me lançaria! O seguinte parágrafo do citado artigo mostra quão profundamente anelava por algo superior ao que até então havia encontrado e elaborado em mim mesma; quão poderosamente me crescia a convicção de que havia uma meta, cujo caminho era o serviço do homem: "Crê-se nestes dias de fábricas e bondes, de engano e adulteração, que toda vida se há de desenvolver em ritmo monótono e o esplendor do ideal não pode brilhar sobre o cinzento horizonte moderno". No entanto, não faltam sinais indicadores de que o sopro do antigo heroísmo começa a comover o peito humano, de que o amor à justiça e à liberdade que fazia ferver o sangue nas veias dos heróis antigos e suscitou em nós vibrações de entusiasmo, não morreu inteiramente no coração dos homens; de que não perdeu ainda sua imortal fascinação a busca do Santo Graal, se bem que os investigadores não levantem os olhos ao céu, nem explorem mares e terras, porque sabem que Ele os espera junto aos míseros que sofrem às suas portas; que a consagração ao mais santo implica a dedicação à massa agonizante de pobres e desesperados, e que o vaso sagrado recebeu sua cor rubra do sangue do "Povo, o pálido e mudo Cristo".

... "Se existe uma fé que pode remover a montanha da ignorância e do mal, é seguramente a fé no triunfo do Direito, no reino final da Justiça, o único que dignifica a vida e adorna a obscura nuvem da desolação com o arco-íris de uma esperança imortal".

Para iniciar uma união entre aqueles que estivessem dispostos a trabalhar pela humanidade, o Sr. Stead e eu fundamos o *Link,* semanário de dez cêntimos, cujo objetivo descrevia no lema tomado de Victor Hugo: "O povo cala; eu serei o advogado deste silêncio; falarei pelos mudos; falarei do humilde ao potentado, ao forte em nome do fraco... Eu falarei por todos os desesperados silenciosos; interpretarei seus balbucios, suas queixas, seus murmúrios, o tumulto das multidões, os inarticulados lamentos e todos os clamores bestiais que, por ignorância e por dor, o homem se vê obrigado a soltar... Eu serei a Palavra do Povo, a boca sangrenta de que arrancaram a mordaça. Direi tudo". Estas palavras proclamaram a sua finalidade, ou seja, construir "uma Nova Igreja dedicada ao serviço da humanidade". Além disso, eu acrescentava: "O que convém é criar em todas as aldeias e em todas as ruas núcleos de homens e mulheres que sacrifiquem seu tempo e seu trabalho ao serviço temporal, tão sistemática e jubilosamente como outros o fazem por aquilo que eles creem ser serviço de Deus".

Toda semana publicávamos nosso jornal, e ele se tornou uma luz nas trevas. Nele encontraram eco as pequenas injustiças infligidas aos pobres; nele se expunham os míseros salários pagos às mulheres, e nele se fazia notório o excessivo trabalho do proletariado. Um sapateiro, para terminar uma dúzia de pares de sapatos, cobrava dois *shillings* e seis *pence,* sendo ainda obrigado a fornecer o betume e o cordel. Havia mulheres que trabalhavam durante dez horas e meia, diariamente, fazendo camisas, consideradas as melhores, e cobravam de dez *pence* a três *shillings* por dezena, correndo por sua conta linhas, agulhas, gás, toalha e chá (obrigatórios). Com isso, na maior parte das vezes o lucro se reduzia a quatro ou até dez *shillings* semanais. Uma operária encarregada de dar acabamento às botas, recebia, por semana, dois *shillings* e dois *pence* por uma dúzia de pares e fornecia o material. Soubemos, além disso, que o tribunal havia processado uma respeitável operária por uma tentativa de suicídio para livrar-se da miséria em que vivia.

Outra parte de nosso trabalho era defender os trabalhadores agrícolas das injustiças dos proprietários; publicar os escândalos dos asilos de pobres; obrigar o cumprimento da lei de Responsabilidade Patronal; fazer votar um projeto de lei do Sr. Charles Bradlaugh sobre o movimento dos vagões; formar "Círculos de Vigilância", a cujos membros incumbia registrar os casos de crueldade cometidos contra crianças de seu distrito, de extorsão, de insalubridade das fábricas, de trabalho excessivo etc., trazendo depois ao nosso conhecimento. Neste trabalho colaborou Herbert Burrows, que se uniu a mim para a defesa dos presos por motivo do ocorrido na Praça Trafalgar e foi depois autor de notáveis artigos no *Link*. Burrows amava o povo com a mesma ardente devoção com que odiava a opressão e a injustiça; trabalhador de inesgotável energia tinha a alma estraçalhada ante os desatinos que não podia remediar. A integridade de seu caráter se revelou numa frase pronunciada durante o delírio de uma enfermidade que julgava fatal: "Digam ao povo quanto o tenho sempre amado".

Em nossa cruzada a favor do pobre, trabalhamos também pelos estivadores. Escreveu Sidney Webb: "Todas as manhãs, somente em Londres, de 20 a 25.000 homens lutavam como feras no cais por quatro *farthings* a hora, e um terço deles, lutando em vão, tinham que voltar sem trabalho". Do mesmo modo agimos para que se proporcionasse alimentação às crianças pobres: "Se insistimos na educação da infância, não é lógico que atendamos à sua nutrição? A não ser assim, desperdiça-se o ensinamento que não podem assimilar, além de se torturarem mortalmente determinados alunos. Pobres abandonados da sociedade! Levamo-los à escola e impomo-lhes a instrução, enquanto que seus olhos suplicantes e doloridos nos perguntam por que lhes infligimos este novo e estranho sofrimento, por que lhe introduzimos na triste vida esta nova angústia? Seus rostos pacientes e mudos nos perguntam pateticamente: 'Por que não nos deixam em paz?' E por que não? Porque para estes mártires dos bairros pobres a Sociedade tem unicamente fórmulas, não alimento".

Clamamos contra as lojas que vendem "excessivamente barato", porque sua mercadoria "representa trabalho excessivo e, portanto, roubo". "A moral do comprador deveria ser muito simples: quando necessitamos algo, não queremos obtê-lo mediante rogo ou roubo; logo, se para possuí-lo não pedimos nem roubamos, devemos dar o justo e equivalente em troca. Naquilo que necessitamos, nosso próximo empregou determinado trabalho, e se não retribuímos o seu equivalente, o defraudamos; e se não estamos dispostos a dar o que é justo, não temos o direito de nos apropriar daquele produto".

Este ramo de nossa atividade nos conduziu a uma luta intensíssima, porém de resultados muito felizes. Numa reunião da *Fabian Society,* a senhorita Clementina Black proferiu uma notável conferência sobre o trabalho feminino, e exortou à formação de uma "Liga de Consumidores", unidos pelo compromisso de comprar unicamente nas lojas certificadas por haverem pago o que era justo a seus trabalhadores. H. H. Champion chamou a atenção para os míseros salários da fábrica *Bryant & May Ltd.*, enquanto que os acionistas recebiam enormes dividendos, de tal modo que o valor original das ações – cinco libras esterlinas – era cotado a 18 £, 7s e 6 d. Herbert Burrows e eu entrevistamos algumas jovens, e obtivemos a lista de salários, multas etc. "Caso típico foi o da jovem de 16 anos, que trabalhava por tarefa: ganhava 4 s. semanais e vivia com uma irmã empregada na mesma casa, ganhando cerca de 8 a 9 s. semanais. Destes salários pagavam 2 s. pelo aluguel de um quarto. A jovem vivia apenas a pão e manteiga com chá, tanto no café da manhã quanto no jantar e contava com olhos arregalados que, uma vez por mês, comia num lugar onde lhe davam, além de pão com manteiga, conservas e marmeladas em grande quantidade".

Publicamos estes fatos sob o título "A Escravidão Branca em Londres", e pedimos que se boicotasse a fábrica de fósforos de *Bryant & May Ltd.* Vieram a mim duas pálidas operárias dessa fábrica, dizendo-me: "Chegou o momento de alguém vir ajudar-nos", e eu perguntava: "Quem ajudará? Muitos desejam o êxito das boas causas; mas muito poucos se preocupam com trabalhar por elas, e menos ainda arriscam qualquer coisa para sustentá-las. Dizem os temperamentos fracos diante da ideia de que alguém deve agir: 'E por que haveria de ser precisamente eu?'. Por sua vez, a atitude do devoto servidor do homem, ao ver o perigo diante de si, é: 'Alguém deve fazê-lo: por que *não* eu?'. Entre estas duas frases existem séculos de evolução moral".

Logo me ameaçaram com um processo por difamação, porém sem nenhum resultado; era mais fácil para eles prejudicar as operárias, e poucos dias depois a rua Fleet foi animada pela invasão de uma multidão de trabalhadoras da fábrica de fósforos, exigindo Annie Besant. Não pude conversar com elas ali, e pedi-lhes que nomeassem uma comissão com o fim de me explicar suas reivindicações. Adiantaram-se três mulheres, que me narraram o sucedido: Haviam exigido que assinassem um documento certificando que as tratavam bem e que estavam satisfeitas, e que eram falsas as minhas afirmações, mas haviam se negado a isso. "A senhora falou a nosso favor e não queremos traí-la", explicou-me uma delas. A jovem que parecia a líder da agitação foi ameaçada de ser despedida; manteve-se firme e, no dia seguinte, a deixaram sem trabalho por causa de uma insignificância. Em consequência disso, todas se negaram a trabalhar, cerca de 1.400, e um grande grupo delas veio a mim para me perguntar o que é que deviam fazer. Se Herbert Burrows e eu trabalhamos alguma vez, foi na quinzena seguinte, em que não deixamos de armar pequeno alvoroço. Pedimos dinheiro e nos choveu às mãos cheias; registramos as operárias que precisavam receber salário enquanto durasse a greve; escrevemos artigos; formamos clubes; celebramos comícios públicos; conseguimos que o Sr. Bradlaugh interpelasse o Parlamento; pusemos em atividade as entidades em que havia acionistas nossos; numa palavra, conseguimos fazer todo o país entrar na lide.

O Sr. Frederick Charrington nos cedeu uma sala para o registro, e o Sr. Sidney Webb e outros nos induziram a trabalhar no Clube Liberal Nacional. Dirigimos uma manifestação de operárias à Câmara dos Comuns e tivemos uma entrevista com uma comissão integrada por membros do Parlamento, que as interrogaram. A atitude delas foi admirável: apresentaram-se solidárias, valentes e serenas até o fim. O Sr. Hobart, da Federação Social Democrática, os Srs. Shaw, Bland e

MEMBROS DA UNIÃO DE MATCHMAKERS

Oliver e Headlam, da *Fabian Society*, a senhorita Clementina Black e muitos outros nos ajudaram neste árduo e fatigante trabalho. Por fim, o Conselho Sindical de Londres consentiu em agir como árbitro e chegou-se a um acordo satisfatório: as jovens voltariam ao trabalho, seriam abolidas as multas e descontos nos ordenados, e estes seriam aumentados; fundou-se a União das Operárias, ainda hoje a mais poderosa instituição operária feminina da Inglaterra, e da qual fui Secretária, até que, sobrecarregada de outras ocupações, me demiti do cargo, que foi ocupado pela Sra. Thomton Smith. Herbert Burrows foi nomeado tesoureiro e ainda ocupa esse cargo.

Durante algum tempo houve alguns atritos entre a Companhia e a União, porém gradualmente desapareceram, sob a influência do bom senso de ambas as partes. O Diretor se mostrou depois disposto a tomar em consideração todo pedido justo e a buscar atendê-lo, enquanto que a Companhia ajudava, generosamente, a manter o Clube das Mulheres Trabalhadoras de Bow, fundado por H. P. Blavatsky.

O mais terrível dos sofrimentos era suportado pelos fabricantes de caixas que tinham ficado sem trabalho por causa da greve e em condições difíceis de remediar. Recebiam dois *pence* e um quarto por grosa de caixas, correndo por sua conta o cordão e a cola; em verdade não era uma fortuna, mas quando o trabalho falta, depressa vem a fome. Oh! Aquelas caminhadas depois do trabalho diário, atravessando ruas e avenidas, já noite escura, pelos arredores de Bethmal Green Junction! As crianças em casa, deitadas no chão, andrajosas e magras; a fome retratada em seu rosto, assim como nos olhos das mulheres e nas trêmulas mãos dos homens. Nosso coração se despedaçava, os olhos se enchiam de lágrimas, e cada vez mais imperiosa sentíamos a pergunta: "Onde encontrar alívio para tanta dor? Qual o caminho para livrar o mundo de tantos males?"

No mês de agosto, pedi que se abrisse "um salão para as operárias", e escrevi: "Tornam-se necessários um piano, mesas para jornais, literatura amena, pois convém oferecer um refúgio alegre e familiar a estas moças que carecem de lar e não têm outro lugar de recreio senão a rua. Não nos propomos a fundar uma 'instituição' com severa e rígida disciplina baseada na obrigatoriedade da atitude formalmente correta, mas um ambiente que seja tão agradável como o daqueles que cresceram sob a proteção abençoada de um lar feliz, que falta à grande maioria de nossas jovens de Londres!". Dois anos mais tarde, no mesmo mês de agosto, H. P. Blavatsky abria um lar assim.

Levantou-se depois um grito por socorro dos fabricantes de caixas de estanho do sul de Londres, multados ilegalmente e em muitos casos horrivelmente mutilados por negligência no manejo da maquinaria. Apresentou-se um pedido de auxílio dos dependentes multados ilegalmente; tivemos que sustentar defesas legais por controvérsias que ainda continuavam, bem como uma vigorosa agitação para conseguir refeições gratuitas para as crianças e para obrigar a administração pública ao justo pagamento dos salários. Ocupamo-nos do trabalho dos estivadores e tornamos públicas as injustiças que se cometiam contra eles; visitamos os fabricantes de correntes de Cradley Heath, e fizemos discursos a seu favor; lutamos para fazer parte da Junta de Ensino do distrito de Tower Hamlet, e saímos vitoriosos. Tais foram algumas das atividades a que dedicamos os dias de outono, sem mencionar as numerosas conferências de caráter secularista, trabalhista, socialista e inúmeros artigos que escrevia para ganhar a vida. Quando a tudo isso se acrescentou o trabalho para o Conselho de Ensino, senti que tanto trabalho começava a ser superior às forças físicas de uma mulher.

Assim começou o ano de 1889, ano inolvidável, em que encontrei o caminho de minha verdadeira morada e tive a imensa ventura de encontrar H. P. Blavatsky e de tornar-me sua discípula. Crescia em mim, cada vez mais com maior intensidade, a convicção de que se fazia mister algo mais do que eu supunha, para evitar os males sociais. A doutrina socialista bastava do ponto de vista econômico, porém, onde encontrar a inspiração, o motivo capaz de conduzir à realização da Fraternidade Humana? Haviam fracassado nossos esforços para organizar núcleos de trabalhadores altruístas; embora tivéssemos conseguido muitos, não existia realmente um movimento de devotada abnegação, em que todos trabalhassem unicamente por Amor e pedissem para dar e não para receber. Onde encontrar material para uma Ordem Social mais nobre? Onde encontrar as pedras angulares sobre as quais pudesse levantar-se o Templo da Humanidade? Enorme desespero me oprimia, enquanto buscava e não encontrava.

Não somente isso. Desde o ano de 1886 que vinha crescendo em mim, lentamente, a convicção de que minha filosofia era insuficiente; de que a vida e a inteligência eram algo distinto e superior ao que eu havia sonhado. A psicologia progredia rapidamente; as experiências hipnóticas revelavam complexidades da consciência humana até então não observadas, estranhos enigmas de múltiplas personalidades e – o mais maravilhoso! – vívida intensidade de ação mental quando o cérebro, que devia ser o gerador do pensamento, se achava em estado comatoso. Acumulavam-se fatos sobre fatos a pedir explicações, que eu não sabia dar. Estudei os aspectos mais obscuros da consciência: sonhos, alucinações, ilusões, insanidades mentais. Brilhou na escuridão um raio de luz: li o livro de A. P. Sinnett intitulado *O Mundo Oculto*[38], com suas admiráveis e sugestivas cartas descrevendo, não o sobrenatural, mas uma natureza sujeita a uma lei mais vasta do que a que eu ousara conceber. Aos meus estudos acrescentei o Espiritismo, experimentei-o particularmente, achei que os fenômenos eram indubitáveis, mas as explicações espíritas inacreditáveis. Verifiquei que os fenômenos de clarividência e leitura do pensamento eram reais. No meio da luta da vida externa, estes problemas se elaboravam em minha mente, que buscava com diligência a resposta.

Li grande variedade de livros, mas pouco encontrei neles que me satisfizesse; experimentei os diversos processos que neles se sugeriam, obtendo curiosos resultados, e ao convencer-me, por fim, de que existia algo obscuro, um poder desconhecido, decidi, ao começar a primavera de 1889, encontrar por qualquer meio aquilo que buscava. Uma tarde, sentada sozinha e absorta em profundos pensamentos, tal como costumava fazer depois do pôr do sol, cheia do intenso e quase deses-

[38] Publicado pela Editora Teosófica, Brasília, 2000. (Nota ed. brasileira)

perado anelo de resolver o enigma da vida e da mente, ouvi uma Voz, convertida mais tarde no mais sagrado som terreno, que me convidava a ser corajosa, porque já se aproximava a luz. Passados quinze dias, o Sr. Stead pôs-me nas mãos dois grossos livros, dizendo-me: "Quer revisá-los? Meus alunos estão atemorizados, mas você sente por estes assuntos paixão suficiente para fazer algo com eles". Tomei-os: eram a *A Doutrina Secreta,* escrita por H. P. Blavatsky.

Levei os volumes para casa, pus-me a lê-los e, à medida que volvia as páginas, crescia o meu interesse. Como me era familiar o assunto! Como voava minha mente, pressentindo as conclusões! Quão natural me parecia o assunto, quão coerente, sutil e inteligível! Estava maravilhada, ofuscada pela luz que me mostrava tantas partes de um grande todo e desfazia todas as minhas dificuldades, resolvia todos os meus enigmas e problemas. Em certo sentido isso era ilusório, porque tinha que ser tudo desintrincado lentamente depois, para que o cérebro assimilasse aquilo que a rápida intuição percebia como verdadeiro; porém eu tinha visto a luz, e naquele relâmpago luminoso compreendi que havia terminado a pesada busca e encontrado a Verdade.

Escrevi a resenha; pedi ao Sr. Stead uma apresentação para a autora dos livros, e enviei-lhe um bilhete solicitando-lhe permissão para visitá-la. Recebi cordialíssima resposta, dizendo que ela me esperava, e ao suave entardecer da primavera, Herbert Burrows, cujas aspirações neste assunto se assemelhavam às minhas, e eu, encaminhamo-nos para a Estação Nothing Hill, para a porta assinalada com o número 17, na rua Landsdowne, conjeturando sobre o que encontraríamos nela. Uma pausa, rápido caminhar pelo vestíbulo e antecâmara, atravessando as portas abertas, até chegar ante uma pessoa sentada numa cadeira em frente a uma mesa, a qual com vibrante e sugestiva voz dizia: "Oh querida senhora Besant! Há quanto tempo eu desejava vê-la!" Eu estava de pé, com minha mão fortemente presa entre as suas poderosas mãos e contemplando pela primeira vez nesta vida, fisicamente, os olhos de H. P. Blavatsky. Tive consciência do súbito salto que para ela deu meu coração; seria de reconhecimento? Depois – vergonhoso é dizê-lo! – senti

ANNIE BESANT EM 1889

feroz rebeldia, impulso de fuga, como animal selvagem que sente sobre si a mão do domador. Sentei-me após algumas palavras de introdução, durante a qual não me acudia ideia alguma, e pus-me a escutar. Falou de viagens, de diversos países. Sua conversação era fluente e brilhante, seus olhos permaneciam velados e seus dedos, finamente modelados, enrolavam continuamente cigarrinhos. Nada especial digno de menção, nenhuma palavra sobre Ocultismo, nada de mistérios; uma grande dama que conversa com seus visitantes. Levantamos-nos para sair, e por um momento se transformou seu olhar velado: dois luminosos e penetrantes olhos se encontraram com os meus, e com voz trêmula de emoção me disse: "Oh querida senhora Besant; se quisesse vir conosco!"

Sob a fascinação daquela anelosa voz e daquele olhar dominador, senti quase um irresistível desejo de inclinar-me e beijá-la; mas com um relâmpago de meu antigo orgulho e com íntimo sentimento de desprezo para com minha loucura, pronunciei uma cortês e vulgar saudação de despedida e me retirei com uma frase evasiva. Algum tempo depois, me dizia: "Filhinha, seu orgulho é terrível; você é tão soberba como Lúcifer". Mas creio, em verdade, que nunca o manifestei tanto como naquela primeira tarde, ainda que surgisse o violento desejo de auxiliá-la, esquecendo-me até das mesquinharias das críticas e compreendendo que os cegos são dignos de compaixão e não de desdém.

Visitei-a de novo e perguntei-lhe pela Sociedade Teosófica, desejosa de ingressar nela, porém ainda em dúvida, porque via, clara e distintamente, com dolorosa certeza, o que aquele passo significaria. Meu trabalho no Conselho Escolar de Londres havia provocado contra mim enormes preconceitos públicos, e o caminho seria mais fácil se prestasse minha colaboração àquilo que merecesse louvor e não vitupério. Devia lançar-me num novo redemoinho de luta, tornar-me alvo do ridículo, muito pior que o ódio, e voltar de novo a uma fatigante batalha por uma verdade impopular? Devia volver-me contra o Materialismo e afrontar a vergonha de confessar publicamente que me havia equivocado, enganada pelo intelecto que desconhece a existência da alma? Devia abandonar o exército que tão valorosamente lutara a meu favor, bem como os amigos que, em meio da brutalidade do ostracismo social, me permaneceram caros e fiéis? E o Sr. Charles Bradlaugh, o mais poderoso e verdadeiro amigo, cuja confiança abalei com o meu Socialismo, devia sofrer a tortura de ver sua colaboradora e companheira, aquela de quem estivera tão orgulhoso e para quem fora tão magnânimo, deixar as fileiras do materialismo para passar para as hostes inimigas? Qual seria seu olhar, quando eu lhe dissesse que me tornara teósofa? A luta interior foi aguda e cruel, mas não com as mesmas angústias passadas, porque o soldado havia combatido em muitas batalhas e fora endurecido por muitas feridas.

Nesse ínterim dirigi-me de novo para a rua Landsdowne para informar-me sobre a Sociedade Teosófica. H. P. Blavatsky olhou-me com olhos penetrantes, e me perguntou: "Leu a crítica da Sociedade de Investigações Psíquicas sobre mim?" "Não, nada sei sobre isso", respondi. "Leia-o então, e se depois voltar, tudo estará bem". Nada mais acrescentou, desviando a conversação para suas experiências em diversos países.

Pedi-lhe um exemplar da crítica; li-o, reli-o e vi subitamente quão fraco era o fundamento sobre o qual se havia construído o imponente edifício. As contínuas hipóteses sobre as quais se baseavam as conclusões, o incrível caráter das alegações, e o mais reprovável, a insensata origem donde extraíam as provas. Tudo se apoiava na veracidade dos Coulomb, que se condenavam a si mesmos como cúmplices do engano. Podia eu aceitar tudo aquilo contra a natureza franca, destemida, de que eu percebera um vislumbre? Contra a altiva e ardente sinceridade que resplandecia daqueles claros olhos azuis, olhos honrados e impávidos, cheios de infantil nobreza? Seria possível que a autora de *A Doutrina Secreta* fosse aquela miserável impostora, aquela cúmplice de trapaças, aquela odiosa e corrompida mistificadora? Ri às gargalhadas ante tais absurdos e rejeitei a crítica com o justo desdém de uma natureza honrada, que reconhece o semelhante quando o encontra e à qual repugna a vileza de uma mentira.

No dia seguinte fui ao escritório da *Theosophical Publishing Company*, na rua Adelphi Duke, 7, onde encontrei trabalhando a condessa de Wachtmeister, uma das mais leais amigas de H. P. Blavatsky, e formulei meu pedido de ingresso na Sociedade Teosófica.

Depois de receber meu diploma, fui a rua Lansdowne, onde encontrei H. P. Blavatsky sozinha; aproximei-me dela, inclinei-me e beijei-a sem proferir uma palavra. "Você ingressou na Sociedade?" "Sim". — "Leu o relatório?" – "Sim". – "E então?" Caí de joelhos, apertei suas mãos entre as minhas e, fitando-lhe os olhos, respondi-lhe: – "Quer aceitar-me como discípula e dar-me a honra de proclamá-la ao mundo como minha Mestra?" Seu austero semblante se dulcificou, e lágrimas irreprimíveis lhe encheram os olhos; depois, com dignidade mais que régia, colocou sua mão sobre minha cabeça, dizendo: "Que nobre mulher é você! Que o Mestre a abençoe!"

Desde aquela dia, 10 de maio de 1889, até agora, que faz dois anos, três meses e meio que deixou seu corpo físico, a 8 de maio de 1891, jamais vacilou a confiança que nela depositei. Entreguei-lhe minha fé por poderosa intuição e lhe fui fiel, vivendo diariamente a seu lado em estreita intimidade. Sobre ela falo com a reverência do discípulo por um mestre que em nada o decepcionou, e com a afetuosa gratidão que em nossa Escola é o natural dever para quem abre a porta e mostra o caminho. Zombeteiramente diz o inglês do século XIX: "Loucura! Fanatismo!" Seja; eu sei e posso esperar.

Criticaram-me por haver ingressado irrefletidamente na Sociedade Teosófica e deixado meu entusiasmo me arrastar. Justa é a crítica pela rapidez com que me decidi; porém, desde muito tempo antes, esta decisão já se elaborava, e havia realizado os sonhos da minha meninice, nos planos superiores da maturidade intelectual feminina. E declaro aqui que, naquela primeira imersão, encontrei muito mais do que esperava, e tive a certeza científica de doutrinas que mostraram a verdade num relâmpago de iluminação. Sei por experiência pessoal que a alma existe e que é minha alma, não o corpo, que sou eu; que posso deixar este corpo à vontade; que, livre dele, posso aproximar-me e aprender de mestres humanos viventes, e ao ocupar de novo o corpo, posso imprimir no cérebro físico o ensinamento recebido; que é lentíssimo o processo de transferir a consciência de um estado para outro; que enquanto isto se efetua, o corpo e o cérebro se relacionam gradualmente de uma maneira mais sutil, essencialmente da alma, e que minha experiência disso, conquanto ainda imperfeita e fragmentária comparada com a experiência de Seres superiormente disciplinados, assemelha-se aos primeiros esforços da criança que começa a falar, comparados com a eloquência do orador perfeito; que a consciência, longe de depender do cérebro, é mais ativa quando se livra das grosseiras formas materiais do que quando se encontra nelas; que os ilustres sábios de quem falou H. P. Blavatsky existem e têm poderes e conhecimentos ante os quais podemos considerar como brinquedos de criança o nosso domínio e conhecimento da natureza. Tudo isso aprendi, e muito mais ainda, sendo apenas um discípulo de grau inferior, isto é, uma criança de classe primária da Escola oculta. Esta primeira imersão teve feliz êxito e não se enganou a intuição. Esta mesma senda de conhecimento que trilho, se estende diante de todos aqueles que estiverem dispostos a pagar o preço pedido, que é a renúncia a tudo por amor à verdade espiritual, a oferenda da verdade conquistada pelo serviço prestado à humanidade, sem pretender nada para si próprio.

Em 23 de junho, numa crítica de *A Doutrina Secreta*, que escrevi para o *National Reformer,* encontro as seguintes passagens, que mostram quão rapidamente eu havia compreendido os pontos principais da doutrina:

"Há um erro crasso na afirmação de que das sete modificações referidas pela Ciência da Matéria, conhecem-se apenas quatro e até há pouco tempo apenas três; essas quatro são subestados somente, subdivisões do último plano".

Depois de dizer que o inglês do século XIX teria rejeitado o livro, se tivesse se decidido a apenas folheá-lo, continuava:

"Com o telescópio e o microscópio, o bisturi e a bateria elétrica, a ciência ocidental interroga a natureza, acumula fenômeno e mais fenômeno, armazena experiência sobre experiência, mas termina sempre se detendo diante de abismos insondáveis e de cimos inatingíveis. Vasta

H. P. BLAVATSKY

Nisto nada há de *sobrenatural*, como não o há no vosso conhecimento, embora esteja este muito acima da compreensão do peixe; não especulamos sobre estas formas superiores da existência: *conhecemo-las* por estudo pessoal, do mesmo modo que vós conheceis a flora e a fauna de vosso mundo. Nossos poderes não são sobrenaturais; estão latentes em todo ser humano e se manifestarão com o progresso da raça. Tudo que fizemos foi desenvolvê-los mais rapidamente que nossos semelhantes, por processos que estão ao nosso alcance, como estão ao vosso. A matéria está em toda parte, porém existe em sete modificações, das quais só conheceis quatro, e até bem pouco tempo somente três. Nas formas superiores residem as causas dos efeitos que notais nas inferiores, e para conhecer tais causas deveis desenvolver a capacidade de ter consciência destes planos superiores".

Seguia então um breve esboço do ciclo evolutivo e continuava:

"Que papel representa o homem neste vasto drama do universo? Desnecessário é dizê-lo, ele não é a única forma viva no Cosmos, em sua maior parte inabitável para ele. Do mesmo modo que a ciência já demonstrou que existem formas viventes em todas as regiões do plano material, infusórios em cada gota de água, palpitações de vida em cada folha e fibra de erva, assim a *A Doutrina Secreta* afirma existirem formas vivas nos mais altos planos de existência, cada qual adaptada ao seu meio ambiente até encher de vida todo o espaço, e que não existe morte, mas transformação. Entre estas miríades de seres, alguns evoluem dentro da humanidade, outros fora dela, tal como a conhecemos, despojando-se de seus mais grosseiros elementos. O homem é considerado um ser sétuplo; quatro de suas partes pertencem ao corpo animal e se desintegram no momento da morte ou pouco depois, e as outras três formam o Eu superior, a verdadeira individualidade, e persistem e são imortais. Estas últimas constituem o Ego[39] que passa

[39] Ego aqui se refere ao Ego Superior ou Eu Superior, Tríade Superior ou imortal que reencarna e evolui, conquista que caracteriza o estágio evolutivo humano, distinguindo-o dos animais, cuja alma é grupal (Vide LEADBEATER, C. W. *A Gnose Cristã*, Ed. Teosófica). Não se deve confundir com o ego da psicologia moderna, que, em contraposição, refere-se à personalidade mortal, quaternário inferior ou corpo, conforme o

por diversas encarnações, nas quais aprende as lições da vida, elabora sua própria redenção dentro dos limites de uma lei inexorável, lança as sementes das quais sempre colhe o fruto, constrói incessantemente seu destino e não encontra em nenhum ponto do espaço ou no tempo imensurável, nada que possa aliviar o peso do que ele criou, da carga que pesa sobre seus ombros, desembaraçar a meada que emaranhou ou cobrir o abismo por ele cavado".

Depois, ao notar que a Ciência ocidental se aproximava da oriental, terminava com as seguintes palavras: "É curioso observar que algumas das recentes teorias científicas parecem vislumbrar as Doutrinas Ocultas, como se a ciência estivesse no umbral de um conhecimento esquecido do passado. Já agora sua mão treme ao perceber forças ante as quais são insignificantes aquelas que até o momento a obedeciam. Quando chegará a dominá-las? Esperemos que não seja até que a ordem social tenha sido transformada, para que não contribuam para dar mais ao que possua muito e a deixar mais miseráveis os infelizes pela força do contraste. O conhecimento em mãos do egoísmo aumenta o abismo que separa um homem de outro homem, uma raça de outra raça, e devemos tremer ante a ideia de que novos poderes da Natureza possam juntar-se ao carro da avidez. Daí a sabedoria daqueles 'Mestres' em cujo nome fala H. P. Blavatsky, ao se negarem sempre a comunicar o conhecimento, que é poder, até que se aprenda a lição do Amor, e ao deixarem unicamente em mãos dos altruístas o domínio das forças naturais, cujo abuso arruinaria a sociedade".

Esta crítica e a proclamação pública (porque assim o exigia a honradez), de que havia ingressado na Sociedade Teosófica, despertaram naturalmente uma tempestade de críticas, e no *National Reformer* de 30 de junho foram publicadas as seguintes declarações do Sr. Charles Bradlaugh e minha:

denominava São Paulo, que ainda o subdividia em corpo natural (abrangendo o corpo físico e o corpo etérico). Às vezes, também chamado confusamente de espiritual, mas que abrange o corpo astral ou emocional, e o corpo mental – I Coríntios 15:44. Também não confundir com o espírito ou mônada, a centelha divina que é eterna e perfeita, porque está fora da dimensão evolutiva do tempo. (Nota ed. brasileira)

"A crítica do livro da Sra. Blavatsky, publicada no último número e uma proclamação no *Star,* originaram uma multidão de cartas sobre Teosofia. Pediram-me uma explicação sobre ela e a minha opinião. A palavra 'teósofo' é antiga; usaram-na os neoplatônicos; seu novo significado parece ser: 'Aquele que pretende ter conhecimentos de Deus ou das leis da natureza por meio da iluminação interna'. Um ateu não pode, certamente, ser teósofo, um monista tampouco, e sim, mais facilmente, um deísta. A Teosofia implica dualismo; a moderna Teosofia, segundo a Sra. Blavatsky expôs em suas últimas manifestações, assegura o que não creio e faz afirmações que não julgo verdadeiras. Não tive oportunidade de ler os dois volumes da Sra. Blavatsky, porém, durante os dez últimos anos, me inteirei de muitas publicações suas, do coronel Olcott e de outros teósofos. Parece-me que procuram reabilitar certa espécie de Espiritualismo usando fraseologia oriental. Penso que muitas de suas afirmações são completamente infundadas, e seus raciocínios de todo errôneos. Sinto profundamente que minha colega e colaboradora tenha subitamente, e sem estabelecer um intercâmbio de ideias comigo, adotado como certas, questões que no meu parecer são tão irreais como uma fábula. Meu sentimento é maior ainda, porque conheço a devoção da Sra. Besant por tudo o que crê verdadeiro; que sustenta sempre com ardor as ideias cuja defesa empreende, e atemoriza-me o possível desenvolvimento de suas opiniões teosóficas. A política editorial deste periódico não mudou e é diretamente antagônica a todas as formas de Teosofia.

Havia preferido calar-me sobre este assunto, pois já se fez público o desacordo entre a Sra. Besant e eu, ao aderir ela ao Socialismo, o que nos entristeceu profundamente a ambos; porém, depois de seu artigo e de sua proclamação pública de haver ingressado na Sociedade Teosófica, devo comunicar claramente minha opinião àqueles que me consideram como guia.

CHARLES BRADLAUGH."

"É-me impossível explicar extensamente as razões que me induziram a entrar para a Sociedade Teosófica, cujos três objetivos são:

1.° – Formar um núcleo da Fraternidade Universal, sem distinção de raça, credo, sexo, casta ou cor;
2.° – Encorajar o estudo da Religião Comparada, Filosofia e Ciência;
3.° – Investigar as leis não explicadas da Natureza e os poderes latentes no homem.

Seus membros são completamente livres em matéria religiosa. Os fundadores da Sociedade negam a existência de um Deus pessoal, e uma sutil forma de Panteísmo é ensinada como a visão teosófica da formação do universo, embora nenhum de seus membros esteja obrigado a aceitá-la. Não posso negar que este Panteísmo foi para mim a promessa da solução de alguns problemas, especialmente psicológicos, que o Ateísmo não consegue resolver.

ANNIE BESANT."

A Teosofia, como bem sabem os que a estudam, longe de implicar Dualismo, se baseia no Um convertido em Dois ao manifestar-se, exatamente como o Ateísmo pressupõe uma existência unicamente cognoscível na dualidade de força e matéria, e como o Teísmo filosófico – não o popular – ensina uma divindade da qual emana o espírito e a matéria.

Os chefes do Livre-Pensamento não imitaram o Sr. Bradlaugh em sua equilibrada desaprovação, e entre eles se distinguiu o Sr. Foote por seus ásperos ataques. Em meio deste torvelinho fui chamada a Paris, para assistir com Herbert Burrows ao magno Congresso do Trabalho, que se realizou de 15 a 20 de julho, e ao mesmo tempo para passar um ou dois dias com H. P. Blavatsky em Fontainebleau, onde ela se achava para descansar uma semana. Ali a encontrei traduzindo os maravilhosos fragmentos do *Livro dos Preceitos de Ouro*, agora tão amplamente conhecido sob o título *A Voz do Silêncio*[40]. Escrevia rapidamente, sem ter diante de si nenhum exemplar original, e à noite me fez lê-lo em

[40] Publicado pela Editora Teosófica, Brasília, 2012. (Nota ed. brasileira)

voz alta, para ver se o inglês "era passável". Estavam presentes Herbert Burrows e a Sra. Candler, fiel teósofa americana, sentados ao seu redor, enquanto eu lia. Blavatsky tinha feito a tradução em perfeito e belíssimo inglês, fluido e harmonioso; unicamente tivemos que modificar uma ou duas palavras, e olhou-nos como criança surpreendida, maravilhada de nossos elogios, que lhe seriam tributados por qualquer pessoa de gosto literário ao ler o delicado poema em prosa.

Naquele dia, um pouco mais cedo, eu lhe havia perguntado sobre as forças que atuavam na produção de pancadas, tão constantemente ouvidas nas Sessões de Espiritismo. E ela me respondeu: "Não se utilizam espíritos para produzir pancadas; observe". Pôs sua mão sobre minha cabeça, sem tocá-la, e senti sobre o osso de meu crânio ligeiras pancadas, cada uma das quais me produzia um estremecimento ao longo da espinha dorsal. Explicou-me, então, extensamente, como podiam ser produzidas tais pancadas onde o operador desejasse, e como podia ser provocada a ação recíproca das correntes que as originavam, sem o concurso da vontade humana consciente. Assim costumava ilustrar seus ensinos orais, provando, com experiências, suas afirmações sobre a existência das forças sutis, que a mente disciplinada podia dominar.

Os fenômenos sempre pertenciam ao aspecto científico de seus ensinamentos, e jamais cometeu a loucura de reclamar autoridade para suas doutrinas filosóficas, pelo fato de ser capaz de provocá-los. Constantemente nos recordava que o "milagre" não existia; que todos os fenômenos que produzia eram resultado de um conhecimento da natureza mais profunda que o que geralmente possuíam os seus semelhantes, mercê de um poder disciplinado da mente e da vontade. Alguns deles ela descrevia como "truques psicológicos", criação de imagens pela força da imaginação e a impressão delas sobre outros gerando alucinações coletivas; outros, como movimento de objetos sólidos, por meio de mão astral ou de algum Elemental; outros ainda pela leitura em luz astral e assim por diante.

Porém a prova da realidade da missão que havia recebido daqueles a quem chamava Mestres não estava nestes fenômenos físicos e mentais, de relativa trivialidade, mas no esplendor de sua heroica firmeza, na profundeza de seus conhecimentos, no altruísmo de seu caráter, na elevada espiritualidade de seus ensinamentos, no incansável ardor de sua devoção, no ímpeto incessante de sua obra para a iluminação dos homens. Isso e não os fenômenos lhe conquistaram a fé e a confiança daqueles que com ela conviviam e, assim, aceitamos agradecidos seus ensinamentos não porque ela manifestasse qualquer autoridade, mas porque despertava em nós faculdades que nunca sonháramos possuir, e energias da Alma, que demonstravam sua existência.

Após meu regresso de Paris, em Londres, foi preciso fazer uma clara e definida exposição de minha mudança de atitude, e no *Reformer* de 4 de agosto encontro o seguinte: "Nestes últimos tempos, têm-se feito afirmações sobre mim e sobre as minhas crenças, umas muito absurdas, outras muito maliciosas e inexatas, às quais rogo aos meus amigos não darem crédito algum. Não seria justo eu pedir ao meu amigo, Sr. Bradlaugh, que abrisse as colunas deste Periódico para uma exposição da Teosofia feita por mim, porque suscitaria uma grande controvérsia sobre um assunto que não interessa a maioria dos leitores do *National Reformer*. Por esta razão, não posso responder aqui aos ataques que me dirigiram. Penso, apesar de tudo, que o partido com o qual trabalhei tanto tempo tem o direito de saber por que dei este passo, e a esse respeito preparo um folheto que tratará amplamente desta questão. Além disto, combinei com o Sr. R. O. Smith pronunciar umas conferências no Salão da Ciência, de 4 a 11 de agosto, sobre o tema: "Por que me tornei teósofa.", e parece-me que, durante este ínterim, meus anos de serviços nas fileiras do partido do Livre-Pensamento me dão direito a pedir que não me condenem sem primeiro me ouvir, e mesmo me aventuro a insinuar, em vista dos elogios que no passado me dirigiram alguns livres pensadores, que alguma coisa se pode dizer a favor da Teosofia, sob o ponto de vista intelectual. As caricaturas que dela fizeram alguns livres pensadores representam-na tão exatamente como as que do ateísmo fez a *Christian Evidence* para definir esta digna filosofia da vida. Recordo aos meus antigos amigos quantas falsidades sobre eles disseram os seus adversários, e peço-lhes que esperem antes de julgar."

Foram pronunciadas as conferências e resumidas depois num folheto com o mesmo título, que obteve grande circulação e terminava assim:

"Existe um enorme obstáculo na mente de muitos livres pensadores, que certamente os coloca contra a Teosofia e fornece aos adversários fácil tema para sarcasmo: a afirmação teosófica da existência de outros seres viventes, além dos homens e dos animais existentes em nosso globo. Talvez fosse preferível que os que repelem tal hipótese se detivessem e perguntassem a si mesmos se acreditam real e sinceramente que em todo este grandioso universo, no qual o nosso diminuto planeta só é comparável a um minúsculo grão de areia no deserto de Sahara, unicamente este planeta seja habitado por seres viventes. Será todo o universo mudo, exceto para as *nossas* vozes? Cego, exceto para a *nossa visão*? Morto, exceto para a *nossa vida*?

Tal crença ilógica só foi possível no tempo em que o Cristianismo considerava nosso mundo como centro do universo, e a raça humana aquela pela qual o Criador se dignou morrer. Mas agora que conhecemos melhor nossa posição, que sabemos que nosso mundo é um entre inumeráveis miríades de mundos, que fundamento tem o presunçoso conceito pelo qual nos arrogamos toda existência sensível? Terra, ar, água estão cheios de seres adaptados ao seu próprio ambiente; nosso globo está transbordante de vida... e havemos de supor que tudo se modifique apenas transcendidos os limites de nossa atmosfera? Nem a razão nem a analogia apoiam semelhante suposição. Um dos delitos de Giordano Bruno foi atrever-se a ensinar que outros mundos eram habitados além do nosso, porém ele era mais sábio que os monges que o queimaram.

Os teósofos asseguram que em cada estado da matéria existem seres vivos que a ela se adaptam, e que todo o universo palpita de vida. Os intolerantes vociferam: 'Superstição!', sem observar que não é mais superstição do que crer numa bactéria ou noutro ser vivo invisível à vista humana comum. 'Espírito' é uma palavra inadequada, pois, historicamnente, conota imaterialidade e uma espécie de existência sobrenatural, e os téosofos não acreditam numa coisa nem noutra. Para eles todo ser vivente age por meio de uma base material, e 'matéria' e 'espírito' não estão dissociados, se bem que sustentem que a matéria existe noutros estados além dos conhecidos atualmente pela ciência. Negar isso seria prova de tanta insensatez como a do príncipe hindu que negou a existência do gelo porque nunca tinha visto água sólida. Recusar-se a crer cegamente até que sejam oferecidas provas é uma postura racional; mas negar a possibilidade de existência de tudo o que ultrapassa nossa limitada experiência é absurdo".

"Uma última palavra aos meus amigos secularistas. Se me ordenais: Deixe nossas fileiras, deixá-las-ei, pois não me imponho a nenhum partido, e me afastarei, tão logo sinta que não sou bem recebida nele[41]. Custou-me muita dor admitir que fracassava o Materialismo do qual tanto havia esperado, e que isso ocasionava a desaprovação de alguns de meus melhores amigos. Mas, desta, como em outras circunstâncias de minha vida, não me atrevo a comprar a paz com uma mentira; imperiosa necessidade me induz a dizer a verdade tal como a vejo, agradem ou não minhas palavras, receba louvor ou vitupério. Devo manter imaculada esta lealdade à Verdade, embora seja à custa da amizade, embora quebre todos os laços humanos. A Verdade poderá conduzir-me a um deserto, poderá privar-me de todo amor, mas devo segui-la. Ainda que me tirasse a vida, confiaria nela, e não quero sobre meu túmulo outro epitáfio senão este:

'PROCUROU SEGUIR A VERDADE' ".

Enquanto me ocupava desta nova controvérsia, prosseguia o trabalho do Conselho de Educação, tornado possível, devo dizê-lo, graças à ajuda generosa de amigos desconhecidos, que me enviaram 150 libras esterlinas durante o último ano e meio. Assim pude continuar a vigorosa atividade socialista e minha fatigante defesa na luta pelo

[41] Deixo estas palavras tal como as escrevi em 1889. Demiti-me de meu cargo na *National Secular Society* em 1890, compreendendo que estava esta tão identificada com o Materialismo, que não havia ali lugar para mim. (Nota ed. em inglês)

movimento operário, em meio da qual se distinguia a organização dos curtidores de couro do Sul de Londres em um sindicato, e a colaboração prestada com o fim de conseguir a redução de horas de trabalho para os operários dos bondes e ônibus, cujas reuniões tínhamos de realizar depois de meia-noite.

O alimento e a roupa das crianças ocupavam também grande parte de meu tempo e atenção, pois as de meu distrito eram aos milhares desesperadamente pobres. Entretanto continuava meus estudos como melhor podia, lendo no trem, bonde e ônibus, e roubando horas à noite para escutar H. P. Blavatsky.

Em outubro, a saúde já alquebrada do Sr. Charles Bradlaugh recebeu golpe mortal, se bem que continuou vivendo ainda quinze meses. Foi repentinamente acometido de grave congestão e ficou em iminente perigo de morte, sendo assistido amorosamente por sua única filha, a Sra. Bonner, pois a mais velha havia morrido no outono precedente. Lentamente se restabeleceu, depois de quatro semanas de cama, e havendo-lhe seu médico ordenado um longo repouso e, se fosse possível, uma viagem por mar, embarcou para a Índia em 28 de novembro, a fim de assistir ao Congresso Nacional, onde foi aclamado entusiasticamente "Representante da Índia".

Em novembro, movi um processo por difamação contra o Reverendo Sr. Hoskyns, vigário de Stepney, que extraiu alguns vis parágrafos de um livro, não de minha autoria, para difundi-los como representando minhas ideias, durante as eleições do Conselho de Educação em 1888. Tinha contra mim o Promotor *Sir* Edward Clarke e o Barão Huddleston no tribunal. Tanto o promotor como o Juiz fizeram o possível para intimidar-me: usaram a linguagem mais grosseira e procuraram demonstrar que, defendendo a limitação da prole, condenava a castidade como um delito. Cinco horas de brutal interrogatório deixaram inalterável minha negativa de tais ensinamentos, e apesar da defesa do Juiz em favor do pastor que queria salvar seus paroquianos de uma ateia e havia afirmado que a declaração era "privilegiada", não conseguiram obter um veredito de culpabilidade.

O júri não esteve de acordo, segundo me declarou depois um de seus membros, não tanto sobre a questão da difamação, pois alguns opinavam que não devia castigar-se um pastor por seu excesso de zelo em defender a fé contra a avidez feroz de um ateu; ao passo que outros consideravam a calúnia de tal modo injuriosa, que não queriam aceitar um veredito que não desse um castigo exemplar. Eu não quis provocar um segundo processo, pensando que não valia a pena perder mais tempo, uma vez que havia demonstrado plenamente minha inocência.

Seguiram-se meses de intensa atividade. Em princípios de 1880, H. P. B. recebeu 1.000 libras esterlinas para empregá-las no atendimento a pessoas, da maneira que lhe parecesse melhor, e se achasse conveniente, em benefício da mulher. Depois de longa discussão, decidiu fundar um clube para operários no Leste de Londres, e mediante sua aprovação, a Srta. Laura Cooper e eu nos pusemos a procurar local adequado. Encontramos por fim uma casa antiga e espaçosa na rua Bow, 193; trabalhamos alguns meses para reformá-la completamente e construir uma sala anexa, e no dia 15 de agosto, H. P. B. a inaugurou, destinando-a a alegrar a vida das operárias oprimidas pelo trabalho e mal remuneradas. O clube cumpriu nobremente sua missão durante os três últimos anos.

O coração de H. P. B. era sensibilíssimo ao sofrimento, especialmente da mulher e da criança. Ficou muito pobre no fim de sua vida terrena, por haver dispendido tudo em sua missão e haver se recusado a subtrair tempo do trabalho teosófico para escrever para jornais russos, sempre dispostos a pagar elevado preço por seus artigos. Apesar disto, esvaziava facilmente sua leve bolsa, quando sabia de algum sofrimento humano que o dinheiro pudesse aliviar. Um dia escrevi a uma companheira minha, que lhe mostrou minha carta, em que eu lhe falava de alguns pequeninos aos quais eu havia levado flores campestres e descrevia seus semblantes marcados pela necessidade. Em consequência disso, recebi a seguinte nota característica: "Queridíssima amiga: Acabo de ler sua carta dirigida a ..., e conturbou-se-me o coração ao pensar nos pobres pequeninos. Ouça: posso dispor de 30 *shillings,* o único dinheiro que tenho (você sabe que sou pobre e me orgulho disso), e lhe rogo que os receba, sem *dizer uma palavra.* Isso pode servir para comprar comida para 30 pequeninos que morrem de fome, e com este pensamento me sentirei mais feliz durante 30 minutos. Nem uma palavra e faça o que lhe digo: leve o dinheiro a esses meninos infelizes, que agradeceram suas flores e ficaram contentes. Perdoe à sua velha e estranha amiga, *inútil* neste mundo. Sempre sua, H. P. B".

Esta sua ternura nos induziu, depois de sua morte, a fundar "O Lar das Crianças H. P. B.", e confiamos poder satisfazer algum dia o seu desejo de abrir um vasto e maternal abrigo para as crianças abandonadas, sob os auspícios da Sociedade Teosófica.

O contrato de arrendamento da casa n.º 17 da rua Landsdowne expirava em princípios do verão de 1890, e decidiu-se estabelecer a sede da S. T. na Europa no n.º 19 da *Avenue Road*[42]. Construiu-se um salão para as reuniões da Loja Blavastky, por ela fundada, e algumas modificações foram feitas. Em julho, sua equipe de cooperadores se uniu sob aquele mesmo teto; a ele acudiram Archibald e Bertram Keightley, dedicados ao seu serviço anos antes; a condessa Wachtmeister, que abandonou o luxo e a riqueza de sua elevada condição social para dar tudo à causa que servia e à amiga que amava com profunda fidelidade; George Mead, seu Secretário e ardente discípulo, homem de sólida mentalidade e poderoso caráter, erudito e trabalhador incansável. Ali se reuniram também Claude Wright, caro irlandês, que sob aparência descuidada ocultava profunda intuição e uma natureza luminosa e genial; Walter Old, sonhador e sensitivo, psíquico congênito e, como a maioria dos psíquicos, facilmente influenciável pelos que o rodeavam; Emily Kislinbury, mulher estudiosa e cheia de zelos; Isabel Copper-Oakley, intuitiva eestudiosa, rara combinação e o mais fervoroso discípulo dos estudos de Ocultismo; Jaime Pryse, americano, o mais devoto de todos, que ofereceu ao trabalho o seu conhecimento prático e tornou possível o vasto desenvolvimento de nosso departamento de imprensa. Todos eles e eu constituímos, no começo, o corpo

[42] Casa onde vivia a Sra. Besant. (Nota ed. brasileira)

ANNIE BESANT USANDO O ANEL DE H. P. BLAVATSKY EM 1892

de residentes. A Srta. Cooper e Herbert Burrows, apesar de unidos a nós, não podiam, por suas obrigações, residir sempre ali.

As regras da casa eram e são simplíssimas, mas H. P. B. insistia na regularidade de vida: lanchávamos às 8 horas da manhã; trabalhávamos até às 13, hora do almoço; prosseguíamos nosso trabalho até às 19 horas, hora do jantar, e depois deixávamos a atividade externa da Sociedade Teosófica e nos reuníamos na residência de H. P. B. para conversar, fazer projetos, receber instruções e escutar seus comentários sobre os pontos intrincados. À meia-noite, todas as luzes deviam estar apagadas Meu trabalho público me obrigava a estar ausente de casa muitas horas, infelizmente para mim, mastal era o curso natural de nossas vidas agitadas..

H. P. B. escrevia continuamente; sempre enferma, mas dotada de indomável vontade, obrigava seu corpo a cumprir suas obrigações, sem piedade para com suas debilidades e dores. Tratava seus discípulos mui diferentemente uns de outros, adaptando-se com escrupuloso cuidado aos seus temperamentos distintos. Como mestra, tinha maravilhosa paciência e explicava o mesmo assunto várias vezes, em todas as suas possíveis modalidades. Às vezes, depois de repetidos fracassos, apoiava-se no espaldar de sua cadeira e exclamava: "Deus meu! (expressão muito comum fora da Inglaterra) Será que sou tão estúpida que você não me entende?" E tornava: "Isto, assim, e assim..." Depois, dirigindo-se a quem mostrasse em seu semblante um lampejo de compreensão, dizia- lhe: "Explique-lhe o que quero dizer".

Mostrava-se desapiedada para com a vaidade, o orgulho e a presunção, se o discípulo representava uma promessa; e tinha para com a falsidade agudos dardos de ironia. Com alguns se encolerizava e os arrancava de sua letargia com feroz escárnio. Realmente se convertia num instrumento para a educação de seus discípulos, sem se preocupar com o que eles ou qualquer outra pessoa pudesse pensar dela, contanto que o benefício lhes fosse assegurado. Nós, que convivíamos com ela, dia após dia, em estreita intimidade, éramos testemunhas da altruística beleza de sua vida, da nobreza de seu caráter, e depositávamos a seus pés a homenagem da mais reverente gratidão pelo conhecimento que adquiríamos, a purificação de nossas vidas e o desenvolvimento de nossas forças. Oh! Alma nobre e heroica que o mundo externo tão erroneamente julga, mas cujos discípulos em parte conheceram; nunca poderemos, nem em futuras vidas, pagar inteiramente a dívida de gratidão contigo contraída!

Assim passei da tempestade à paz, não a paz de um mar sereno da vida exterior, que nenhuma alma poderosa desejaria, mas a paz interior que as agitações do mundo não conseguem turvar; a paz que pertence ao eterno, não ao transitório, ao profundo da vida, não ao superficial. Essa paz me permitiu atravessar incólume a terrível primavera de 1891, quando a morte arrebatou o Sr. Charles Bradlaugh na plenitude de sua atividade e abriu o portal do repouso para H. P. B. Ela me sustentou nas ansiedades e responsabilidades, duras e numerosas, e cada esforço a tornou mais sólida, cada prova mais serena, cada ataque a deixou mais radiante. Tranquila confiança substituiu a dúvida, firme segurança ocupou o lugar do temor inquieto.

De vida em vida, através da morte, sou apenas a servidora da Grande Fraternidade, e aqueles sobre cuja cabeça o Mestre põe a mão em sinal de bênção, mesmo que seja por apenas um instante, olharão sempre para o mundo com os olhos iluminados pelo resplendor da Eterna Paz.

PAZ A TODOS OS SERES.

Capítulo XV

Apêndice[43]

Após a morte da Sra. Blavatsky, ocorrida em 1891, a Dra. Annie Besant a substituiu espiritualmente, continuando o Coronel Olcott na Presidência da Sociedade Teosófica. Sua vida foi mais errante ainda que em tempos do Socialismo militante. Realizou conferências, às vezes três num dia só, em todas as localidades da Inglaterra; viajou por diversos países da Europa e da América do Norte, levando por onde andasse a palavra teosófica.

Para dar uma ideia de sua atividade, mostrávamos como organizava sua vida durante suas estadias em Paris. Levantava-se às cinco horas da manhã e tomava um banho, seguido de grande meditação. Fazia servir sua primeira refeição no próprio aposento e, em seguida, despachava sua numerosa correspondência. Das 10 às 12 horas recebia visitas, não podendo ninguém demorar-se mais que um quarto de hora. Seguia então o almoço e de novo o trabalho até o momento do chá, depois do qual continuava seu labor até o jantar, muito sóbrio e tomado em seu aposento antes da conferência da noite.[44]

---

[43] Com o precedente capítulo termina o livro escrito pela Dra. Besant, porém, conforme anunciamos na introdução, completamos esta obra com um apêndice que abarcará o mais notável sobre sua vida de 1892 até 1933. (Nota ed. brasileira)

[44] Notas do livro de Aimeé Blech: *Un abregé de sa vie*. (Nota ed. brasileira)

No ano de 1893, a Dra. Besant embarcou para a Índia com a Condessa de Wachtmeister, e neste país temos de colocar, desde então, o centro de sua vida, sem que isso implique completo abandono dos países que haviam sido favorecidos por suas atividades.

Na primeira época residiu ordinariamente em Shanti Kunja (lugar de paz), a casinha branca situada em Benares, que Loti, em seu livro *The India (A Índia)*, descreve, dizendo:

"No fundo de um jardim, uma humilde casa indiana, muito baixa e um pouco maltratada pelo tempo. Está pintada de branco toda ela, e tem madeiras verdes como antigamente as do meu país natal; porém o teto sobressalente para formar ao seu redor uma galeria sobre brancos pilares denuncia onde estamos: numa região de sol eterno. O jardim, apesar de seu abandono, não é exótico nem estranho. Lugares sombrios que se parecem com os nossos, e muitos rosais de Bengala cheios de flores caem sobre os caminhos ao uso antigo".

"Os hospedeiros, que têm graves e formosos rostos, como Cristos de bronze e negra cabeleira, acolhem-nos com plácido sorriso, falando baixo. Seus dulcíssimos olhos parecem sempre sem interesse dirigidos a todos e ao alto; ao mundo astral sem dúvida, até onde suas almas já quase voaram antecipadamente".

"Nada mais aprazível nem mais hospitaleiro que esta mansão dos sábios, aberta sempre para quem a ela quer chegar".

"E, no entanto, com que profundo e indescritível temor chamo a esta porta, compreendendo que a tentativa é suprema para mim e que se aqui eu não encontrar nada, é que não há nada em parte alguma"!

"Os sábios trabalham e meditam, e como todos os hindus, sofrem com paciência as contrariedades de todos os animais da Terra e do Céu. Os inquietos saltadores das árvores entram em suas casas pelas janelas; as aves confiadas fazem ninhos em seus tetos; sua casa está cheia de pássaros".

"Na sala central um estrado recoberto por uma tela branca serve para receber as visitas que, com frequência, chegam em grande número e se sentam à indiana, em círculo, para tratar de coisas ocultas:

– brâmanes em cuja fronte aparece o selo de Vishnu ou de Shiva; pensadores que vêm descalços e com o peito nu, com um pano de fazenda ordinária cingido à cintura, porém que perscrutaram todas as coisas e não se deixam dominar pela ilusão do universo; eruditos que, em seus descuidos terrestres, parecem lavradores dos campos e até mendicantes dos caminhos, porém que julgaram a obra dos mais transcendentais e modernos filósofos da Europa, e dizem com serena certeza: "Nossa filosofia começa onde a vossa termina".

"Os sábios trabalham e meditam todo o dia, sós ou reunidos. Sobre modestas mesas estão abertos livros sânscritos que encerram os arcanos daquele bramanismo que precedeu em muitos milênios as nossas filosofias e nossas religiões. Nestes livros insondáveis, os pensadores dos remotos tempos, que viam infinitamente mais além que os homens de nossas raças e de nossos tempos, depositaram o *summum* do conhecimento. Haviam concebido o inconcebível, e sua obra, que dormiu esquecida durante séculos, excede às nossas degeneradas compreensões. Por isso são necessários anos de iniciações para ver, pouco a pouco, por trás da obscuridade das palavras, abrirem-se e aclararem-se os inefáveis abismos".

"Os sábios de Benares parecem ser, mais que ninguém, capazes de compreender muito bem que são descendentes dos insignes filósofos para os quais se escreveram estes livros; são da mesma raça hereditariamente depuradas, da raça que não mata e cuja carne jamais se nutriu de nenhuma outra carne. Neles a matéria do corpo terrestre deve ser menos pesada e menos opaca que a nossa. Por um grande atavismo de meditação e prece, devem ter adquirido delicadezas e até sutilidades de percepção desconhecidas para nós; e, no entanto, dizem com modéstia: 'Não sabemos nada, nada compreendemos; apenas procuramos instruir-nos' ".

E segue referindo-se à Dra. Besant: "Uma mulher europeia, livre do torvelinho ocidental, tomou lugar e se impôs altamente entre eles. Muito encantadora de rosto, sob sua cabeleira branca, vive aqui desprendida do mundo, com os pés descalços, frugal como a mulher de um brâmane e austera como um asceta. Graças à sua boa vontade devo ter podido abrir minha ignorância às formidáveis portas do saber, pois já há menos barreiras entre ela e eu. Antes foi alguém de minha espécie e lhe é familiar minha língua natal".

A ela pergunta Loti:

"Então, que é preciso para ser dos vossos?"

E respondeu-lhe a Dra. Besant:

"Prestar juramento de considerar todos os seres humanos como nossos irmãos, sem distinção de casta nem de cor; tratar com igual afeto dos mais humildes operários aos príncipes. Prestar juramento de *buscar a verdade por todos os meios possíveis no sentido antimaterialista.* Não é preciso mais".

"Prestei o fácil juramento que me pediram, e os sábios da casinha do silêncio admitiram-me como um de seus discípulos. Não me atreveria, no entanto, a repetir o que eles começaram a me ensinar".

"Não obstante, é preciso não aproximar-se sem refletir da casinha branca, tão franca sempre e tão hospitaleira, com seu jardim de rosais, pois antes de tudo é o asilo da renúncia e da morte. Uma vez impressionado, por pouco que seja, pela paz que nela reina, jamais se voltará a ser o que era..."

O interesse que a Dra. Besant sentiu sempre pela Índia, seu povo e sua filosofia, aumentou durante suas estadias em Benares, onde esteve em contato com os *pandits* brâmanes profundamente instruídos nas ciências sagradas. Conheceu e fez amizade com rajás, pois necessitava de seu apoio material para a obra que se propunha empreender.[45]

Sua primeira finalidade foi destruir o fanatismo, mostrando aos hindus a comunidade da fé e a aspiração que subsistia em cada um dos movimentos religiosos. Deste modo conseguia dois objetivos: primeiro, que os hindus, descobrindo as belezas ocultas na religião de seus antepassados, não se envergonhassem dela diante da depreciativa e humilhante atitude dos ocidentais; e segundo, que as diversas seitas se compreendessem, se tolerassem e se confraternizassem. São inume-

---

[45] Aimeé Blech. (Nota ed. brasileira)

ráveis suas obras e suas conferências sobre este particular; mencionaremos como mais notáveis: *História da Grande Guerra - Versão em prosa do Mahabarata;* o *Bhagavad-Gitã - O Canto do Senhor; Ramachandra, O Rei Ideal* e *As Religiões da Índia.*

Consagrou-se depois ao problema educativo, que abordou sob diversos aspectos. Antes de tudo, procurou que os hindus, já escravos do materialismo ocidental, julgassem por si próprios se o passado da Índia, sua antiga filosofia, sua literatura, sua ética, sua religião não bastavam para satisfazer suas necessidades morais, religiosas e nacionais. Sustentou em todos os momentos que a educação não poderia obter êxito se não a encarnassem em seu verdadeiro espírito aqueles que consideravam como suas as tradições, línguas e costumes, isto é, o espírito da raça de seus educandos. Aqui estão suas palavras, pronunciadas numa conferência em Bombaim, a 9 de março de 1903:

"Para a educação ser frutífera, têm de orientá-la, planejá-la, conduzi-la e praticá-la aqueles que não somente amem seu país, mas também que compreendam suas necessidades peculiares, características e tradições. A educação, para ser útil, deve apoiar-se num conhecimento do país, tanto de seu passado como de seu presente; deve orientar-se de acordo com as antigas tradições e hábitos nacionais e adaptar-se aos costumes modernos; há de buscar em tudo as crescentes necessidades de uma sempre florescente nação".

Considerou altamente importante o ensino da religião nas escolas e centros docentes superiores, donde havia sido repudiado. Para isso realizou numerosas conferências sobre a necessidade da educação religiosa. Eis aqui o fragmento de um discurso pronunciado na Sociedade Literária de Estudantes, em Madras, a 26 de fevereiro de 1908: "Aqueles que aspirarem à grandeza da Índia, aqueles que desejarem vê-la poderosa, recordem-se de que o requisito indispensável para sua grandeza nacional é o ensinamento da religião à juventude. Ensinai os jovens a serem religiosos, sem cair no fanatismo, a amarem sua própria fé, sem odiar ou desprezar a dos demais; fazei da religião uma força de união e não de separação, a construtora da nacionalidade e não a sua desintegradora, a mãe das virtudes cívicas, a protetora e mestra da nacionalidade. Deste modo, os adolescentes serão, um dia, dignos cidadãos, e viverão numa Índia poderosa, próspera e livre; recordarão com gratidão aqueles que, em tenebrosos dias, lhes mostraram a luz e lhes deram o ensinamento religioso, único que torna leais os cidadãos e grandes os homens".

De sua propaganda pedagógica resultou a fundação do Colégio Central Hindu, de Benares, com uma matrícula de 1.200 estudantes; conseguiu, ainda mais, que se incluíssem em seus programas o ensinamento da religião.

Outro aspecto desta atividade foi a educação da mulher hindu, não tendendo ao cultivo do intelecto, mas, antes, à sua independência individual por meio da sua formação interior, do desenvolvimento das qualidades que caracterizavam a mulher hindu do passado e que foram a base da grandeza coletiva. Para a Dra. Besant, a mulher do Oriente não havia de seguir o mesmo caminho que a ocidental, por ser sua missão completamente diversa. Disse: "O movimento *nacional* para a educação da jovem deve levar em conta as necessidades nacionais. A Índia não necessita de jovens graduadas, preparadas para profissões intelectuais, mas de esposas e mães nobremente educadas, inteligentes e amorosas sacerdotisas do lar, eficientes mestras da juventude, aptas conselheiras de seus esposos, práticas enfermeiras dos doentes".[46]

De sobra se conhece no Ocidente a opressão em que vive a mulher hindu, primeiro no lar em que nasce, depois naquele que se vê obrigada a formar, criança ainda, e quando, por falta de dote, chega aos 18 anos sem consegui-lo, vê-se desprezada por seus parentes e amigos, que a tratam como um pária da sociedade. Neste ambiente temos de julgar o admirável trabalho feminista da Dra. Besant, não na acepção que tem o feminismo em nossos países, como já dissemos antes, ou seja, de capacitar a mulher para que, por si mesma, possa enfrentar as dificuldades econômicas da vida, mas antes, o do enobrecimento e elevação de sua missão conjugal e material pela influência da ciência e

[46] De um folheto publicado em 1904. (Nota ed. brasileira)

da arte. Intensa foi sua atividade para conseguir a fundação de escolas hindus femininas. De uma conferência transcrevemos os seguintes parágrafos: "Não deveis descuidar das vossas filhas. *Até que elas recebam também educação,* que se instruam, conheçam as glórias do passado e expliquem a seus filhos, em seu regaço, o que foi a Índia e o que pode vir a ser; até que vossas mães sejam dignas de suas antecessoras, sejam tão patriotas como seus companheiros, amem a sua pátria como seus esposos; até que desapareça o abominável matrimônio prematuro, que converte em esposa e mãe a jovem donzela em idade ainda de jogar bola e estudar na escola; até que se restaure a antiga instituição do *Brahmacharya,* que proíbe aos estudantes casarem-se antes de terminar seus estudos; até que tudo isso se torne um fato, a Índia continuará fraca. Até que a sabedoria de vossos filhos e vossas filhas chegue a trabalhar pelo futuro; até que recordeis que este país não tem somente um Jajnavalkya, mas também um Maitreyi; que as filhas da Índia tenham tanto direito ao conhecimento como seus filhos, que no passado cantavam versículos dos Vedas e atualmente não podem ouvi-los de lábios alheios; até que procureis reviver a grandeza de vosso passado para que seja digno vosso futuro, a Índia não poderá elevar-se acima do nível em que vive".

A construção do Colégio central hindu de Benares, atualmente núcleo da Universidade hindu, teve ressonância em todo o país. A Dra. Besant recebeu, para este magno trabalho, estímulo e dinheiro de todas as partes, se bem que despertou a desconfiança e a hostilidade dos missionários católicos e protestantes, que sonhavam cristianizar a Índia. Esses foram sempre seus principais inimigos, pois não podiam compreender sua amplitude de vistas ou interpretavam sua atitude com estreiteza e injustiça. Não podiam admitir de modo algum palavras como estas: "Para nós não há incrédulos, não há hereges". Que é a heresia? Outra maneira de se ver a verdade. Os teósofos aceitam todas as religiões como verdadeiras; para eles existe a Religião, não uma religião. Portanto, nunca dizemos a alguém: "Abandona tua religião e converte-te a esta outra"; senão: "Se és cristão, continua sendo-o, porém seguindo o Cristianismo espiritual e místico, estudando profundamente tua religião, buscando sua base e fundamento, não te contentando com a superfície". A Teosofia repete as mesmas palavras às demais religiões: entre os hindus, trabalhamos em prol do Hinduísmo; entre os budistas, do Budismo; entre os cristãos, do Cristianismo. Acreditamos que todas as religiões são divinas, queremos unicamente engrandecê-las, elevá-las, espiritualizá-las, numa palavra: fazê-las mais religiosas para que conheçam como base comum o amor de Deus e o amor da humanidade".[47]

No colégio hindu há professores teósofos, hindus ou europeus. A ele se agregou, alguns anos mais tarde, uma escola feminina dirigida pela Srta. Arundale, íntima amiga da Dra. Besant e antiga discípula de Blavatsky.[48]

Como trabalho educativo e social cabe também considerar o que ela fez em colaboração com o Coronel Olcott pelas classes inferiores da Índia, suscitando com isso o ódio profundo dos hindus ortodoxos, que procuraram por todos os meios intensificar o sistema de castas, principalmente impedindo que os filhos de humildes lares pudessem frequentar as escolas das castas superiores.

Como corolário de sua atividade educativa, organizou o Conselho Nacional de Educação, integrado pelos hindus de mais méritos, a fim de conseguir que a pedagogia se apoiasse sobre bases completamente nacionais.

Ultimamente se ocupou do problema político. A Dra. Besant mostrou-se, em todos os momentos, favorável à autonomia dos povos; considerava funestíssimo que indivíduos de outras nacionalidades, de língua diferente, tradição etc., pelo fato de pertencerem a nações poderosas, tivessem direito a governar, a reger os destinos de outros que integravam nações mais fracas. Daí sua simpatia manifestada pela Irlanda em diversos capítulos da sua autobiografia; daí seu trabalho admirável na Índia para evitar que a Inglaterra, por não compreender os

[47] Conferência pronunciada em 1900. (Nota ed. brasileira)

[48] Do livro *Un abregé de sa vie*. (Nota ed. brasileira)

sagrados direitos de uma raça, a humilhasse altivamente como inferior.

Porém, a atitude da Dra. Besant nesta atividade não podia ser a do revolucionário que quase nunca alcança ver as consequências de seus atos. Deve-se a esta atitude o haver, desde o princípio, procurado elevar o nível moral, intelectual e espiritual do povo que desejava ver livre, por meio da fundação de escolas, publicação de livros e folhetos, conferências sobre diversos aspectos. Eis um fragmento da que ela pronunciou em Bombaim sobre o tema *A educação como dever nacional:* "O futuro da Índia depende dos hindus e não de outro povo ou país. A nação hindu não há de crescer por influência de nenhuma outra nação, mas sim pelo desenvolvimento do caráter dentro dos limites da Índia. A Inglaterra não pode libertá-los; somente vós mesmos podeis fazê-lo por vossa nobreza, retidão, valor e veracidade. As nações integradas por indivíduos de tais qualidades terão que ser livres. Em vossas mãos se acha o vosso destino; vosso futuro será vossa criação. Lançai os cimentos de um nobre caráter e do espírito público que se manifesta na verdadeira cidadania; demonstrai que sois dignos de integrar um poderoso Império. Como disse Lorde Jorge Hamilton: a Índia tem de governar-se sozinha, de acordo com os sentimentos hindus, as tradições hindus, o pensamento e as ideias hindus. Isso é verdade, e é possível que se a Índia chegar à altura de suas possibilidades, possa oferecer seus melhores e mais nobres Conselheiros ao Congresso Imperial, reunido ao redor do Monarca, para o governo da Nação... Passou já a época das pequenas nacionalidades, dos insignificantes estados e diminutos povos; a atual tendência é de caminhar para um vasto reino, unido por um objetivo e um amor comum".

Serviu-se de todos os meios para sua tarefa política: de sua palavra entusiasta e apaixonada que tendia a suscitar nos hindus o ideal de uma autonomia que fosse fruto de seu trabalho e esforço, não de uma contenda fratricida; de sua inspirada pena, publicando continuamente panfletos e folhetins a fim de preparar a mentalidade dos leitores sobre os problemas capitais, e organizando congressos pró-Reforma até chegar a um Congresso Nacional, que se desenvolveu numa Assembleia

Nacional; de sua capacidade diretiva reunindo os chefes do Congresso para discutir o projeto de fundação de uma Liga pró-autonomia com seu comitê de propaganda, e que se não produziu efeitos imediatos, obteve mais adiante plena realização e efetuou esplêndido trabalho; de sua amizade, na Inglaterra, com membros do partido trabalhista, que haviam de defender junto ao governo as justas aspirações do país indignamente humilhado.

Como importantíssimo órgão de difusão de seus ideais, temos de mencionar a publicação, em novembro de 1913, de um semanário intitulado *Commonweal*. Embora suas colunas estivessem abertas a todas as questões vitais do país, seu principal objetivo foram as relações mútuas entre a Índia e a Inglaterra. Dizia a Dra. Besant, como Diretora: "Aspiramos à aproximação dos dois países, procurando que a Grã-Bretanha conheça os movimentos hindus, reflexos de sua vitalidade, assim como as individualidades que daqui influiriam nos destinos do Império". O ideal político que se apresentou aos leitores foi o de uma Índia autônoma dentro do Império Britânico. O periódico promovia tudo o que tendesse "ao autogoverno por meio de conselhos municipais e assembleias legislativas provinciais, até chegar ao Parlamento Nacional, igual em seus poderes aos corpos legislativos das colônias, e representação direta da Índia no Parlamento inglês".

Pouco tempo depois de fundar o *Commonweal*, adquiriu *The Madras Standard*, o mais antigo diário de Madras, que batizou com o nome de *New Índia*, pois aspirava que, por uma parte, fosse eco das esperanças, aspirações, injustiças, lutas do povo hindu em prol de sua nacionalidade, e por outra, um órgão de sã cooperação, camaradagem e solidariedade entre todos os povos que se agrupavam sob o nome de península indostânica.

New Índia chegou a adquirir grande importância e circulação, e, por causa disso, o governo inglês, temeroso dos efeitos de sua propaganda, criou-lhe inúmeras dificuldades, ora tentando fazer impossível sua vida econômica pela imposição de multas, ora intimando a Dra. Besant a abandonar a campanha iniciada. Porém, as ameaças não podiam amedrontar uma individualidade como a sua e, ao manter firmemente erguida sua bandeira, aumentava cada dia o número daqueles que a compreendiam e se apressavam em defendê-la.

Nestas circunstâncias começou a guerra europeia, e o Império Britânico, necessitando da colaboração de todos, fez grandes promessas aos hindus com respeito à sua sonhada liberdade. A Índia demonstrou sincera amizade ao opressor no momento do perigo e esperou confiante a recompensa. Passaram os meses e as severíssimas medidas que adotou o governo inglês patentearam que não somente se negava ele a cumprir o prometido, senão que até pretendia alijar as manifestações que, até aquele momento, embora com certo desagrado, haviam sido permitidas. Aí, então, chegou ao auge a atividade política da Dra. Besant: a todas as partes acudia, em todos os periódicos colaborava, clamando pela ansiada liberdade. Eis aqui suas enérgicas palavras num discurso desta época: "A Inglaterra, no momento em que lutava por sua vida, correu a pedir auxílio a este país, e a Índia lhe deu tudo. Os soldados hindus lutaram pela liberdade da Bélgica e pela santidade dos tratados, e ao regressarem aos seus lares encontram seu povo na escravidão, bem como desprezados e feitos em pedaços todos os tratados. A Inglaterra tem que dar à Índia aquilo pelo que lutou na Europa".

A propaganda chegou a tal extremo, que a Dra. Besant foi chamada a uma entrevista com o governador de Madras, na qual este lhe ordenou que suspendesse suas atividades, e ela retrucou: "O poder está em vossas mãos; eu estou indefesa e podeis fazer o que vos aprouver; porém adverti que, com vossa atitude, assestais um golpe mortal no Império Britânico". Por causa da sua firmeza, uma hora depois da entrevista foi a Dra. Besant convidada a internar-se num dos três distritos que lhe fixaram, juntamente com dois colaboradores seus: M. Wadia, da Sociedade de Publicações, e Jorge Arundale, Diretor do Colégio Central Hindu.

Escolheu Ootacamund, residência de verão situada nas montanhas de Ningiri, onde o Coronel Olcott possuía uma casinha.

Para uma mulher plenamente consagrada ao serviço da humanidade, esta inação total significou uma prova crudelíssima. Dela se ressentiu sua própria saúde durante algum tempo, e um de seus amigos, numa carta, a comparava, muito acertadamente, a um leão enjaulado.

Logo, no entanto, se formularam protestos a seu favor perante o Parlamento, e em setembro de 1917 foi-lhe concedida liberdade incondicional. Seu regresso constituiu uma apoteose impossível de ser imaginada: Uma multidão imensa se amontoava à sua passagem, formando um cortejo cada vez mais imponente. Aclamada pelas massas, atravessou povoados e aldeias, enfeitados como se se tratasse da descida de uma fada. Flores adornavam os caminhos que seus pés haviam de pisar; em Bombaim, girândolas de objetos preciosos se balançavam das casas, e pedras preciosas, finas pérolas se lançaram em sua passagem. Foi uma contínua ovação, a expressão de entusiasta gratidão pela fiel amiga da Índia...

Em Adyar, sua chegada foi digna de uma epopeia.

Pouco depois a nomearam Presidente do Congresso Nacional Hindu, e em dezembro de 1917 pronunciou, em Calcutá, um discurso admirável, digno de um verdadeiro homem de Estado. Eis alguns parágrafos:

"Como acertadamente disse Mazzini, Deus escreveu uma linha de seu pensamento no berço de todo povo. Ela indica sua missão especial, não pode desviar-se, tem de desenvolver-se livremente..."

"Que é uma nação? Uma chispa do Fogo divino, um fragmento da Vida divina infundida no mundo e reunindo uma massa de indivíduos enlaçados numa unidade. Suas qualidades, seus poderes, numa palavra, seu tipo, dependem do fragmento de vida que se incorporou nela, da vida que a forma, que determina sua evolução, a colora, a singulariza. A magia da nacionalidade é o sentimento de unidade; a função da nação é servir ao mundo de acordo com a linha particular que lhe é própria, aquela que Mazzini considera como sua missão especial, o dever a que Deus lhe obrigou na hora de seu nascimento... Para cumprir sua missão para com a humanidade, a nação tem de desenvolver-se de acordo com a *linha,* tem de dirigir sua evolução. Deve ser *ela* e não *outra. O* mundo inteiro se transtorna quando se violenta e se suprime uma nacionalidade antes de ter ela cumprido sua missão. Por isso, seu clamor por liberdade e autonomia não é simplesmente um egoísmo, uma reivindicação de mais direitos para desfrutar de maior felicidade, se bem que, se o fosse, não haveria tampouco nisso mal algum, porque felicidade significa plenitude de vida e o desfrute de tal plenitude é uma justa reivindicação. A reivindicação de livre governo tem por objetivo a evolução da própria natureza para servir à humanidade, e esta aspiração emana da mais profunda espiritualidade; é a expressão do ardente desejo de oferecer ao mundo o melhor de si mesmo".

"Por isso, os perigos não a detêm, nem as ameaças a arredam, nem o oferecimento das melhores vantagens a seduz nem a leva a abandonar sua demanda de liberdade".

E parodiando palavras das escrituras cristãs, disse a Dra. Besant, entusiasticamente:

"Para que desejaria uma nação ganhar o Universo, se perdesse sua alma? O que se pode dar a ela em troca de sua alma? Vale mais miséria e liberdade, que riqueza e servidão. Este é o espírito do movimento para o *Home Rule* (autonomia) e não pode aniquilar-se, nem destruir-se; é eterno e sempre jovem".[49]

Nesta atividade trabalhou durante algum tempo de acordo com Gandhi, esta poderosa individualidade que, sentindo no mais profundo de sua alma a dor de um povo injustamente humilhado e escarnecido, se deixou arrastar pelo nobre desejo de libertá-lo do jugo que o oprimia, sem medir as funestíssimas consequências de seus atos. Besant e Gandhi, unidos na atividade política por um ideal comum: a Índia, começaram a separar-se quando ele quis protestar publicamente contra uma lei que o governo inglês havia votado, apesar da oposição e da campanha dos principais membros do Conselho Central da Índia (e com eles a Dra. Besant), desobedecendo às leis até então respeitadas por justas. Em relação com esta desobediência civil, pregou às

---

[49] Aimeé Blech. (Nota ed. brasileira)

massas a necessidade da cessação de toda atividade, ou seja: suspensão do trabalho, fechamento das vendas, negação ao trânsito de bondes, automóveis etc., para se dedicarem exclusivamente ao jejum, à oração e às grandes assembleias.

A Dra. Besant não pôde apoiar esta atitude; primeiro, porque considerava muito ilógico que, para mostrar uma desconformidade que o Governo inglês conhecia, tivessem que se rebelar contra leis que em nada prejudicavam ao povo hindu, e segundo, porque previa todo o alcance daquela propaganda, ou seja, que uma multidão faminta não permaneceria passiva, jejuando e orando tal como acreditava Gandhi, e que então surgiria o conflito entre a polícia e o povo, como sucedeu, e, como consequência, as sangrentas lutas que complicariam o problema, já por si difícil de resolver.

Pouco lhe importava captar, com esta decisão, erroneamente interpretada, as antipatias de quase todo o país; pouco lhe importava que aqueles que antes a veneravam como salvadora, tentassem impor-lhe silêncio no Congresso Nacional e em seu trabalho público; que se procurasse afastá-la do campo político mediante o descrédito. Estava disposta a prosseguir sozinha na sua campanha contra a injusta lei que o Governo impunha à sua Índia amada, e a manter erguida sua bandeira autonomista que havia de ser sempre símbolo de luta por um ideal isento de ódio.

Desde então aproveitou todas as oportunidades para mostrar, entre os ingleses, a insensatez e injustiça da atitude adotada e o enorme prejuízo que importaria se chegasse a ser causa da separação espiritual de duas raças nas quais ela previa um magno trabalho; e entre os hindus, para recomendar-lhes domínio e confiança, confiança "não na burocracia inglesa, autora de todos os males, senão na Inglaterra de Cromwell, de Hampden e Pym, de Milton e Shelley; a Inglaterra que protegeu Mazzini e deu as boas-vindas a Garibaldi como libertador da Itália. Esta Inglaterra cumpriria seu dever se os hindus, mantendo-se firmes, trabalhassem pela verdadeira liberdade moral e espiritual, aquela que não depende de nação alguma, porém que é o supremo passo dos povos que têm de conquistar sua liberdade política".[50]

Em razão deste trabalho político, Lorde Haldane, Ministro da Justiça, disse da Dra. Besant: "É a melhor representante de Estado que já conheci", e S. Subramania Yver, doutor em Letras, ex-Juiz do Supremo Tribunal de Madras e Presidente do *Home Rule League,* a qualificou de "construtora de um Império". E no jubileu de seu trabalho público, celebrado em Londres a 23 de julho de 1924, depois de demonstrar que até o presente os Impérios se haviam fundado ou pelo poder da espada (César, Napoleão, Bismarck) ou da política (Lincoln), e de afirmar que, no futuro, hão de apoiar-se em três princípios: 1.°) reconhecimento da fraternidade; 2.°) amor e simpatia como principais características dos núcleos que integram o Império; 3.°) religião universal, acrescentava: "O novo tipo de Império que se há de construir, tal como o mundo o necessita, mostrou-o admiravelmente a Dra. Besant com o seu trabalho na Índia... Este país não é uma *tábua rasa;* seu construtor não tem que manejar povos primitivos, sem tradições nem cultura, mas um país de muitas comunidades, mãe de uma antiquíssima civilização, com suas religiões, ciências, artes e literaturas. Mas este trabalho não pode realizar-se com a espada, mas antes, apelando para a razão e para a espiritualidade, único modo de a construção se adaptar às novas condições requeridas. E quem poderia fazer isso senão uma alma da têmpera da Dra. Besant? Sua vida toda é tão espiritual que, como construtora de um Império, não recorre a uma instituição política, mas antes a uma organização espiritual. A característica especial desta organização é ária, pois a Dra. Besant representa o tipo hindu-ário em sua perfeição; tem o poder de combinar os diversos elementos de sua cultura para produzir um formoso mosaico".

É digna também de menção a mensagem de M. K. Gandhi, por motivo do jubileu que se celebrou na Índia, com idêntico objetivo: "Todos sabeis que, infelizmente, discordo da Dra. Besant em alguns pontos de vista políticos e de princípios, porém isso não diminui de

---

[50] Discurso pronunciado no Congresso de Lucknow. (Nota ed. brasileira)

modo algum a opinião que dela formei: é uma mulher de caráter superior, de nobres propósitos, incessante energia e indomável vontade. Ama a Índia com a devoção de uma filha. Sua atividade e esmero nos causam inveja; seu valor nunca brilhou mais intensamente como quando, com risco de perder sua popularidade, se opôs à Não cooperação. Que viva muitos anos para servir à Índia e à humanidade!"[51]

Mesmo que tudo o que antecede não possa, estritamente falando, chamar-se "teosófico", porque corresponde a outros campos de atividade, é, no entanto, efeito do ingresso da Dra. Besant na Sociedade Teosófica. Disposta, desde aquele momento, a ser uma mensageira d'Aqueles que, das esferas mais elevadas, dirigem a evolução do homem, não podia dar um passo nem empreender nenhuma atividade que não considerasse como um aspecto de Sua obra em nosso mundo. Por Eles desenvolveu sua portentosa energia na Índia, e considerou como seus os problemas de nacionalidade, religião, raça, inferioridade da mulher, etc., dos quais nos ocupamos anteriormente; por Eles introduziu a Franco-Maçonaria em Londres, no começo deste século, a fim de elevar a mulher ao mesmo nível que o homem e realizar entre setores idealistas, embora não teosóficos, o ideal da fraternidade humana; por Eles protegeu a instituição Ordem da Estrela do Oriente, chamada a lançar os fundamentos de uma nova sociedade sob a direção luminosa de um Instrutor mundial; por Eles colaborou na difusão dos movimentos: Igreja Católica Liberal, esboço de uma Universidade teosófica mundial, Brahmavidya Ashrama, e está trabalhando atualmente para a criação de centros de espiritualidade que têm de ser berço da nova raça.

Para nos ocuparmos de sua atividade como Presidente da S. T. temos de retroceder alguns anos e começar em 1907, ano em que ocorreu a morte do Coronel Olcott e a eleição presidencial. Previamente, a Dra. Besant havia se preparado para o magno trabalho que a aguardava no futuro: a casinha branca dos Sábios de Benares, Shanti Kunja, foi testemunha de seus estudos e meditações, a fim de adquirir as qua-

[51] Movimento em prol da desobediência civil anteriormente aludido. (Nota ed. brasileira)

lificações de ordem espiritual que haviam de convertê-la em valioso membro da Sociedade. Como materialista, ateia e socialista, fez uso das armas intelectuais; como teósofa e ocultista, necessitava de outros meios de conhecimentos e se dispôs a obtê-los a qualquer preço. Em janeiro de 1907, o Coronel Olcott, sentindo que se aproximava o fim de sua existência física, acreditou conveniente, para que a Sociedade não se desviasse de seus objetivos, nomear seu sucessor, como os estatutos sociais lhe facultavam, e nomeou a Dra. Besant para sucedê-lo. Esta nomeação desgostou alguns membros da Sociedade, porque opinaram que contrariava seus princípios democráticos; circularam documentos, uns em prol e outros contra o disposto pelo Presidente-fundador, e no fragor da discussão, chegado o momento de os membros confirmarem ou rejeitarem aquela última vontade, a Dra. Besant dirigiu-lhes uma carta, publicada no *Theosophist* de março de 1907 e da qual citamos o seguinte parágrafo:

"É preciso recordar que, embora eu, pessoalmente, me considere nomeada por meu Mestre e pelo Presidente-fundador, nenhum membro da S. T. deve adotar minha opinião nem basear seu voto sobre outra autoridade que seu próprio juízo. Nem o Presidente-fundador (e o digo com profundíssima reverência) nem nosso Mestre podem fazer outra coisa que designar; cada membro é livre de aceitar ou rejeitar a designação; a responsabilidade de seu voto é sua. A crença no Mestre não se impõe a nenhum membro da Sociedade, e aqueles que acreditam n'Eles não estão obrigados a aceitar uma manifestação porque outros o afirmem. A perfeita liberdade de crer ou negar é a preciosa herança da S. T., e embora eu aceite como certa tal manifestação, defendo o direito de todo membro de não crer nela e votar pró ou contra a designação presidencial, segundo prefira".

A votação foi favorável à Dra. Besant que desde então, 1907, ocupa a Presidência da Sociedade[52], dando enorme impulso aos seus três objetivos: ao primeiro, trabalhando incessantemente, por uma

[52] Sucessivamente reeleita, ela ocupou a Presidência da S. T. até 20 de setembro de 1933, quando faleceu em Chennai, Madras, Índia. (Nota ed. brasileira)

parte, para estreitar os vínculos das diversas seções nacionais, a fim de formar um núcleo de fraternidade universal, e por outra, para demonstrar a origem divina do homem, a evolução dos seres, única lei que explica sua enorme diferença apesar da sua unidade original; ao segundo, difundindo as ideias teosóficas por meio de sua palavra e escrevendo numerosos livros sobre religiões comparadas; ao terceiro, dirigindo e orientando aqueles que se esforçaram e se esforçam por sua perfeição individual e desenvolvimento interior, para obter como fruto a atualização das faculdades latentes no ser humano e que são realidades nos seres super-humanos.

Durante a Presidência da Dra. Besant, a S. T., como toda entidade humana, tropeçou com dificuldades e passou por algumas crises. Uma delas se apresentou um ano depois de sua eleição, 1908, por haver admitido o Bispo C. W. Leadbeater no seio da Sociedade; outra, na Seção alemã dirigida por Rodolfo Steiner. Não considero oportuno entrar no relato das causas destas crises.

Pouco tempo depois do rompimento da Seção alemã, declarou-se a guerra europeia, e a Dra. Besant, não podendo vir à Europa, alentava, por meio de sua pena, aqueles que eram vítimas da terrível luta. Uma vez terminada esta, voltou ela periodicamente ao continente europeu, vitalizando cada dia mais poderosamente os diversos movimentos que emanavam da S. T., com a aura bendita de sua presença e a magia de sua palavra.

A vida da Dra. Besant, julgada sem nenhuma espécie de paixão, é a de pioneira do progresso humano. Pode-se ou não concordar com suas opiniões, pode-se discutir o caminho palmilhado, porém há de se reconhecer sempre que sua atuação tendeu a vencer os preconceitos do estatuído como melhor e comodamente aceito; a marchar contra a corrente traçada pelo egoísmo humano e traçar novos sulcos para que neles se deslizem as águas de uma vida melhor, mais livre e mais feliz.

O valor primordial de toda sua obra é que, acima de qualquer tendência, de todo o critério intelectual, de toda característica que matizasse seu temperamento, colocou seu amor à humanidade e sua aspiração veemente de conduzi-la à felicidade. É possível que, nos começos de sua carreira pública, em seu afã de arrancar rapidamente pela raiz a dor humana e por ignorância das leis espirituais que regem a evolução, como ela mesma reconhece, tenha oferecido soluções inadequadas, porém tal não diminui a valia e a grandeza da finalidade visada.

No jubileu de seu trabalho público, celebrado em julho de 1924 em Londres e em abril do mesmo ano na Índia, a representação de todos os setores da atividade humana patenteou plenamente que a Dra. Besant não havia ido em busca de um ideal que satisfizesse o intelecto, mas antes, de algo que satisfizesse as ansiedades do seu coração, que sentiu como próprias as dores do coração alheio. E procurou até encontrá-lo.

Ante a pequenez de nossas vidas e atividades, a Dra. Besant apresenta-se como um ser muito superior à nossa raça; e, todavia, nós ainda não podemos, atualmente, apreciar com justiça o que ela representa para a sua evolução: serão as gerações vindouras, os séculos do futuro, com sua missão de pôr em seu lugar os verdadeiros valores, que a mostrarão como luminosa estrela em meio de tenebrosa noite.

Informações sobre Teosofia e o Caminho Espiritual podem ser obtidas na Sociedade Teosófica no Brasil, no seguinte endereço: SGAS - Quadra 603, Conj. E, S/Nº - (61) 3226-0662, CEP 70200-630. Também podem ser feitos contatos ou pelo e-mail secretaria@sociedadeteosofica.org.br - www.sociedadeteosofica.org.br